本著作系全国教育科学"十二五"规划2015年度教育部重点课题
"基于标准的中英职教教师教育比较研究"（项目编号：DCA150243）成果

现代职业教育
研究丛书

丛书主编
石伟平

英国职教教师教育的改革与发展

Modern Vocational Education

涂三广 著

上海教育出版社
SHANGHAI EDUCATIONAL PUBLISHING HOUSE

图书在版编目（CIP）数据

英国职教教师教育的改革与发展 / 涂三广著. — 上海：上海教育出版社，2021.11（2022.2重印）
（现代职业教育研究丛书 / 石伟平主编）
ISBN 978-7-5720-0567-1

Ⅰ.①英… Ⅱ.①涂… Ⅲ.①职业教育-研究-英国 Ⅳ.①G719.561

中国版本图书馆CIP数据核字(2021)第214195号

丛书策划　公雯雯
责任编辑　周琛溢
整体设计　陆　弦

现代职业教育研究丛书
石伟平　主编
英国职教教师教育的改革与发展
涂三广　著

出版发行　上海教育出版社有限公司
官　　网　www.seph.com.cn
地　　址　上海市闵行区号景路159弄C座
邮　　编　201101
印　　刷　上海展强印刷有限公司
开　　本　700×1000　1/16　印张 18.75
字　　数　297 千字
版　　次　2021年11月第1版
印　　次　2022年2月第2次印刷
书　　号　ISBN 978-7-5720-0567-1/G·0422
定　　价　68.00 元

如发现质量问题，读者可向本社调换　电话：021-64373213

总序

2004年，由华东师范大学职业教育与成人教育研究所牵头，联合国内兄弟单位出版了第一套"现代职业教育研究丛书"。第一套丛书的出版在学界取得了良好的反响，不仅获上海市第十届教育科学研究优秀成果奖一等奖、教育部第四届全国教育科学研究优秀成果奖一等奖，更在学界成为家喻户晓的"知名IP"，一大批青年学者、博士、硕士都在阅读、学习和研究这套丛书，甚至于现在这套丛书早已"洛阳纸贵"，在各大销售平台均已售罄。第一套丛书能被学界高度认可，作为丛书的总主编，我感到非常高兴，同时也能感受到读者的期盼和"更上一层楼"的压力。因此，在第一套丛书出版17年之际，在新的时代、新的起点，第二套"现代职业教育研究丛书"终于如期付梓，与读者见面。

从第一套丛书诞生的21世纪初，到第二套丛书面世的新时代，中国经济社会与职业教育都发生了翻天覆地的变化。经过改革开放40多年的发展与进步，中国已经稳居世界第二大经济体，人民生活水平显著提高。在国家经济社会迅速发展的进程中，职业教育也进入了"大改革、大发展"的新时代。如今，《国家职业教育改革实施方案》《关于实施中国特色高水平高职学校和专业建设计划的意见》《职业教育提质培优行动计划（2020—2023年）》等政策陆续出台，推动了中国职业教育的身份地位从"层次"到"类型"，伙伴关系从"跨界"到"融合"，社会功能从"教化"到"服务"，价值尺度从"借鉴"到"创生"，发展路径从"标准化"到"现代化"的大变革和大转型。在大改革、大发展的进程中，新的职业教育研究课题不断涌现，第二套"现代职业教育研究丛书"也就应运而生。

整体来说,第二套丛书完美地继承并发扬了第一套丛书以问题为中心、贴近实践、关照学科体系的特色,并在第一套丛书的优良传统之上探索了前沿的研究方法与范式,注重从学术研究转向改革实践。第二套"现代职业教育研究丛书"具有以下三个显著的特征:

一是以问题为中心,关注前沿热点。第一套"现代职业教育研究丛书"始终以问题为中心,关注研究和解释职业教育发展与改革的基本原理问题。第二套丛书也始终坚持问题中心的传统,但是更偏向前沿的热点问题。从当代中国职业教育改革的现实问题出发,以热点问题、重大问题、先进经验和改革方案为研究对象,重点分析了新时代职业教育类型化改革的关键问题与实践路径、中等职业教育改革的方向与路径、现代学徒制的运行机制、高职院校专业带头人的胜任能力、行业类高职校企合作、英国职业教育教师教育、美国社区学院的发展与美国生涯教育等问题。这些问题的探究与解答,相互促进,互为支撑,共同回应了当代中国职业教育改革的现实需求,形成了一个有机的共同体,这是第二套丛书的重要特色。

二是以规范为基础,运用多元方法。第二套"现代职业教育研究丛书"以社会科学研究的基本规范为底色,根据不同的研究问题,设计不同的技术路线,采用多元的研究方法,做了一些有参考性的探索。第二套丛书有三种经典的学术范式:(1)思辨类研究范式,从实践哲学与类型学的逻辑出发,分析中国职业教育改革的重大问题;(2)实证类研究范式,运用质性、量化或"质性+量化"的研究方法,开展问卷调查、深度访谈、个案分析和行动研究,这是第二套丛书在方法上的重大突破;(3)国际比较与借鉴的研究范式,立足中国问题,借

鉴英、美等国的经验,解决中国的问题。中国职业教育的研究虽然发展十分迅速,但是在学术范式和学术规范上还有很长的路需要走,这套丛书在研究范式上为职业教育研究提供了多样化的范本。

三是以改进为目标,突出政策建议。学术研究不仅仅是为了解释这个世界,更要改造这个世界。因此,第二套"现代职业教育研究丛书"不仅强调关注现实问题,提出真问题与好问题,还凸显多元化研究方法的使用和规范学术范式的开创,同时在研究结论之余有意识地强化了政策建议。学术研究不能是空中楼阁的花拳绣腿,研究结论必须能够在实践中得到检验。因此,第二套丛书十分强调政策建议,或专章分析问题,提出对策建议,或深度讨论重点难题,提出相应对策,或就调研过程中的突出矛盾撰写专报,为相关职能部门提供决策参考。事实上,理论往往是苍白的,而实践之树永远长青。第二套丛书强化政策建议,不仅连接了理论与实践两个系统,更在客观上推动了具体实践问题的"向前一步",例如宜兴陶都中专的办学改革、杭州职业技术学院的现代学徒制,这些都是在学术理论指引下的优秀改革实践。

马丁·布伯曾言:"凡真实的人生皆是相遇。"事实上,世间的一切美好都是因为相遇。十多年前,因为与上海教育出版社的相遇,有了第一套"现代职业教育研究丛书"的诞生;如今,华东师大职成教所与上海教育出版社再次相遇,再次牵手,打造了第二套"现代职业教育研究丛书",期待这套丛书能够"百尺竿头,更进一步"!在此,衷心感谢上海教育出版社的鼎力支持,感谢刘芳副社长、宁彦锋主任、公雯雯主任、茶文琼老师及丛书其他责任编辑的辛勤劳动,也感谢李鹏博士后为丛书的修订、统筹所做的不少幕后工作。

山高人为峰,攀登学术高峰的人更需要坚韧的心智和追求完美的信念。

尽管我们一心追求尽善尽美,但是学海无边无涯,有限的成果和现有的成果都难免存在缺憾。一方面,现有的一套、两套丛书显然不足以覆盖学海的全部课题,我们也期待着用第三套、第四套,一直到无数多的研究成果,来解释和解答职业教育研究中的重大问题;另一方面,囿于时间、精力的局限,现有的丛书难免会出现错漏,还请读者批评指正!

最后,作为丛书的主编,我期望这套丛书能够对中国职业教育的学术研究起到实质性的推动作用;也祝愿中国的职业教育顺利地从"层次教育"转向"类型教育",尽早实现职业教育的"中国梦"!

石伟平
2021 年 1 月 23 日

前言

在由制造业大国向制造业强国转型的发展背景下，我国职业教育已成为经济发展和产业转型的战略支撑，专业化的职教师资队伍将对产业转型和技术升级起关键性作用。没有既懂技术又有教育实践智慧的师资队伍，转型升级将很难实现，赢得全球化市场和技术竞争更无可能。然而，我国职教教师发展正面临"去师范性"和"去技术性"之困境，技术师范学院体系正走向终结，职教教师教育体系急需创新和重建。英国职教教师教育体系中形成的"双专业"专家定位、证书课程、在职培养的工作本位学习模式和结果导向评价等经验具有重要的参考和借鉴价值。近年来，中英职业教育在学徒制、国家资格框架、影子校长和教师培训等领域的合作交流越来越深入，我国长三角地区和高职院校正深入探索职教教师的入职教育和职后培训，试图弥补当前体系带来的问题。因此，深入开展对英国职教教师改革与发展的研究，不仅对科学理解英国职业教育发展具有重要的理论价值，而且对深化我国职教教师的教育实践、加强中英职业教育的交流与合作具有重要的实践价值。本研究的目的是通过对英国职教教师发展的历史经验、现实模式进行全面分析和总结，针对我国的问题，提出可供学习和借鉴的建议。研究具体包括以下三个阶段：

首先，基于历史与发展。本阶段通过演绎和归纳的分析方式，采用历史研究法和文献分析法，对19世纪初至21世纪英国职业教育与师资发展的变革历程进行了深入的剖析。研究发现，英国职教教师的历史发展与现实样态可以用"弃儿""孤儿"和"宠儿"三个词描述。在此基础上，本研究运用历史制度主义、社会文化与政策分析法，对不同时代英国职教教师的身份样态进行了研究与讨论，历史与现实的英国职教教师样态反映了不同时期英国政府、社会、雇主和市场等利益相关者对职教教师的态度，解释了英国职教教师在不同历史时期、不同社会和文化背景下作为技术性、工具性和自主性存在的社会选择与存在意义。**其次，回归现实与做法**。本阶段通过文献分析和深入访谈等方法，沿用教师教育的一般分析框架（培养目标、培养课程、教育模式与评价制度），对英国职教教师教育的实施动因、具体内涵、实施过程与效果、存在争议与问题等方面进行了深入的剖析，从"为什么"（背景与动因）、"如何做"（实施过程与策略）以及"怎么样"（效果与反应）等多个维度解释了英国职教教师教育关于"双专业"定位、能力本位课程、工作本位学习以及结果导向评价的现实形态与实践逻辑。**最后，针对问题与困境**。本阶段采用调查研究和政策分析等方法，对当前我国职教教师管理体制与教育模式存在的问题进行了基于实证的分析和总结，并结合英国在上述问题上的经验和教训，提出了改进和完善我国职教师资队伍建设的政策建议。

本研究可得出三方面结论。第一，职教教师作为一个社会角色，在历史与现实中的作用和形态具有多样性和复杂性，受文化传统、经济与技术水平、政治理念等外部环境的深刻影响；虽然，外部环境的不同因素对职教教师身份的形成具有重要的制约或促进作用，但这改变不了职教教师技术性、工具性和自主性存在的本质。第二，职教教师作为国家教育体系的重要组成要素，其发展离不开政府对职业教育的重视和投入，离不开市场的发展和需求，离不开职业院校的重视、规划和培养，离不开教师的自主反思性实践和工作本位学习。第三，就职教教师的教育而言，不仅要建立一套专业化、多元主体参与、服务教师发展的治理体系，还要对教师准入、入职教育、在职发展和职后激励等方面进行综合设计。从教师教育外部来看，要建立和形成政府、教师专业组织、行业和相关机构共同参与的跨部门协同治理机制，为教师发展创设良好的外部环境。从教师教育内部来看，基于认识论，要科学认识"双师型"内涵，从技术发展、知识论和教师教育多维度思考其本质；基于方法论，要科学构建"双师型"教师形成路径，优先行业（企业）资格，强化教师入职教育，夯实两个"升级"（职业升级和教学升级），开展结果导向教师评价。

目录

第一章　绪论
第一节　问题的提出　...2
第二节　文献综述　...16
第三节　研究方案　...33
本章小结　...42

第二章　英国职教教师发展的历史回顾与经验总结
第一节　作为"弃儿"的英国职教教师样态（19世纪初至1944年）　...44
第二节　作为"孤儿"的英国职教教师样态（1944年至1997年）　...59
第三节　作为"宠儿"的英国职教教师样态（1997年至2017年）　...75
第四节　英国职教教师教育的经验总结　...92
本章小结　...97

第三章　英国职教教师的培养目标："双专业"专家
第一节　"双专业"提出的背景分析　...100
第二节　"双专业"的本质内涵分析　...108
第三节　"双专业"的实施路径分析　...119
本章小结　...131

第四章　英国职教教师的培养课程：能力本位课程
第一节　能力本位课程提出的背景分析　...134
第二节　能力本位课程的内涵与特征　...138
第三节　英国职教教师能力本位课程的逻辑　...145
本章小结　...150

第五章　英国职教教师的教育模式：工作本位学习

- 第一节　工作本位学习的动因分析 …152
- 第二节　工作本位学习的内涵与模式 …162
- 第三节　反思性实践：一种典型的工作本位学习模式 …172
- 第四节　工作本位学习的制度保障 …181
- 本章小结 …188

第六章　英国职教教师的评价制度：结果导向评价

- 第一节　结果导向评价的背景分析 …190
- 第二节　结果导向评价范式 …194
- 第三节　结果导向外部评价：基于 Ofsted 的实践 …200
- 第四节　结果导向内部评价：伯顿德比郡学院实践 …208
- 本章小结 …215

第七章　英国职教教师教育发展对我国职教教师发展的启示

- 第一节　重构"双师型"："弃儿"到"宠儿"蜕变之思 …219
- 第二节　把好教师准入：优先行业（企业）资格 …231
- 第三节　严格教师入职教育：强制新入职教师教学见习 …237
- 第四节　重视教师在职实践学习：升级职业与教学资格 …243
- 第五节　彰显教师能力：推行结果导向评价 …248
- 第六节　建立跨部门协同合作机制，破解职教教师制度性壁垒 …257
- 第七节　吸取政策朝令夕改之教训，持续推进教师专业化 …263
- 本章小结 …266

结语 …268

参考文献 …273

附录

- 附录1　英国主要职业教育组织机构名称中英文对照表 …286
- 附录2　相关术语缩写中英文对照表 …288

第一章

绪论

第一节　问题的提出

2017年6月,时任教育部部长陈宝生在新疆考察时指出"教师队伍是基础的基础、制高点的制高点、根本的根本",由此可见教师之于教育的重要性及意义。在我国由制造业大国向制造业强国迈进、产业发展由低端向中高端升级的过程中,在职业教育由追求规模发展向提升内涵质量转型的大背景下,我国职教教师如何适应产业转型和高质量发展的形势,培养高素质技术技能人才,服务经济社会发展需要,已经成为当前职业教育改革发展面临的突出问题,成为职业教育研究者们关注的焦点。

一、今天我们需要怎样的职教教师

21世纪的今天,我们需要怎样的职教教师? 这是一个涉及职业教育内涵发展的关键问题,不仅关系到我国能否顺利实现产业转型升级,更是世界各国当前密切关注的重要主题。但是,目前世界范围内并没有对此给出科学的答案。

(一) 关于未来VET教师的要求

联合国教科文组织(UNESCO)前教育副总干事科林·N. 鲍尔(Colin N. Power)在其论文《21世纪的职业技术教育》中指出:21世纪的职业技术教育领域的教学将是一个更加复杂的过程,教师需要成为课程设计者、学生咨询者、教练、建议者、导师,还必须成为教育与资源的管理者和职业的实践者,在这个多维的角色中,提高职业学校教师和培训者的专业技能成为最核心的任务。为此,应该在新入职教师教育、在职培训方面加强力度,特别是要从区域领域引进教师并加强建设与工业部门的伙伴关系。[①]

2004年,欧盟在卢森堡发布了《未来VET教师专业化报告》(*Professionalisation of VET Teachers for the Future*),认为未来VET教师将面临技术革命、学习者变化、教学范式的学生中心、国家政策转型和经济全球化等挑战,提出职教教师

---

① Colin N. Power. Technical and Vocational Education for the 21 Century[J]. Prospects,1999,29(1):31-32.

必须"职业升级"(vocational update)和"教学论升级"(pedagogical update)①,否则将难以适应变化的形势。2011年,库马·米斯拉(Kumar Misra)在《欧洲VET教师:政策、实践与挑战》中对新时期VET教师面临的七大挑战进行了客观科学的总结,具体包括:缺乏专业认同、老龄化和教师队伍消减、缺乏有吸引力的招聘和培训政策、需要应对额外的工作需求、对高水平和新教学技能的要求不断增加、要求完成理论和实践学习、需要适应不断变化的课堂模式。②

2013年,德国发布的《中等职业教育教师培养与考核框架协定(第5类型教师)》指出,德国各类型的教师教育必须包括两部分内容,即教育科学和专业科学,其教师教育标准也须从两个维度出发制定。③ 这是职教发达国家对"双师型"的国际设计。2015年3月,美国专业教学标准全国委员会(National Board for Professional Teaching Standards,简称NBPTS)发布新的职业技术教育优秀教师专业标准(Career and Technical Education Standards),对美国职业技术教育(Career and Technical Education,简称CTE)优秀教师专业标准及认证提出了八大专业技术领域、十个维度框架与内容等要求,④其中特别强调教师将面临多元化学生来源,需要提升专业教学和实践反思能力。

2015年,国际劳工组织(ILO)在报告中指出,未来职业教育所面临的重大挑战是整个世界TVET体系缺乏具有连贯性(coherence)、包容性(inclusivity)、高质量的师资培养培训体系。为了建立高质量的职教教师教育体系,TVET教师需要完成:(1)教师职前大学教育和高等专业教育;(2)非学术性(non-academic)的行业或者企业工作经验;(3)教育学与教学法的学习;(4)继续教育和终身学习。⑤

各国关于职教教师培养的政策和建议为我们带来了许多值得思考的问题。一方面,职教教师需要在新的时代不断完善自己的培养培训体系,不断提高自己

---

① Pia Cort, Auli Härkönen, Kristiina Volmari. PROFF — Professionalisation of VET Teachers for the Future[R]. Luxembourg: Office for Official Publications of the European Communities, 2004: 13 - 15.
② Pradeep Kumar Misra. VET Teachers in Europe: Policies, Practices and Challenges[J]. Journal of Vocational Education and Training, 2011, 63(1): 27 - 45.
③ 谢莉花. 德国职教教师教育的"职业性专业"探析[J]. 比较教育研究, 2016, 38(3): 82 - 84.
④ 陈德云. 美国NBPTS职业技术教育优秀教师专业标准的新发展[J]. 全球教育展望, 2016, 45(3): 90.
⑤ Michael Axmann, Amy Rhoades, Lee Nordstrum, et al. Vocational Teachers and Trainers in a Changing World: The Imperative of High-Quality Teacher Training Systems[R]. Geneva: International Labour Organization, 2015.

的专业实践能力;另一方面,世界各国并没有为职教教师的教育提供科学、统一的方案。难怪戴克曼(Dykman)抱怨道:"没有一个很好的关于职教教师应该学什么、如何教的概念。"①麦克林(McLean)更直接表示"职教教师教育在每个国家各有不同"。② 那么,世界各国 VET 教师的不同之处在哪里,原因又是什么呢?

(二) 我国 VET 教师发展的变化及新要求

自 20 世纪 80 年代以来,我国明确了通过职业技术师范学院培养职教教师的政策;20 世纪 90 年代,国家建立了首批 56 个国家级职教师资基地,以加强职教教师专业实践能力的培养;21 世纪后,教育部、财政部实施素质提高计划,加强对职教教师的职后培训力度,以提升职教教师的专业教学和实践水平。针对我国职教教师普遍缺乏行业或企业经验的特点,教育部专门设计了专业教师企业实践项目。通过梳理 2006 年和 2018 年教育部关于职教师资队伍建设的政策发现,相关政策一直在强化职教教师的企业经验和资格要求,教育部先后制定了职业院校教师企业实践的规定,明确了职教教师企业实践的具体要求。2019 年 1 月 24 日,《国家职业教育改革实施方案》(简称"职教 20 条")明确提出职业院校教师必须拥有 3 年以上企业工作经验等新的制度要求,引发各界关注。2019 年 6 月,教育部印发的《全国职业院校教师教学创新团队建设方案》再次吸引大家的目光。未来中国职教教师如何培养,是否能够顺利实现上述目标愿景,已经引发各界争论,值得深入研究。

在教师专业发展的过程中,为了适应时代的要求,政府不断强化职教教师标准制度建设。2013 年,我国教育部颁布《中等职业学校教师专业标准(试行)》(以下简称《标准》),明确了职教教师"双师型"目标,并向我国未来的中等职业学校教师提出了专业理念与师德、专业知识、专业能力等三大维度所应达到的 60 条要求。《标准》试图告诉我们,符合 60 条要求的职教教师才是合格的教师。但令人失望的是,现实中很难找到这样的老师,也很少有老师知道要达到这样的要求。这让我们不禁产生疑问:国家颁布教师标准的意义何在? 标准难道只能停留于"政策文本"? 2018 年,国务院办公厅在《关于深化产教融合的若干意见》中

---

① Ann Dykman. Who Will Teach the Teachers? [J]. Vocational Education Journal,1993,68(6):53.
② Robin Claire McLean. Identification of Topics Taught in Professional Courses for Agricultural Teacher Education[EB/OL]. [2021 - 06 - 08] http://scholar.lib.vt.edu/theses/available/etd-41298-115317/unrestricted/etd.pdf.

提出打造"产业型教师(导师)",在"产业型教师"概念的引导下,我国一些发达地区的职业院校创新制度,开展产业型导师实践。但是,调研发现一线教师中对"产业型教师"这一概念有认知者很少,更不用谈如何打造。因此,从职教教师发展的目标定位看,政策目标与现实实践之间似乎一直存在距离。

二、如何培养高质量、专业化的职教教师

如何培养高质量、专业化的职教师资队伍,这是问题的关键。从比较职业教育的角度看,通过学习和研究别国的经验来反思本国的问题是经常采用的一种策略。因此,我们需要站在世界的维度思考当前的职教教师发展。

(一) 世界没有统一的标准

德国职教专家劳耐尔认为,世界各国在TVET教师培养方面有着不同的制度设计和安排,具体包括:(1)某个具体职业领域的就业人员,通过在职学习获取教学资格证书,从而成为具体教学专业的人;(2)在教育机构持续学习,获取大学和本科专业学位或者文凭,再通过教育课程学习掌握教学技能,成为教学专业业务者;(3)选取一门专业学科,并开展教育学的课程学习,从而获得本科或硕士学位;(4)对职业学科进行整合,学科内容来自工作世界(不是来自个别工程学科),这是一种某个特定领域中的能力发展模式。由此,他把世界TVET教师教育体系总结如图1-1①。

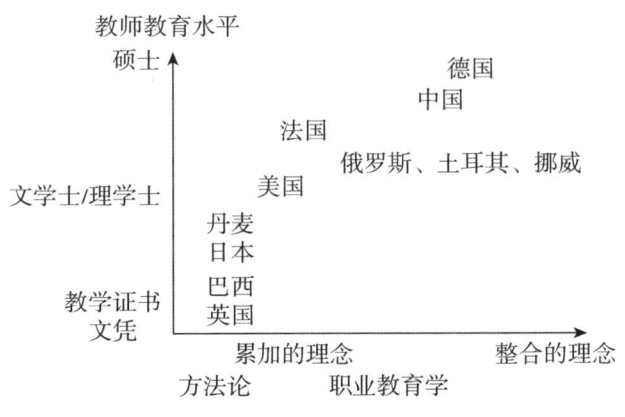

图1-1 世界各国职教教师教育体系

---

① 菲利普·葛洛曼,菲利克斯·劳耐尔.职业教育教师:是濒危的群体还是专业化革新的主体[M]//菲利普·葛洛曼,菲利克斯·劳耐尔.国际视野下的职业教育师资培养.石伟平,译.北京:外语教学与研究出版社,2011:1-25.

从图 1-1 可以看出,世界各国在职业教育师资培养中不仅没有形成一致意见,而且分歧还很大。进一步分析不难发现,在所有国家中,英国与德国截然不同,而我国与德国"趋于一致"。实践证明,德国双结构"双师型"因建立在行业积极参与的"双元制"体系下,取得了非常大的成功,成为世界模板。而中国由于没有这种通过早期手工业行会立法赋予企业深度参与的文化机制,因此"双师型"一直难以落实和推进。

亚太技术教育教师学院学者认为,使用传统的 TVET 教师培训课程和制度体系无法满足新的技术和能力发展的要求,有必要通过"蓝海战略"(Blue Ocean Strategy,简称 BOS)和"公共部门与私人部门合作"(Private Public Partnerships,简称 PPP)来应对新时期职教教师发展所面临的挑战。简言之,一是通过正式开放的学习体系开展职前和继续教师教育,二是以更灵活和宽泛的教师培训课程取代专门技能的培训方案,三是与企业和私人部门合作,四是以终身而灵活的学习满足多样化的需求,五是教育培训新的技术知识和技能,六是培育多语言的沟通技能,七是强化职业道德、团队合作、人性价值和其他非技术能力(领导力、管理能力和环境意识等)的发展,八是发展自我创业和企业家精神,九是制度化的 TVET 教师培训体系。考虑到职教师资来源的复杂性和专业的多样性,这种观点具有重要价值,尤其是通过 PPP 模式来培养职教教师,具有重要的实践价值,职教教师的确需要在更广阔的环境中来推进自身的专业发展,包括正式的和非正式的,企业的深度参与,基于实践的、灵活的学分课程,基于工作的实践反思等,否则可能很难达到预期效果。

图 1-1 为我们提供了一个完美的比较视角。就德国而言,1897 年的法律强制性赋予了德国手工业部门的组织机构手工业协会准公共权力,学徒的技能培训不再是私事和过去剥削廉价劳工的工具,德国相关企业必须与行业协会的体系进行合作,开展自主培训。① 相反,在 19 世纪至 20 世纪初,英国对学徒培训等缺乏有效的监管,一直采取自由放任模式,从而导致企业的学徒培训沦为剥削廉价"童工"的工具。德国和英国的不同做法反映了两种不同的模式,其背后蕴藏着深刻的历史与文化机制。职教教师培训与早期学徒制培训本质上是相辅相成的,德国企业培训师成为"双元制"体系中的专业教师,是德

---

① 凯瑟琳·西伦.制度是如何演化的:德国、英国、美国和日本的技能政治经济学[M].王星,译.上海:上海人民出版社,2010:36-37.

国"教育型企业"国家制度设计的结果,教师的角色和身份得以明确。相反,英国一直没有从教育的视角来看待技能培训的师资问题,把技术和技能培训当作工厂和企业的私事,这也在客观上导致了英国技能培训体系中很难看见相关技能教师。18世纪至19世纪,英国工业革命时期出现了许多夜校培训和技术学校,其教师是来自当地行业和企业的拥有技术经验的工人,夜校的设立主要是考虑到企业工人白天上班只能利用晚上的闲暇时间,技术学校则更多地针对有就业需求而无学可上的青年人开设。一直到今天,英国的技能培训依旧是雇主主导下的市场需求模式。进入21世纪后,虽然政府强力干预,但作为职业教育的主要承担机构,继续教育学院的专业教师依旧存在没有教师资格的情况(在英国的普通教育中,数学或英语等学科教师是不允许没有教师资格的)。德国和英国的相似之处在于他们都强调企业的师傅是技能形成的关键角色,不同之处是英国职教教师一直没有被当作传统意义上的教师。

之所以对德英两国进行一番历史的比较分析,主要是考虑到德国和英国在职业教育体系的制度设计上刚好代表两种完全不同的制度模式。有学者把英国的模式命名为"自由市场主义模式"或"低技能均衡模式",而把德国的模式称为"组织社团主义模式"或"高技能均衡模式"。[①] 从国家层面而言,建立具有统一标准的技能培训组织机制是非常重要的,否则可能导致"低技能均衡"和无人参与培训的结果。

(二)我国职教教师培养路在何方

改革开放以来,我国职教教师教育经历了复杂的转型与变革,从20世纪80年代的技术师范学院模式、20世纪90年代的国家职教师资基地模式,到21世纪后通过加强教师职后企业实践培养教师。为弥补职教教师缺乏企业经验的问题,2005年,《国务院关于大力发展职业教育的决定》明确要求职业学校教师每两年必须有不少于2个月去企业实践的经历。2012年,教育部颁布《青年教师企业实践办法》,通过国家购买企业岗位的形式推进我国青年教师进企业学习。2016年,教育部等七部委联合颁布《职业学校教师企业实践规定》,试图强化教师的企业实践工作经历,弥补我国职业学校教师缺乏企业经验的短板。

---

① 凯瑟琳·西伦.制度是如何演化的:德国、英国、美国和日本的技能政治经济学[M].王星,译.上海:上海人民出版社,2010:8-10.

此外,为加强职教教师培养的针对性,提高职教教师的培养质量,2014 年 8 月,教育部出台了《关于实施卓越教师培养计划的意见》(教师〔2014〕5 号),决定建立高校、地方政府、中等职业学校协同培养的新机制。2015 年,"职业院校教师素质提高计划"职教师资本科培养标准、培养方案、核心课程和特色教材开发项目完成验收,该项目开发了 100 个专业类别的中等职业学校教师专业标准、培养标准、培养方案以及 500 多门核心课程。但是,在教育部相关司局组织的专家认证研讨会上,关于职教专业教师资格标准和考试制度单列等提议最终还是因地区差异较大、发展不平衡、职业教育专业过于复杂等因素被迫放弃。2016 年,教育部组织开展职业院校教师在职攻读硕士研究生工作,确定了北京理工大学等 29 个单位开展职业技术教育硕士招生培养工作。这一系列行动无不证明,我国政府一直在加强和完善对职教教师教育体系的规划。

那么,我国职教教师教育体系的实际情况如何呢?有研究者认为,目前我国职教教师教育缺乏科学、完善的教育体系,必须加强建设一个基于教师能力提升的职后培训体系。① 也有研究者认为,我国职教师资培养正处于"去职业化"与"去师范性"的尴尬境地,职教教师培养体系亟待完善和重建。② 上述观点难道只是个人之见吗?最新调查再次证实了上述观点提出的客观性事实。有研究者调查发现,2014 年,全国 26 所职教师资培养单位共有 17911 名师范毕业生(其中 8 所职业技术师范院校 11587 人,占总数的 64.69%),仅有 1484 人到中等职业学校教师岗位就业,占总数的 8.29%。③ 从职教教师教育角度看,这是一个令人触目惊心的数据,因为它意味着我国一直构建的职技师院培养体系正在走向终结。

如何建立一个科学的职教教师教育体系?汤霓博士建议:"建立政府与市场合作的管理机制,确立职后培养(应该是职后培训)为主的培养途径,完善职教教师专业标准制度,实施过程导向的资格认证制度(开展对教师动态的过程性评价),改革职教教师培养课程体系。"④她甚至大胆提出了构建我国职教教师教育体系的模型(图 1-2),该建议为我国职教教师教育实践提供了重要参

---

① 徐国庆.职业教育课程、教学与教师[M].上海:上海教育出版社,2016:233-235.
② 杨进.中国职业教育发展报告:2015[M].北京:高等教育出版社,2016:107-108.
③ 李新发.全国中等职业学校教师培养培训调查报告[J].职教论坛,2016(31):30-32.
④ 汤霓.英、美、德三国职业教育师资培养的比较研究[D].上海:华东师范大学,2016:183.

考。如今,上海、江苏和浙江等发达地区正在开展新入职教师培训工作,一些高职院校也纷纷推出新教师入职教育实践。职后教师培训似乎已经成为一种必然选择。

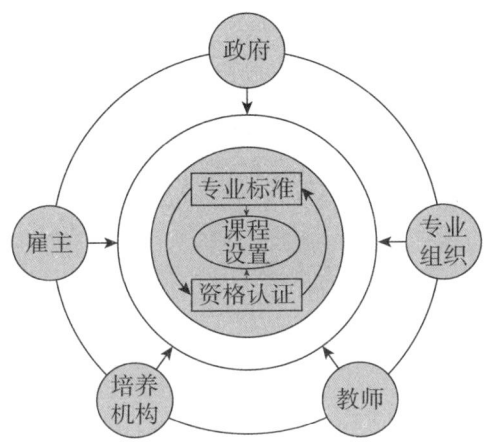

图 1-2 我国职业教育师资培养模型构建

汤霓对英、美、德三国职教师资研究的结论包括两种模式:第一种是重视职前大学教育的模式,认为职教教师必须具有学科专业基础,然后进行必要的企业实践和实习,采用这种模式的国家主要有欧洲的德国、葡萄牙、挪威等;第二种是重视职业资格证书的模式,采用在职的教学资格培训,这种模式主要以英国为代表,采取的方法是招聘具有技术资格证书和企业经验的教师,通过职后在职教师教育方式,保证教师掌握教学实践技能。她的分析是客观的,但比较遗憾的是,她没有深入解释英国和德国为什么走了两条不同的道路,也没有提出中国具体应该如何选择。

针对当前我国职教教师教育面临的问题,徐国庆对英国、德国和美国三个国家的职教教师教育体系进行了比较,认为职后教师教育模式是我国职教教师培养体系建设最为理想的选择。① 他的这种认识是具有充分理由的。众所周知,我国职前教师教育模式已经面临崩溃,这不仅表现在传统职业技术师范院校的毕业生进入职业学校任教的可能性微乎其微,还表现在大部分大学(研究生)毕业生进入职业院校后缺乏师范性。未来我国职教教师教育的职后培训似乎已是必然,但对于职后的教师培训应该安排什么课程以及如何确保培

---

① 徐国庆.职业教育课程、教学与教师[M].上海:上海教育出版社,2016:223-224.

训的有效性,我们是否能够找到秘方?

三、英国职教教师教育的特色之处

21世纪以来,英国职教教师教育发生了翻天覆地的变革。布莱尔政府于2001年强制推行了职教教师资格证书制度,并通过在职的培养模式来推进,这一政策为英国职教教师教育带来了革命性影响。在过去这些年的实践中,英国职教教师教育已经形成了自己特有的模式,包括职教教师资格证书的多元化和以教师在职学习为主的学习模式。其中,新入职教师教育(Initial Teacher Education,简称ITE)的学习者主要为成年人,继续教育学院(类似中国的职业院校)以自主培养为主。

(一) 多元化资格证书

1999年,国家继续教育培训组织(Further Education National Training Organization,简称FENTO)标准颁布。2001年,英国开始要求职教教师具有教师资格证书,这开启了英国教师的"双专业"时代。当时的教育与就业部(Department for Education and Employment,简称DfEE)发布了一份咨询文件,规定了教师在继续教育中必须具有强制性教学资格。它将教师入职培训资格分为三种:

第一阶段——具备最必要的、最基础的工具包;

第二阶段——能够提供在继续教育学院中开展各种有效教学所需的全部技能;

第三阶段——掌握从教学技能到更广范围的技能,例如在教学管理和课程开发领域的技能。

不同类别的教师需要满足不同的标准。全职教师和合同制教师需要满足第三阶段的所有标准,包括通过高等教育机构(Higher Education Institute,简称HEI)的资格考试,如取得教育学证书(Cert Ed)和研究生教育证书(PGCE),以及由国家颁证机构(如伦敦城市行业协会,简称City & Guilds)提供的第三阶段资格证书。兼职教师需要取得经国家颁证机构验证的第一阶段或第二阶段资格证书。上述三个阶段资格之间的区别不是基于学术水平,而是基于职教教师在管理教学、学习和指导过程中的责任程度。全职教师负责大多数学习和评估方面的工作,必须获得第三阶段资格证书,证明他们达到FENTO的所

有标准。①

2007年,英国终身学习部门(Lifelong Learning of United Kingdom,简称LLUK)颁布《终身学习部门教师、辅导人员和培训者的专业标准》(简称《LLUK标准》),要求教师获得终身学习部门教师预备证书(Preparing to Teach in the Lifelong Learning Sector Qualification,简称 PTLLS)、终身学习部门教学证书(Certificate in Teaching in the Lifelong Learning Sector,简称 CTLLS)和终身学习部门教学资格证书(Diploma in Teaching in the Lifelong Learning Sector,简称 DTLLS)等。随后,政府又要求所有职教教师必须获得教师学习技能合格证书(Qualified Teacher Learning and Skills,简称 QTLS),且每年必须完成30小时的继续教育学习。②

2013年,英国学习与技能服务中心(Learning & Skills Improvement Service,简称 LSIS)明确了职教教师的五类证书资格:认证、证书、文凭、高级文凭、专业文凭。③ 2017年,根据最新的英国 ITE 教师学习统计,英国教育部门为职教教师资格提供以下几种不同类型的认证和文凭。

(1)教育与培训认证(Award in Education and Training,水平3或4,简称 AET)。本课程介绍了英国继续教育(Further Education,简称 FE)领域的教学内容,包括课程规划和微观教学实践,可在3级或4级实施,通常持续1—2周。

(2)教育与培训证书(Certificate in Education and Training,水平4或5,简称 CET)。这一课程大约持续6个月,主要针对提供培训但不设计课程者。

(3)教育与培训文凭(Diploma in Education and Training,水平5,简称 DET)。这是 FE 部门教师/导师的主要入职路线。如果针对应聘全职教师工作,这些课程在5级水平,通常持续1年。

(4)教育和培训学科专业文凭,具有计算能力、读写能力或具备 ESOL(English for Speakers of Other Languages)专业水平。这些资格是专门为教师提供进一步读写、算术和语言课程开发的。课程不仅涵盖与 DET 相同的内容,还

---

① The Initial Training of Further Education Teachers: A Survey[R]. London: Office for Standards in Education, 2003: 6-7.

② Lifelong Learning UK. New Overarching Professional Standards for Teachers, Tutors and Trainers in the Lifelong Learning Sector[EB/OL]. [2021-06-09]. https://www.lifelong learning uk.org.

③ ETF (The Education and Training Foundation). Initial Teacher Education Provision in FE and Skills [EB/OL]. [2021-06-09]. http://www.et-foundation.co.uk/wp-content/uploads/2015/07/ite-data-report-final.pdf.

包括扫盲、算术或 ESOL 的额外学习。

除了以上资格外,高等教育机构还为实习教师提供 Cert Ed 和 PGCE 课程。这些课程必须符合文凭和学科专业课程的标准,但往往处于较高级别(通常水平为 6 级或 7 级)。① 可以看出,英国职教教师可以通过多种方式获得教师资格,这些资格的水平各不相同。英国政府的上述设计让我们产生一种疑问:为什么 21 世纪后,政府要对职教教师强制性实施教师资格证书制度? 这样的制度能够有效推进吗? 其本质价值又是什么呢?

(二)在职学习的方式

在职(职后)培训一直以来就是英国职教教师培养的主要途径。据统计,2013—2014 年,81% 的师资培训课程为非全日制,教师认证培训课程的比重最大。从学习者选择的具体课程类型来看,72% 选择了在职课程,75% 选择了高级文凭,85% 的文凭学习者也选择在职课程。②

2017 年最新统计显示,在职学习人数的比例稍微有所下降,从 2014—2015 年的 72% 下降到 69%。但是,在职学习依旧是英国职教教师的绝对主要方式。调查结果显示:大部分 ITE 是兼职的,约四分之三(74%)的教师取得了文凭或 PGCE,几乎所有的认证(94%)和证书(89%)都是兼职的。(图 1-3)③

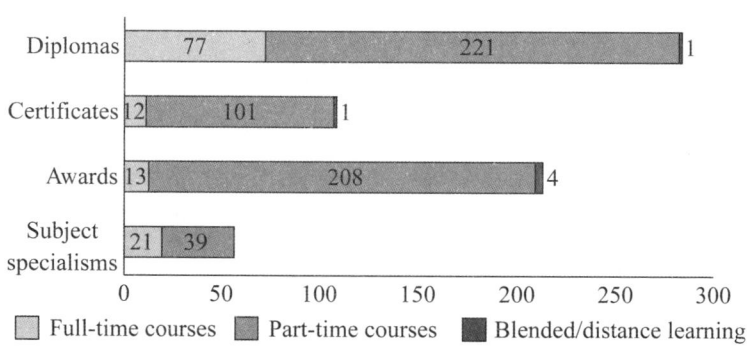

图 1-3 英国职教 ITE 实施方式(2016/2017)

英国人为什么采取在职学习的方式来获取教师资格证书? 这种方式符合

---

① Initial Teacher Education Provision in Further Education: Third Year Report [R]. London: The Education and Training Foundation, 2017: 7.
② ETF (The Education and Training Foundation). Initial Teacher Education Provision in FE and Skills [EB/OL]. [2021-06-10]. http://www.et-foundation.co.uk/wp-content/uploads/2015/07/ite-data-report-final.pdf.
③ 同①:16.

职教教师的发展规律吗?

（三）职业学院自己培养

英国职教教师培养机构较多,包括高等教育机构、继续教育学院（简称"FE 学院"）、行业协会等。2015 年,英国英格兰地区共有 829 家机构开设 ITE 课程,包括 39 家高等教育机构、340 家继续教育学院、340 家私立培训机构以及 110 家成人与社区学习机构。2017 年,机构数量明显减少,只剩下 664 家提供相关 ITE 课程。值得关注的是,在这些机构中,632 家提供认证,107 家提供证书,235 家提供学位和研究生文凭,如图 1-4 所示。[①] 这说明,对英国职教新入职教师而言,获取认证是最受欢迎的方式和渠道。

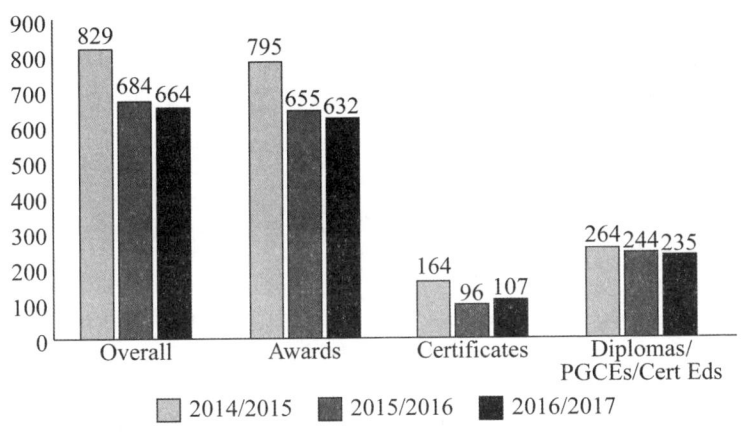

图 1-4　英国职教 ITE 提供机构总体情况

在上述提供 ITE 的机构中,FE 学院占了绝大部分。2016—2017 年,FE 学院占 ITE 课程机构总数的 45%,占 PGCEs 和 Cert Eds 文凭机构数的 76%（表 1-1）。

表 1-1　2016—2017 年英国职教 ITE 提供机构百分比

机构类型	ITE 课程机构总数	ITE 认证机构数	ITE 证书机构数	Diplomas/PGCEs/Cert Eds 文凭机构数
高等教育机构	34(5%)	2(0%)	4(4%)	34(14%)
继续教育学院	300(45%)	300(47%)	77(72%)	178(76%)

---

① Initial Teacher Education Provision in Further Education: Third Year Report [R]. London: The Education and Training Foundation, 2017:20.

（续表）

机构类型	ITE 课程机构总数	ITE 认证机构数	ITE 证书机构数	Diplomas/PGCEs/Cert Eds 文凭机构数
私立培训机构	220(33%)	220(35%)	22(20%)	19(8%)
成人与社区学习机构	110(17%)	110(17%)	4(4%)	4(2%)
总数	664	632	107	235

从上述数据可以看出，FE 学院已经成为 ITE 课程的主要提供者，这也意味着新入职教师主要在自己的工作场所开展学习。需要指出的是，英国不同地区提供 ITE 的方式有所不同。例如：有些地区的学习者较多在高等教育机构(HEI)，那些地方往往有较多高校机构；在英国东南部和南部，较多学习者在 FE 学院完成学习；而在英国西南、约克郡和亨伯，只有 1—2 个机构提供识字/ESOL、算术或 SEND 专业文凭课程。这说明了职教发展的地方性特点及英国各地对职教教师资格的需求差距较大。

（四）严格的 ITE 检查机制

1992 年，英国政府颁布《继续教育与高等教育法》，并在教育领域建立了教育标准办公室(Office for Standard in Education，简称 Ofsted)，以取代原来的皇家督导团(HMI)。随后，英国政府对职教教师展开督察。2001 年，英国政府要求所有新入职教师必须获取教师资格。为了解职教教师的培训情况，2003 年，英国教育标准办公室开启了对职教教师 ITE 的检查，发现英国 ITE 教育实践存在对教师专业教学实践能力的培养缺乏系统设计、导师指导不足等一系列问题。

2003 年，英国教育标准办公室提出了以下问题：(1)职教教师培训的现有范围和模式是什么？(2)达到的质量是什么？(3)学员应取得什么进步，达到什么标准？(4)如何有效管理培训并保证质量？围绕上述问题，最终确定了如表 1-2 所示的三方面督察内容：一是管理和质量保证，二是培训质量，三是学员达到的标准。①

① The Initial Training of Further Education Teachers：A Survey［R］. London：Office for Standards in Education，2003：10-11.

表 1-2　英国教育标准办公室对 ITE 检查的标准(2003)

1. 管理和质量保证			
1a. 筛选学员	1b. 培训计划和伙伴关系的管理,包括资源部署的充分性和有效性	1c. 质量保证程序和提高计划	
2. 培训质量			
2a. 课程内容和结构		2b. 确定和满足学员要求	
3. 学员达到的标准			
3a. 评估学员要求	3b. 计划和准备个人或团体的教学项目	3c. 发展和使用教学技术	3d. 管理学习进度
3e. 为学员提供支持	3f. 评价学习成果和学员成就	3g. 反映学员表现和评价未来参与实践的机会	3h. 达到专业要求,实现专业的价值和开展专业实践

2003 年,英国教育标准办公室对职业教育 ITE 的检查,开创了英国政府通过外部评估来加强职教教师教育的先河。直到今天,英国教育标准办公室一直在开展对职教教师 ITE 的检查。2017 年,英国政府对职教教师入职培训的检查采取了新的标准,由原来的 13 个指标改为 4 级指标,包括总体效果(Overall Effectiveness)、受训学员结果(Outcomes of Training)、培训质量(Quality of Training)、领导与管理质量(Quality of Leadership/Management)。

2016 年 11 月,英国教育标准办公室在对提供 ITE 的相关机构检查后发现,所有 HEI 都获得了 1 级(卓越或杰出)和 2 级(良好),如表 1-3 所示。[①] 而 13 所提供 ITE 的 FE 学院中,仅有 2 所获得 1 级,11 所获得 2 级。从结果来看,似乎英国高等教育机构提供的 ITE 质量更好。但其实英国教育标准办公室并非对所有机构都进行了检查,而是采取抽查的方式。比如 2014—2015 年度,英国教育标准办公室检查的机构只培训了 1000 名新入职教师,占所有 ITE 人数的 3%。因此,很难说这些结论是否能够代表整个英国的 ITE 培训水平。英国这种外部督察的方式值得我们研究,其整体质量和学员反馈更有待我们进行深入的了解。

---

① Initial Teacher Education Provision in Further Education: Third Year Report[R]. London: The Education and Training Foundation, 2017: 17.

表1-3 英国高等教育机构实施ITE的评估检查情况（2016/2017）

质量标准（4级）	Grade 1（1级）	Grade 2（2级）	Grade 3（3级）	Grade 4（4级）	TOTAL
总体效果	4(14%)	25(86%)	0(0%)	0(0%)	29(100%)
受训学员结果	4(21%)	15(79%)	0(0%)	0(0%)	19(100%)
培训质量	4(21%)	15(79%)	0(0%)	0(0%)	19(100%)
领导与管理质量	9(47%)	10(53%)	0(0%)	0(0%)	19(100%)

总之，21世纪后，英国形成了入职培养、在职学习、学院主导、证书课程和外部评估的职教教师教育模式。这种模式与当前我国政策和实践所倡导的职教教师教育相一致。在我国提出"专兼结合"与"行业背景优先"的"双师型"队伍建设，以及职业院校教师普遍无法一次性获得合格教师资格证的背景下，无论是我国地方自主的教师入职教育还是国家强制性的教师企业实践制度，都需要有理论指导和实践参照。鉴于此，英国的经验不仅值得我们关注，更值得我们深入研究和学习。

第二节 文献综述

英国是世界上最早完成工业革命的西方国家，在职业技术教育发展中积累了丰富的经验，做法也很独到。研究发现，国内对英国职业教育的研究主要聚焦在综合发展、现代学徒制、国家资格框架制度和质量保障体系等方面。英国本土对职教教师的关注更为广泛，尤其是1992年《继续教育与高等教育法》颁布后，英国职教教师专业化问题成为学者们关注的焦点。本研究主要从英国职业教育、英国职教教师教育和职教教师专业标准三方面出发，对相关研究的情况进行全面系统的梳理，综合呈现国内外有代表性的研究成果和观点。

一、相关概念的内涵界定

（一）英国

英国全称大不列颠及北爱尔兰联合王国，包括英格兰、威尔士、苏格兰、北爱尔兰及一系列附属岛屿;本研究中的英国特指英格兰和威尔士地区。

(二) 职业技术教育

关于职业(技术)教育的内涵,全世界范围存在不同的说法。《国际教育辞典》(International Dictionary of Education)把"职业教育"定义为"为提高职业岗位熟练程度而进行的校内外所有活动,它包括学徒培训、校内指导、课程培训、现场培训和全员再培训",其"现代含义则包括职业定向、特殊技能培训和就业安置教育等"。①《中国大百科全书·教育》将"职业教育"定义为"给予学生从事某种职业或生产劳动所需要的知识和技能的教育"。②《教育大辞典》将其定义为"传授某种职业或生产劳动知识和技能的教育",含义有两个:一是"仅指培养技术工人的职业技能教育";二是"泛指为谋取或保持职业而准备、养成或增进从业者的知识、技能、态度的教育和训练,不仅包括技能性,还包括技术性",与"职业技术教育"(Vocational-technical Education)同义。③

在欧洲,职业技术教育一般表示为 Vocational Education and Training,主要包括两种形式:一是职前教育与培训(IVET),主要针对 16—19 岁年轻人;二是继续职业教育与培训(CVET),供工作后的青年提高和更新个人的知识和技能,以获得新的技能和更好的职业机会。在 CVET 的实施中,欧洲许多国家的社会机构扮演着重要角色。④

从相关国际组织的角度看,20 世纪 70 年代,联合国教科文组织使用的是"技术职业教育"(Technical and Vocational Education,简称 TVE),国际劳工组织的提法是"职业教育与培训"(Vocational Education and Training,简称 VET),后者的理念更强调人力资源开发。20 世纪 80 年代后,世界银行和亚洲开发银行开始使用"职业技术教育与培训"(Technical and Vocational Education and Training,简称 TVET)的概念。1999 年,在韩国举行的第二届国际职业技术与培训大会上,联合国教科文组织在官方文件中将一直使用的 TVE 改为 TVET,即"职业技术教育与培训"。此后,TVET 成为相关国际组织对职业教育概念

---

① J. Thomas, A. Marshall, G. Page. International Dictionary of Education[M]. New York: Nichols Publishing Co., 1977:360.
② 中国大百科全书编辑部.中国大百科全书·教育[M].北京:中国大百科全书出版社,1985:520-521.
③ 顾明远.教育大辞典:增订合编本[M].上海:上海教育出版社,1998:20.
④ Pradeep Kumar Misra. VET Teachers in Europe: Policies, Practices and Challenges[J]. Journal of Vocational Education and Training,2011,63(1):27-29.

的基本共识。①

2016年的中英政策对话上,教育部职业技术教育中心研究所杨进博士结合联合国教科文组织和国际劳工组织的解释,对TVET提出了新的理解,包括五个方面:(1)TVET是普通教育不可分割的一部分;(2)TVET是职业准备的有效方式和参与工作世界的有效手段;(3)TVET是终身学习和成为合法公民准备的重要元素;(4)TVET是促进环境健康持续发展的工具;(5)TVET是缓解贫困的手段。

上述关于职业(技术)教育的不同理解和认识都有其科学性和重要价值,体现了不同时代下不同国家和研究者对职业技术教育发展的不同认识,这些认识为我们科学分析和全面理解职业教育提供了依据和理论指导。

本研究中的英国职业技术教育,不仅不同时期所包含的对象不同,具体的实施机构也不同。1870年,《初等教育法》将学龄确认为11岁。1918年,《费希尔教育法》把义务教育的年龄延长至14岁,其中11—14岁为中等教育,职业教育主要指其中的商业学校和技术学校,包括夜校的课程。1944年,《巴特勒教育法》颁布,正式确立继续教育(职业教育)作为英国国民教育体系的重要组成部分。由此,英国形成了"三轨制"的中等教育体系。"二战"后至20世纪80年代初,由于英国中等教育的"综合化改革",英国的职业教育几乎消亡。20世纪80年代后,英国把学制继续后延,形成14—16岁的过渡和16—19岁的继续教育阶段。在2014年,英国把学龄提高到18岁,这意味着所有未满18岁的青年必须完成相关教育。

本研究中的英国职业技术教育主要对象为16—19岁年龄段学生。在英国,这一阶段的教育统称为继续教育,培养机构有以继续教育学院为主体的相关机构。根据2010年英国新学制体系,职业教育属于英国中等后教育(Post Secondary Education)或义务教育后教育(Post-compulsory Education)中16—19岁年龄段教育(表1-4)。

---

① 翟海魂.发达国家职业技术教育历史演进[M].上海:上海教育出版社,2008:7-8.

表 1-4　英国现行学制①

教育阶段	机构类型		关键阶段	主要年级	年龄标志
高等与继续教育	继续教育机构（包括继续教育学院、高等学院、专科学院和成人教育中心等）	高等教育机构（大学与其他高等教育机构）			18+
中等教育 后期	中学高级水平考试、中学高级水平辅助考试和高级职业教育证书考试（在17/18岁进行）。据此，部分人升入继续与高等教育，部分人进入就业市场。				
	继续教育机构	中学第六学级或第六级学院			17—18
					16—17
	普通中等教育证书考试、普通国家职业资格考试和职业科目普通中等教育证书考试（即GCSE，通常在16岁进行）。据此，部分人升入义务教育后的综合/学术性学习，部分人升入义务教育后的职业性学习，还有部分人进入就业市场。				
中等教育 前期	中学		关键阶段4	十一年级	15—16
				十年级	14—15
			关键阶段3	九年级	13—14
				八年级	12—13
				七年级	11—12
初等教育	小学		关键阶段2	六年级	10—11
				五年级	9—10
				四年级	8—9
				三年级	7—8
			关键阶段1	二年级	6—7
				一年级	5—6
	小学附设预备班		早期奠基阶段	预备级	4—5
学前教育	学前机构包括学前团体、游戏团体、日常保育、保育中心与托儿所等				0—5

（三）教师与培训者

关于教师，在我国有多种称呼，比如"教员""先生""老师"等。"教员"一般是指从事教育教学活动的工作人员，特指在高等学校没有获得职称的教学人员，20世纪80年代以前一直使用。之后，该称呼逐渐减少，现在基本上不用"教员"来称呼教师了。"先生"是对教师的尊称，"老师"也是学生对教师的尊

---

① 何伟强.英国教育战略研究[M].杭州:浙江教育出版社,2014:89.

称。《教育大辞典》对"教师"的解释是"学校中传递科学知识、文化与技能,进行思想品德教育,把受教育者培养成一定社会需要的人的专业技术人员"。① 显然,这种认识更适用于普通教育的学科教师,难以完全与职业学校教师相对应。在教育体系领域,我国没有"培训者"的称呼,即便是职业学校聘用的企业专业教师,也只是称其为"兼职专业教师"。

在英语国家体系中,职教教师一般用 teacher 和 trainer 表示。② 比如:在英国、芬兰等国家,在公立学校工作和就业的一般称为 teacher,在企业与培训机构为学习者提供职业技能培训的人员则称为 trainer;在德国、奥地利等国家,在教育领域工作的人称为 teacher,而在工商业领域提供职业培训的人员称为 trainer;法国、比利时等国家根据培训的类型,把为初级职业教育的学生提供教育的人员称为 teacher,把为继续职业教育提供培训的人员称为 trainer;从教师讲授的内容角度划分,提供理论教学者叫作 teacher,提供实践服务者称为 trainer,相关国家有希腊和波兰等。当然,也有一些国家对两者不作任何区分(如塞浦路斯)。总之,由于工作性质等不同,teacher 和 trainer 的资格要求、工作经验、待遇、工作时间等也明显不同。

本研究中的职教教师是指英国继续教育领域的教学人员(具有工商业经验和行业资格的专业技术人员和雇员)和基础课教师(数学、英语、科学和信息技术等基础学科课程教师)。前者要求获得职业资格和企业经验,后者要求获得学科文凭和专业学位。本研究中的英国职教教师主要是指扮演教学角色的培训者和讲师,包括培训者(trainer)、导师(tutor)、讲师(lecturer)和教员(instructor)。

(四) 教师教育

教师教育(Teacher Education)一般被认为是培养与培训师资的专业教育。教师教育的内涵比较丰富,从内容上看,包括人文科学教育、学科教育、专业教育以及教学实践;从顺序上看,有职前培养、入门适应和在职培训;从形式上看,有正规的职前学校教师教育和非正规的校本教师教育;从层次上看,有专科、本科和研究生教育等。③

---

① 顾明远.教育大辞典[M].上海:上海教育出版社,1990:230.
② 李青霞.高职教师发展研究:中挪比较视角[D].厦门:厦门大学,2009:16.
③ 黄崴.教师教育体制[M].广州:广东高等教育出版社,2003:9.

顾明远与梁忠义的《世界教育大系·教师教育》提到：所谓"师范教育"，通常指职前教师培养，含义狭窄，不及"教师教育"之宽广。① "教师教育"既包含职前培养、入职培训与职后继续教育的综合概念，也体现了终身教育思潮和继续教师教育的重要性。2002 年，教育部发布《关于"十五"期间教师教育改革与发展的意见》，明确指出教师教育包括"职前培养、入职教育和在职培训"。②

教师职前教育(Pre-service Teacher Education)是为准备当教师的学生提供的教师教育。教师入职教育(Inductive Teacher Education)自英国教育家詹姆斯·波特(James Porter)1972 年提出著名的教师教育"三段论"后，在教师教育领域越来越受重视，已经成为教师教育的主要模式。教师入职教育的期限一般是 1—3 年，通过有计划和系统性地为新入职教师提供帮助和听课等，有目的地发展初任教师的专业能力，改善其专业行为，提高其教学工作的有效性，减少挫折感，增强自信心，使他们适应教师角色，并为以后进一步的专业发展奠定基础。③ 教师在职教育(In-service Teacher Education)是针对有一定的资格而被录用的教师，为提高他们的职业能力提供义务性的教育培训和在职专业发展，包括义务性或自发性的所有教育培训活动。④

本研究中的教师教育(培训)(Teacher Education or Training)是指新入职教师教育或培训(Initial Teacher Education or Training,简称 ITE 或 ITT)。在不同时期，英国的新入职教师教育表现大为不同。20 世纪 90 年代前，英国职教教师自主接受继续教育和相关课程培训；2001 年后，新工党对职教教师强制实施 ITE 教育。考虑到历史上英国没有专门的教师教育与培训一说，因此，本研究中涉及不同时代英国职教教师的资格培训、暑期培训等统一作"教师教育"理解。

1984 年，英国成立了教师教育认证委员会(Council for Accreditation of Teacher Education，简称 CATE)。1995 年，CATE 被教师培训署(Teacher Training Agency，简称 TTA)取代，核心词"培训"取代"教育"。TTA 的权力内

---

① 顾明远,梁忠义.世界教育大系:教师教育[M].长春:吉林教育出版社,1998:1.
② 中国高等教育学会.教师教育论坛论文集[C].北京:语文出版社,2005:525.
③ 任学印.教师入职教育理论与实践比较研究[D].长春:东北师范大学,2004:79.
④ 金铁洙.中韩两国教师教育比较研究[D].长春:东北师范大学,2006:4.

容包括拨款、质量保证、培训认证、教师招聘和入职培训等。① 因此,在英国,"培训"与"教育"本质上是一个意思,本研究对其内涵不作严格区分,但在叙述中统一使用"新入职教师教育"(ITE)。

(五) 双专业与反思性实践者

首先来谈一谈双专业。2014 年,英国颁布了新的继续教育领域教师标准——《教师和教育培训者的专业标准》,提出继续教育领域教师要达到"双专业主义"(dual professionalism)身份的要求。要想具有"双重身份",教师首先要具有职业背景(vocational settings),以便成为职业或学科专家,其次要具有教学的专门知识(teacher expertise),以便成为教学专家。

接着来谈一谈"反思性实践者"。反思是一种重要的思考问题方式,是一种科学的思维。约翰·杜威(John Dewey)认为"反思思维使我们摆脱感觉、欲望和传统等局限性的影响"。做反思性实践者是 20 世纪 80 年代美国学者唐纳德·舍恩(Donald Schon)提出的一种针对教师专业发展的思想,在全世界教师教育领域产生了深远影响,也是当前教师教育专业学习的主要方式。

所谓反思性实践者,是舍恩针对"技术理性"实证主义哲学的实践认识论而提出的。技术理性主义认为,实践者是工具性问题的解决者,他们通过运用系统的、倾向于科学的知识中的理论与技术解决结构良好的工具性问题。在这种认识论中,教师的工作被认为是一个"技术熟练"的过程,这种认识的基本逻辑是理论与实践的关系,是"执行—应用—操作"的过程。原本丰富的实践被认为是简单的技术操作过程,而教师被认为缺乏创造性和主动性。舍恩认为,教育的实践领域不是"高硬之地"(目标和情境都是清晰的),而是充满复杂性与不确定性的"低湿之地"。鉴于此,作为教育实践者的教师该如何面对教育实践中的复杂性和不确定性呢? 相关学者指出,作为专业人员的实践工作者,不能仅将书本知识、程序化技术手段等科学知识作为实践的工具,必须借助"行动中的知识"。这就回到了舍恩提出的"反思性实践者"本身,因为"行动中的知识"实际上就是实践工作者在具体的实践环境中通过自我的反思而形成的一种个人化知识,这种知识具有鲜明的个体化色彩,具有情境性、不确定性、不稳定性,它不是建立在传统的"技术理性"之上,而是发生在实践者

---

① T. Brown, O. McNamara. Becoming a Mathematics Teacher[M]. London: Springer Press, 2011.

解决现实问题的现场和过程之中。因此,它一般得"由'现场的实验'来推动和检验"。① 舍恩特别指出,在专业领域的实践教学中更应如此。

本研究认为,反思性实践不仅仅是一种学习方式和手段,更应该是一种超越方法论的思维模式和成长哲学;只有当反思性实践成为职教教师的思维方式和实践哲学,它才能真正成为教师日常生活中习惯、行为和成长的根本方法。因此,反思性实践作为具有双重价值的概念,找到有效的方法来充分展示其价值显然非常重要,语言、意义、对话、叙述等都可以基于不同情境作为反思的手段和载体。

二、关于英国职业(技术)教育的研究

以"英国职业教育"为主题词在知网检索后发现,国内与英国职业教育相关的研究论文约有535篇,主要涉及英国职业教育课程、英国现代学徒制、英国质量保障体系、国家资格框架、关键技能等领域。

从著作看,王承绪和徐辉的《战后英国教育研究》中关于战后英国中等教育和职业技术教育的分析翔实具体。② 瞿葆奎选编的《英国教育改革》则对英国教育发展中的重大改革政策进行了解读与分析。③ 石伟平的《比较职业技术教育》从历史研究、国别研究、国际研究和比较研究等方面,对英国职业技术教育的发展进行了系统的介绍,并分析了英国职业教育各阶段发展变革的逻辑与动因。④ 徐辉和郑继伟的《英国教育史》对英国职业技术教育的发展历史进行了梳理与分析。⑤ 翟海魂的《发达国家职业技术教育历史演进》和《英国中等职业教育发展研究》对英国职业教育的发展历史、中等职业教育发展进行了全面的梳理和总结。⑥ 易红郡的《从冲突到融合:20世纪英国中等教育政策研究》深入解释了20世纪英国中等教育从冲突走向融合变革发展的过程。⑦ 何伟强的《英国教育战略研究》对英国两党交替的教育政策进行了深入分析。鲁昕的《技能促进增长:英国国家技能战略》对英国21世纪以来的7份技能战略

---

① 洪明.反思实践取向的教学理念:舍恩教学思想探析[J].外国教育研究,2013(8):14-17.
② 王承绪,徐辉.战后英国教育研究[M].南昌:江西教育出版社,1992.
③ 瞿葆奎.教育学文集:第22卷(英国教育改革)[M].北京:人民教育出版社,1993.
④ 石伟平.比较职业技术教育[M].上海:华东师范大学出版社,2000.
⑤ 徐辉,郑继伟.英国教育史[M].长春:吉林人民出版社,1993.
⑥ 翟海魂.发达国家职业技术教育历史演进[M].上海:上海教育出版社,2008.
⑦ 易红郡.从冲突到融合:20世纪英国中等教育政策研究[M].长沙:湖南教育出版社,2005.

报告进行了分析。① 此外,王雁林的《政府与市场的博弈:英国技能短缺问题研究》②、王星的《技能形成的社会建构:中国工厂师徒制变迁历程的社会学分析》③、凯瑟琳·西伦(Kathleen Thelen)的《制度是如何演化的:德国、英国、美国和日本的技能政治经济学》④、关晶的《西方学徒制研究:兼论对我国职业教育的借鉴》⑤、刘育锋的《中高职课程衔接的理论与实践:英国的经验与我国的借鉴》⑥等都是上述领域研究的代表作。

论文方面,匡瑛的《英国近十年的继续教育概述》⑦、侯龙真、秦发盈的《英国继续教育学院的发展阶段及走向》⑧、吴雪萍和项晓勤的《英国继续教育改革探析》⑨、王文强的《国际金融危机背景下的英国继续教育变革》⑩、李作章和乞佳的《新世纪以来英国继续教育学院改革动向及其启示》⑪等对20世纪90年代后,特别是21世纪以来的英国职业教育改革发展进行了深入的研究和分析。上述论文为今天开展相关研究提供了理论指导和实践借鉴,对理解英国职业教育和教师发展具有重要价值。

三、关于英国职教教师教育的研究

在知网检索主题词"教师教育"后发现,我国学者对教师教育的研究文献达到95500余篇,同一时期以"英国教师教育"为主题词的相关研究为530条。其中,既有大量从普通学科视角出发的研究,也有从职教专业角度出发的研究;聚焦于英国普通教育教师领域的研究较多,对英国职教教师的专门研究

---

① 技能促进增长:英国国家技能战略[M].鲁昕,主译.北京:高等教育出版社,2010.
② 王雁林.政府与市场的博弈:英国技能短缺问题研究[M].杭州:浙江大学出版社,2013.
③ 王星.技能形成的社会建构:中国工厂师徒制变迁历程的社会学分析[M].北京:社会科学文献出版社,2014.
④ 凯瑟琳·西伦.制度是如何演化的:德国、英国、美国和日本的技能政治经济学[M].王星,译.上海:上海人民出版社,2010.
⑤ 关晶.西方学徒制研究:兼论对我国职业教育的借鉴[D].上海:华东师范大学,2010.
⑥ 刘育锋.中高职课程衔接的理论与实践:英国的经验与我国的借鉴[M].北京:北京理工大学出版社,2012.
⑦ 匡瑛.英国近十年的继续教育概述[J].外国教育研究,2002(6):55-58.
⑧ 侯龙真,秦发盈.英国继续教育学院的发展阶段及走向[J].中国职业技术教育,2015(27):62-67.
⑨ 吴雪萍,项晓勤.英国继续教育改革探析[J].比较教育研究,2008(5):77-81.
⑩ 王文强.国际金融危机背景下的英国继续教育变革[J].职业教育研究,2010(5):155-157.
⑪ 李作章,乞佳.新世纪以来英国继续教育学院改革动向及其启示[J].职业技术教育,2013,34(4):90-93.

较少。

国内的英国职教教师的相关研究如下所示。2016年,汤霓系统地介绍和总结了英国职教教师培养的基本要素(专业标准、资格认证、课程设置)和主要特点。她认为,英国职教教师培养有六大特点,分别是:雇主导向,成熟的授权体系,开放式的职后培养途径,宽泛、通用的专业标准,分层级的资格证书体系,螺旋式的课程体系设计。① 宋洪霞把英国职教教师的培训状况和培训特点总结为"三段融合""三方参与"。② 张亚兰在《英国〈职业教育教师培训〉的内容、特征及其启示》中分析了英国职教教师的现状和问题,总结出英国职教教师发展将"恪守专业融合""设立统一的教师合格证书""持续专业化发展""课程与教学作为优先项目"等。③ 此外,涂三广以德比郡继续教育学院为例,对英国继续教育学院人力资源部门如何推进教师专业发展进行了系统介绍。④ 总体而言,专门针对英国职教教师的研究非常少。

英国本土对其职教教师的研究则越来越多,包括政策、历史、教师专业化、教师身份等各方面,主要情况如下所示。

根据丹尼斯·海耶斯(Denis Hayes)的总结,1944年《麦克奈尔报告》的颁布是英国国家正式干预职教教师的开始,它提出战后需要每年超过500名新的FE教师的规划,并且需要为他们提供在职的职前培训课程。1950年,英国第一个技术教育教师证书颁发。1957年,《威廉斯·杰克逊报告》正式在技术教育学院为职教教师提供培训。1959年,英国颁布《克洛瑟报告》,要求解决英国75%的职教教师没有教师资格证书的问题。1964年,英国建立工业培训委员会(Industrial Training Boards),旨在加强对青年的就业培训。1966年,英国颁布《罗素报告》,要求为继续教育提供训练有素的教师。1973年颁布的《海考克斯报告1》确定了建立教师培训与供应咨询委员会,并建议为有经验的教师提供入职课程和在职培训;1977年的《海考克斯报告2》建议强化职教教师入职培训行政化;1978年的《海考克斯报告3》提出为提高继续教育领域的管理能力,对继续与成人教师教育开展培训。1979年,英国实施2年的兼职

---

① 汤霓.英、美、德三国职业教育师资培养的比较研究[D].上海:华东师范大学,2016:75-80.
② 宋洪霞.英国职教教师教育与培训体系的特点及启示[J].职教通讯,2006(11):33-35.
③ 张亚兰.英国《职业教育教师培训》的内容、特征及其启示[J].职业教育研究,2016(2):86-89.
④ 涂三广.英国继续教育学院的师资队伍建设:经验与启示[J].中国职业技术教育,2013(21):57-61.

教师大学教育学证书制度（2-year Part-time Cert Ed）。1981年,英国继续教育联盟与学校教育为促进教师（讲师）培训与发展,成立了SCETT机构。1990年,英国继续教育部门成立了教师培训与发展领导委员会（Teaching and Development Leading Board,简称TDLB）。1996年,英国召开继续教育发展论坛。1999年,英国国家培训组织的分支FENTO成立并颁布职教教师标准。2002年,英国颁布了第一个继续教育学院通用检查框架（Common Inspection Framework）。2003年,英国发布第一个教育标准办公室对继续教育教师入职教育培训的报告。2004年,英国颁布教师学习技能合格证书（QTLS）,要求改革继续教育入职教师并决定由学习研究所（Institute for Learning,简称IFL）负责继续教育专业发展。2005年的《福斯特评估报告:激发潜能——对继续教育学院未来角色的评估》呼吁建立一个新的教师人力资源战略。2006年,英国决定由LLUK修订1999年的教师标准,并于2007年颁布新的终身学习部门教师与培训者专业标准。①

诺曼·卢卡斯（Norman Lucas）在《英国职业技术教育教师的展望》中,从历史的视角全面梳理了从19世纪到21世纪初英国继续教育领域教师的专业发展情况。他认为,19世纪到20世纪早期的职业教育主要是学徒制形态,教学指工匠传授技艺给徒弟,是模仿（Copy the Good Practicing）。因此,教师是培训者,而不是现代意义上的教师。在1944年教育法颁布前,有关英国职业教育的记录和描述非常少,学校以技术教育为主,教师更多是兼职教师。学科专业知识和职业经验是为师最主要的方面,教师资格并不作要求。20世纪70年代,讨论技术与教育学问题在技术大学教师中并不常见,教学法改革也被抵制。继续教育学院教师没有明确的身份,也没有享受到应有的专业发展培训。教师好坏无法评价,很少有职教教师的相关研究。20世纪90年代,英国继续教育学院教师专业资格标准正式建立。②

温迪·罗宾逊（Wendy Robinson）在《英格兰和威尔士的教师及其专业发展:1920—2000》中,从英国教师教育的国家政策演变开始,以案例研究的形式

---

① Dennis Hayes, Toby Marshall, Alec Turner. A Lecturer's Guide to Further Education [M]. Maidenhead: Open University Press, 2007: 178.
② Norman Lucas. Perspectives on Teachers of Vocational and Technical Education in the UK [M] // Phillipp Grollmann, Felix Rauner. International Perspectives on Teachers and Lecturers in Technical and Vocational Education. London: Springer Press, 2007: 251-276.

阐述了不同阶段英国教师教育的政策实践(1920—1940年:职业课程与教师专业化;1945—1960年:服务教师的高级课程,典型案例是伦敦大学教育学院和布里斯托大学教育学院;1960—1990年:教师中心),最后以教师专业发展的反思实践结束。①

库宗(L. B. Curzon)在《继续教育教学:原则与实践大纲》中,专门针对英国继续教育学院教师的教学用书,全面介绍了一名英国继续教育学院教师在教学实践中应该具备的基本能力和知识结构。其中第六章"学生与教师绩效的评价和评估"为本研究提供了重要参考。②

丹尼斯·海耶斯、托比·马修(Toby Marshall)和阿莱克·特纳(Alec Turner)合著的《继续教育讲师指南》全面介绍了英国继续教育的各方面,包括:一个新手的教学指南,继续教育的"三明治"模式,如何激励学生,教育数字化的一代,关键技能还是核心学科,证书主义的兴起,全员教师培训和继续教育的未来。其中关于"一名新手教师如何成为一名合格的继续教育教师"的内容具有重要价值。③

特里·海兰德(Terry Hyland)和芭芭拉·马丽(Barbara Merrill)的《继续教育的变革面貌》以专题的方式介绍了英国继续教育的发展,包括:继续教育的历史和现在,终身学习和继续教育,继续教育的服务对象,继续教育学院与教师,继续教育学院与学生,继续教育学院与社区,学习、教学与课程,继续教育哲学。其中"教师与学院的关系"专门从文化的角度讨论了教师在学院文化中的等级、地位和薪酬关系,以及教师如何适应继续教育学院不同的教学区域文化。书中特别引用了哈珀的"权力文化(高级管理层)""角色文化(行政和结构组织)"和"个体文化(组织如何服务个体)"来表述其中的关系,他指出继续教育学院院长一直寻求文化的变革来改变学生们已形成的常规价值观,1993年后(1992年,继续教育法案颁布)的10年内,这种文化的变革已经改变了继

---

① Wendy Robinson. Teachers and Their Professional Development in England and Wales 1920—2000[M]. Rotterdam: Sense Publishers,2014.
② L. B. Curzon. Teaching in Further Education: An Outline of Principals and Practice[M]. London and New York: Continuum,2004.
③ Dennis Hayes, Toby Marshall, Alec Turner. A Lecturer's Guide to Further Education[M]. Maidenhead: Open University Press,2007.

续教育学院的面貌。①

安迪·安米迪奇(Andy Armitage)、罗宾·布安特(Robin Bryant)、理查德·敦尼尔(Richard Dunnill)合著的《义务教育后的教学与培训》分九章介绍了英国后义务教育的教学与教师培训,包括:继续教育后的工作情况,终身学习教师(学习与发展),继续教育后的学生学习,学习的教学与管理,教学资源,评价,课程探究,课程设计、规划与评估,义务教育后的发展。其中,关于教师学习与专业可持续发展的意义、行动和策略,以及教师如何教学、如何管理、如何利用教学资源,如何评价和开发实施课程等内容为相关研究提供了理论支持。②

苏·柏慧思(S. Bolhuis)在《工作岗位的学习:教师教育新的理论与实践》中提出:基于工作岗位的学习要求教师教育要有新的定位,要基于新的学习理论和新的专业的概念促进教师的专业教育。③ 文章认为,教育的改革、专业化学习的新理念、教师人力资源的短缺等对教师教育的变革具有重要影响。罗博·麦克布莱德(Rob McBride)著、洪成文译的《教师教育政策:来自研究和实践的反思》一书从职前教师培训、新教师的导入教育、教师在职培训和反思总结四个部分对英国教师的培养进行了深入的分析和介绍,并对英国教师教育进行了反思和追问。④

伊恩·哈迪(Ian Hardy)的《教师专业发展政策:政策、研究和实践》以教师专业发展为主题,从国家政策和实践角度阐述教师专业发展,并选取了澳大利亚、加拿大和英国三个国家的案例,分别介绍其教师专业发展的实践。关于英国的教师专业发展,本书认为,任何个体因地区和环境(指所在地区和学校)不同而具有不同的专业发展方式,但是从广义的大环境而言,个体专业发展经验和实践反思却具有一致性,比如都是在英国新自由主义管理背景下工作、学习和应对挑战。在专业发展内涵上,本书从教师如何定义专业发展、基

---

① Terry Hyland, Barbara Merrill. The Changing Face of Further Education: Lifelong Learning, Inclusion and Community Values in Further Education[M]. London: Routledge Falmer,2003:70-71.

② Andy Armitage, Robin Bryant, Richard Dunnill. Teaching and Training in Post-Compulsory Education[M]. Maidenhead: Open University Press,2007.

③ S. Bolhuis. Learning in the Workplace: New Theory and Practice in Teacher Education[M]//Jan N. Streumer. Work-Related Learning. London: Springer Press,2006:263-282.

④ 罗博·麦克布莱德.教师教育政策:来自研究和实践的反思[M].洪成文,等译.北京:北京师范大学出版社,2009.

于课程的专业发展、教育结果资格证书对教师学习的影响、教师专业发展模式、教师自主专业发展的程度和可能性等方面进行了研究。①

西蒙·卡帕尔（Simone Kirpal）在《培训者专业发展的国家道路与欧洲空间》中，对欧洲各国教师的专业发展进行整体回顾和归纳，并且就英国教师专业发展两个方面——信息技术对教师专业发展以及英德两国学徒制培训对培训者专业发展——要求不同进行讨论。这对学徒制体系下的教师专业发展具有借鉴价值。总体上看，国外学者对英国职教教师的研究比较丰富，涉及英国职教教师发展政策、工作岗位学习、教师教学、教师评价、新入职教育等。这些研究对我们深入理解和科学分析英国职业教育和教师发展具有重要价值。

四、关于职教教师"双师型"标准的研究

研究发现，德国、美国、澳大利亚等主要职教发达国家都有自己的职教教师专业标准，且在实践上都有一套文化和模式，往往并不遵循固定的逻辑。宫雪在《论基于国际经验的职业教育教师标准构建》中提到，澳大利亚《国家VET管理调控机构注册培训组织标准2011》（Standards for National VET Regulator Registered Training Organisations 2011）是技术和继续教育（Technical and Further Education，简称TAFE）教师专业标准，所有注册培训机构（RTO）教师必须持有培训与教育培训包TAE10中的培训与评估TAE40110四级证书或具备同等能力水平。张群在《美国职前技术教育教师专业标准述评》中介绍了美国技术教育教师的学科知识和有效开展技术教育教学的10个方面标准，包括技术、技术属性、技术与社会关系、技术世界所需的能力等。孙健则通过《从美国职教教师专业标准学什么？》介绍了美国NBPTS《生涯与技术教育教师标准》的历史，指出该标准具有发展性和时代性，以及NBPTS制定标准时始终秉持五大核心原则，包括：教师应该推动学生的学习与发展，教师应该掌握专业领域知识和教学方法，教师应该管理学生学习，教师应该系统性反思自己，教师应该加入学习共同体。

就英国而言，2014年4月，英国教育与培训基金会（Society for Education

---

① Ian Hardy. The Politics of Teacher Professional Development: Policy, Research and Practice [M]. London: Routledge, 2012: 134 – 135.

and Training，简称 SET）颁布了《教师和教育培训者的专业标准》，把职教教师专业明确界定为"双专业"，要求职教教师不仅应该成为职业或学科专家，还应该成为教育与教学专家。对于"双专业"专家的定位，该标准明确了两方面要求：一方面，教师必须始终关注自己的职业岗位知识与专业学科知识，掌握必要的教育学专业知识和技能；另一方面，教师要能够有效地把两者结合起来，为培养学生服务。① 在教师标准化的实践中，英国倡导的职教教师"双专业"具有重要的教育学价值。

就我国而言，1989 年，我国提出"双师型"教师概念。1995 年，"双师型"这一概念被原国家教委写入政策文本。2013 年 9 月，教育部颁布的《中等职业学校教师专业标准（试行）》明确了"双师型"目标的十五大领域 60 条要求。2014 年，国务院印发《关于加快现代职业教育的决定》，提出构建专兼结合的"双师型"教师队伍。2019 年，"职教 20 条"明确提出了新的"双师型"要求，即职教教师要先具备 3 年以上企业工作经历，这彻底改变了过去的"双师型"教师构建路径。"双师型"的政策演变与内涵界定如表 1-5 所示。已有研究包括石美珊的《中职学校教师通用能力标准与专业发展》、王雯的《中等职业学校专业教师标准开发探析》、曹晔的《我国中等职业学校教师专业发展标准体系构建》、黄萍的《中等职业学校教师专业标准与职教教师培养培训》，孟庆国还对我国职教教师教育提出了相关建议。② 涂三广在《基于标准的中职教师专业素质调查：问题与建议》中对全国 9 个省市 1000 余名中职教师进行调查后发现，中职教师的专业素质与国家标准差距较大。③ 总体来看，关于"双师型"的认识分歧较大，政策也在不断调整。因此，在"职教 20 条"背景下，我们急需在认识上进行学理澄清，并在方法论层面找出科学路径。

---

① Professional Standards for Teachers and Trainers in Education and Training England [EB/OL]. [2021-06-11]. http://www.et-foundation.co.uk/wp-content/uploads/2014/05/4991-prof-standards-a4_4-2.pdf.

② 黄萍,孟庆国.中等职业学校教师专业标准与职教教师培养培训[J].职教论坛,2014(2):4-8.

③ 涂三广,何美.基于标准的中职教师专业素质调查:问题与建议[J].职教论坛,2016(30):21-28.

表 1-5 教育政策文本中"双师型"的内涵

年份	"双师型"政策演变与内涵界定
1995	原国家教委提出"专兼结合、结构合理、素质较高的师资队伍;专业课教师和实习指导教师具有一定的专业实践能力,其中有 1/3 以上的'双师型'教师;……师资队伍结构合理,水平较高;专业课教师和实习指导教师基本达到'双师型'要求"。
1997	首次全国职教师资队伍建设工作座谈会指出,建立"双师型"师资队伍是师资工作的重点。
1998	《面向 21 世纪深化职业教育教学改革的意见》指出:"要采取教师到企事业单位进行见习和锻炼等措施,使文化课教师了解专业知识,使专业课教师掌握专业技能,提高广大教师特别是中青年教师的实践能力。要注意从企事业单位引进有实践经验的教师或聘请他们做兼职教师。要重视教学骨干、专业带头人和'双师型'教师的培养。"
2000	教育部明确指出"抓好'双师型'教师的培养,努力提高中、青年教师的技术应用能力和实践能力,使他们既具备扎实的基础理论知识和较高的教学水平,又具有较强的专业实践能力和丰富的实践工作经验","要有计划地组织教师参加工程设计和社会实践,鼓励从事工程和职业教育的教师取得相应的职业证书或技术等级证书,培养具有'双师资格'的新型教师"。
2004	教育部进一步提高了优秀职业院校的 A 级标准,将专业基础课和专业课中双师素质教师比例上升到 70%;并将"双师"素质的注解具体化为"有本专业实际工作的中级(或以上)技术职称(含行业特许的资格证书)",或"近五年中有两年以上(可累计计算)在企业第一线从事本专业实际工作的经历,或参加教育部组织的教师专业技能培训且获得合格证书,能全面指导学生专业实践实训活动",或"近五年主持(或主要参与)两项应用技术研究,成果已被企业使用,效益良好",或"近五年主持(或主要参与)两项实践教学设施建设或提升技术水平的设计安装工作,使用效果好,在省内同类院校中居先进水平"。
2005	国务院指出"加强'双师型'教师队伍建设,职业学校中实践性较强的专业教师,可按照相应专业技术职务试行条例的规定,申请评定第二个专业技术资格,也可根据有关规定申请取得相应的职业资格证书"。
2006	教育部强调职业院校应"注重教师队伍的'双师'结构,改革人事分配和管理制度,加强专兼结合的专业教学团队建设","逐步建立'双师型'教师资格认证体系,研究制定高等职业院校教师任职标准和准入制度"。
2010	《国家中长期教育改革和发展规划纲要(2010—2020 年)》指出:"以'双师型'教师为重点,加强职业院校教师队伍建设。……完善相关人事制度,聘任(聘用)具有实践经验的专业技术人员和高技能人才担任兼职教师,提高持有专业技术资格证书和职业资格证书教师比例。"
2013	《中等职业学校教师专业标准(试行)》明确要求:"为建设高素质'双师型'教师队伍……,中等职业学校教师是履行中等职业学校教育教学工作职责的专业人员,要经过系统的培养与培训,具有良好的职业道德,掌握系统的专业知识和专业技能,专业课教师和实习指导教师要具有企事业单位工作经历或实践经验并达到一定的职业技能水平。"
2014	国务院在《关于加快发展现代职业教育的决定》目标任务中提出"专兼结合的'双师型'教师队伍建设显著"。
2017	国务院办公厅《深化产教融合的若干意见》提出:"支持企业技术和管理人才到学校任教,鼓励有条件的地方探索产业教师(导师)特设岗位计划。探索符合职业教育和应用型高校特点的教师资格标准和专业技术职务(职称)评聘办法。允许职业学校和高等学校依法依规自主聘请兼职教师和确定兼职报酬。推动职业学校、应用型本科高校与大中型企业合作建设'双师型'教师培养培训基地。"

(续表)

年份	"双师型"政策演变与内涵界定
2018	中共中央、国务院《关于全面深化新时代教师队伍建设改革的意见》(中央4号文件)特别提出:"全面提高职业院校教师素质,建设一支高素质双师型教师队伍。……完善职业院校教师资格标准,探索将行业企业从业经历作为认定教育教学能力、取得专业课教师资格的必要条件。"
2019	国务院《国家职业教育改革实施方案》提出:"从2019年起,职业院校、应用型本科高校相关专业教师原则上从具有3年以上企业工作经历并具有高职以上学历的人员中公开招聘,特殊高技能人才可适当放宽学历要求,2020年起基本不再从应届毕业生中招聘。"

五、已有研究述评

英国职业教育及教师教育的相关研究可总结为"三多三少"。

(一) 对英国职业教育的研究较多,但系统性、专题性的研究较少

从对英国职业教育的研究综述中发现,对英国其他类型教育的研究较多,而对职业教育的研究相对较少。具体而言,我国学者对英国职业教育的研究主要集中在21世纪以后,关注的内容主要是历史发展(石伟平、翟海魂等)、改革发展(匡瑛、侯龙真等)、技能政策(王雁林、鲁昕等)、学徒制(关晶等)等方面,原因有两方面。一是英国职业教育改革发展本身的问题。在20世纪90年代以前,英国国内对继续教育的研究和关注并不多;20世纪80年代以后,英国政府开始重新关注继续教育和技能问题,对英国职业教育改革和实践的关注逐渐增多。二是进入21世纪后,中英两国教育合作日益增多,英国现代学徒制、国家资格框架等成为世界各国学习研究的对象,这也影响了我国教育研究的视角,吸引了不少学者和职教研究者的眼球。总体看,虽然21世纪后对英国职业教育的研究越来越多,但相比其他教育,职业教育的相关研究不仅比重低,全面性、系统性和深度也不够。

(二) 对英国教师教育的研究较多,但对英国职教教师的研究很少

从教师教育的角度看,国内学者对英国教师教育方面的研究非常深入。在知网上以主题词"英国教师教育"检索会发现,关于英国教师教育的研究有530条,研究英国教师教育的硕士论文更是达到131篇。上述研究的内容覆盖了英国教师教育的各个领域,包括:教师职前、入职、职后继续发展各阶段,英国基于大学的 PGCE 和 BEd 课程、实践取向的课程内容,英国教师教育的历史发展(早期师徒制度、近代英国教师教育和21世纪后的教师教育),等等。遗

憾的是,这些研究中没有关于英国职业教育(继续教育)教师的研究。虽然汤霓关注了英国职教教师的发展,但专门、系统、深入的研究成果屈指可数。这为本研究提供了巨大的空间。

(三) 聚焦主题的历史研究较多,但结合现实的研究较少

历史研究是相关研究的重要方法之一,但相对而言具有局限性,需要对历史过程中的文化、经济和社会等各种外部环境进行考察,也需要基于现实问题来思考历史。也就是通过历史研究来思考某一事物的产生、形态和过去的身份,从而更科学地理解该事物今天存在的特征。因此,对历史的社会背景和文化传统等进行多角度研究和分析依旧有巨大空间。以英国职教教师专业化为例,20世纪90年代前,英国政府几乎没有干预职教教师发展。1999年,英国颁布国家职教教师标准,随后职教教师经历了国家主义标准、标准与资格衔接、标准撤销和教师自主发展的历程,可见职教教师标准的实践经验非常丰富。在我国强化国家教学标准制度建设和职教高质量发展的时代背景下,对英国标准的实践及其变革的内在逻辑的系统分析和对其历史进程的考察有利于我们推进和落实"双师型"教师队伍的高质量发展。

第三节 研 究 方 案

一、研究的问题与假设

本研究的具体问题包括:(1)不同历史时期,英国职教教师的身份,成就其身份的方式及其背后的逻辑;(2)英国职教教师专业发展内涵及其改革发展内部要素的特征(比如教师培养目标、教师培养课程、教师学习模式和教师评价制度等)。

问题一:英国职教教师发展的历史经验和基本规律。

问题二:英国职教教师专业发展的目标定位及实施方法。

问题三:英国职教教师教育的课程逻辑、组织方式及确立动因。

问题四:英国职教教师教育的经验、主要学习模式及制度保障。

问题五:英国职教教师教育评价方式的选择与走向的研究。

问题六:英国职教教师发展的结论与启示的研究。

基于以上问题的提出,本研究的相关观点建立在以下基本假设之上;没有以下认同,相关研究和观点的价值将受到质疑。

1. 职教教师的发展离不开政府的政策支持和市场的产业环境

职教教师的发展不仅需要政府科学的政策,更需要有利于其发展的市场环境和空间。职业教育和普通教育最大的区别在于其利益相关者不仅是政府和学生,还有需求方雇主(企业)。因此,职教教师的发展问题涉及政府、市场、学生(家庭)等多元利益相关者的直接利益,需要在政策、制度和相关条件上得到满足。从政府而言,政府必须为职教教师专业发展提供有针对性的政策和支持,不能不管不问;从市场而言,职教教师的发展需要一个与行业紧密相连的市场环境,应该借助市场机制来激发教师发展,同时,市场的使用须考虑教育的公共性和平等性原则;从院校而言,应该为教师提供广阔的专业发展环境和条件,而不能限制其发展。

2. 职教教师的专业定位应该为"双专业"

1966 年,联合国教科文组织和国际劳工组织召开"教师地位之政府间特别会议",在《关于教师地位的建议》文件中强调"教学应被视为专业",此后,教师职业被视为一种专业。1996 年,联合国教科文组织召开了以"加强在变化着的世界中教师的作用之教育"为主题的第 45 届国际教育大会,提出"在提高教师地位和质量的整体政策中,专业化是最有前途的中长期策略",这标志着教师专业化身份在全世界范围的确立。我国教师专业化发展始于 1986 年原国家教委下发的《关于中小学教师考核合格证书试行办法》,这个办法要求所有中小学教师要取得《专业合格证书》与《教材教法考试合格证书》。教育部原部长袁贵仁认为,虽然当时的工作重点是解决教师的学历合格问题,但是这一文件的许多规定被认为是确认了教师工作在学科专业和教育专业两个方面的专业性。① 所以,教师职业作为一种专业是本研究的前提。

只有基于教师职业是一种专业来思考"双师型",才能透视其内在本质和内涵。英国的"双专业"比较科学地解释了职教教师专业的本质,其内涵是指教师不仅要成为职业或学科专家(vocational or subject specialist),同时要成为教学专

---

① 教育部师范教育司.教师专业化的理论与实践[M].北京:人民教育出版社,2003:4.

家(pedagogic specialist)。这里的"或"点明了专业教师和学科教师之间的区别，有利于科学理解和认识职教教师的"双专业"本质。一方面，对专业教师而言，必须具有行业和企业的经验并在该领域确保自己的专业化身份和地位，在此基础上，通过入职教师教育的形式获得教学资格证书并成为合格的教师；另一方面，对通用学科(英语、数学、科学)教师而言，具有学科的学术资格和文凭是其开展学科教学的基础，在此基础上，通过入职教师教育等途径获得教师资格证书并成为合格的教师。最终，专业教师和学科教师都成为"双专业"人员。

3. "双专业"教师建设需要优先行业和企业资格

如何实施"双专业"目标，是职教教师教育的难题。本研究认为，对专业教师而言，应该优先其行业(企业)资格，教师资格可以作为发展选项。在对专业教师的选择和培养的实践中，对职前的行业(企业)经验或资格的要求是前提，没有这一基础，所谓的"双专业"不可能有效实现。

4. 我国"双师型"内涵认识及其培养体系亟待完善和重构

1998年至今，我国对"双师型"的理解和政策一直在变化，甚至持续自我否定。我国"双师型"的本质是什么？合理与否？目前培养模式的效果怎样？这些问题在理论界以及实践上不断引发争议。徐国庆明确指出，当前我国"双师型"教师教育体系亟待重建和完善。[①] 李新发的调查更是证明技术师范体系正在走向终结。[②] 教育部《职业学校教师企业实践规定》通过对8个省市进行调查后发现，教师企业实践形式化严重，效果差。我国的做法一直与英国和世界各主要职教发达国家"优先行业(企业)资格"的实践背道而驰。"职教20条"提出的新教师理念似乎让我们看到了接轨世界、回归理性的可能。但是，理念之后的实践路径依然具有不确定性和复杂性。因此，有必要通过历史的、比较的、文化的和实践的研究，对我国职教教师存在的问题进行深度分析，找到其发展规律和可行道路。

二、概念框架与研究内容

本研究通过对英国职教教师教育与培训的历史进行深入分析，了解历史发展中英国职教教师教育与培训的基本情况(包括：政治、经济、社会及教育的

---

① 徐国庆.职业教育课程、教学与教师[M].上海：上海教育出版社，2016：233-235.
② 李新发.全国中等职业学校教师培养培训调查报告[J].职教论坛，2016(31)：32.

外部因素,教师教育的目标、课程、模式和评价等内部要素),然后回归现实,以教师教育的范式(培养目标、培养课程、培养模式和评价制度)为分析框架,针对当前英国职教教师教育的具体实施情况,深入分析英国职教教师教育的目标、课程、模式与评价等实施的情况和效果。具体分析框架如表1-6所示。

表1-6 历史与现状的分析框架

教师教育的改革与发展	教师教育(教师专业发展)是指教师职业作为一种社会职业的存在,在发展过程中被视为专业,赋予了专业身份。如何确认和保证其身份的合理性?需要从教师职业的产生、其身份的形成来追根溯源,否则很难理解职教教师教育应该具有什么规律和特征。						
历史阶段	比较维度						
	外部因素			内部要素			
	政党理念	社会环境	教育理念	培养目标	培养课程	培养模式	教师评价
19世纪初至1944年	不干预教育	荣耀的帝国心态	教会	无	无	自发	基督徒与技术工艺
	"一战"后衰落	社会危机与不安	关注中等教育	无	民间短期课程和夜校	兼职	学生对教学是否感兴趣
1944—1997年	凯恩斯主义	战后重建	国家干预	经验的工匠+一般教学法	普教化(通识、专业、英语、教学实习)	大学主导	大学主导
	新自由主义	经济危机	市场化	排名与标准达成	无系统课程	大学主导	绩效与问责
1997—2010年	"第三条道路"与创新国家理念	全球化竞争高技能短缺	教育优先	标准化	ITE证书课程	学校本位入职教育与职后发展	标准化、绩效问责、合作、发展(第三代与第四代)
2010—2017年	"大社会、小政府"	技术整合	赋权学校专业自主	"双专业"	能力本位的模块化课程	自主专业化实践性反思	

本研究不仅阐述和介绍"是什么",更看重"为什么"与"怎么样"。因此,基于英国职教教师教育的分析,将从影响英国职教教师发展的外部因素和内部要素入手进行全面的讨论。具体内容包括:

第一章 绪论

第二章 英国职教教师发展的历史回顾与经验总结

第三章 英国职教教师的培养目标:"双专业"专家

第四章　英国职教教师的培养课程：能力本位课程
第五章　英国职教教师的教育模式：工作本位学习
第六章　英国职教教师的评价制度：结果导向评价
第七章　英国职教教师教育发展对我国职教教师发展的启示

三、研究的技术路线

首先，基于历史与发展。研究通过历史梳理、文化分析，对英国职教教师教育发展的历史进行全面考察，把英国职教教师的身份刻画为"弃儿""孤儿""宠儿"三种历史样态，为全面理解英国职业教育与教师的本质提供历史和文化基础。

其次，回归现实与做法。本研究以教师教育基本范式为分析框架，通过英国职教教师教育的培养目标、培养课程、教育模式和评价制度四个要素，从"是什么""为什么""怎么样"等多个维度深入剖析并讨论英国职教教师教育的现实状况。

最后，针对问题与困境。通过调查研究，对我国职教教师教育当前面临的突出问题进行归纳，结合英国职教教师教育的经验和教训，提出具体建议和启示。总而言之，本研究试图从纵向与横向出发，立体式地解剖英国职教教师教育的历史与现状、经验和教训。技术路线如图1-5所示。

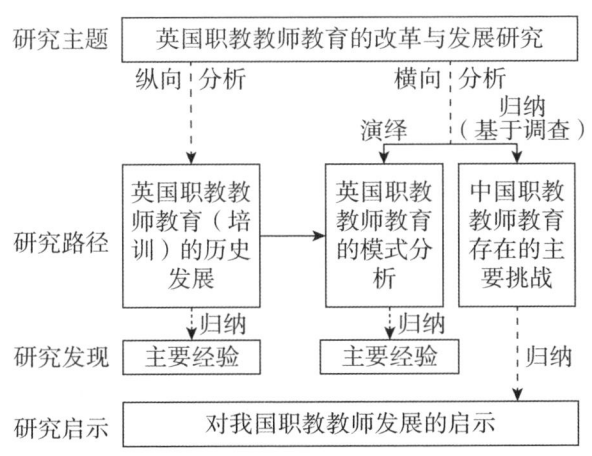

图1-5　研究的技术路线

四、研究方法

1. 历史研究法

历史研究是为了解释过去所发生的事情而系统地审视过去的事件或事件的

组合的过程。我们要认识到历史研究不仅关注事实、日期、数字的累加或对过去发生的事、任务、发展状况的描述,更是解释性的。也就是说,历史陈述不只是对过去发生的事实的复述,而是动态的叙述,以此抓住研究中那些影响了事件的复杂细节、人物的性格和思想。① 柯林伍德(Collingwood)说过:"一切历史都是一部思想史。"当然,历史研究者本身的理解和解释也是历史研究的一部分。

基于此,本研究通过对英国职业教育发展的历史进行系统、深入、全面的分析,梳理英国职业教育发展和职教教师发展的基本历程、主要经验、存在问题,总结其发展的规律。历史研究要达到以下目的:(1)揭示英国职业教育的未知领域和事实;(2)回答英国职教教师历史发展过程中的问题;(3)比较和分析英国职教教师发展中过去与现在的联系;(4)记录并评价英国职教教师发展中的重要个人、组织和机构的成就;(5)增进对英国职业教育及其教师文化的理解。

2. 文献研究法

本研究将对英国教育部(DOE)和商业、创新与技能部(BIS)以及教育与培训基金会(SET)、学院联盟(AOC)、教育标准办公室(Ofsted)官网中关于英国继续教育的信息进行梳理和翻译,特别将对有关职教教师的文献、数据和信息进行系统的整理和分析,并通过中国知网、华东师范大学图书馆外文数据库等网站获取大量的外文学术文献,对其进行翻译和整理。在研究过程中,还获取了大量英国继续教育学院提供的有关教师培训和发展的资料,这些信息为本研究的开展提供了便利。

3. 案例分析法

案例分析涉及中英两国职教教师的相关案例,内容主要包括两国关于职教教师教育与培训的制度、职业院校内部关于教师发展的实践做法等。

通过对英国职教教师入职教育的具体实践进行考察,一方面,有针对性地分析其背景、实践模式、导师指导情况和最终目标达成情况等;另一方面,选取有代表性的英国继续教育学院教师管理制度作为案例,分析英国职业学院内部是如何开展教师入职教育实践的,从而使本研究成果具有可操作性和广泛的实践意义。此外,本研究还将对中国职业院校的相关专业教师实践进行介绍,客观分析其实践的效果和做法,检视和反思其科学性。

---

① 伯克·约翰逊,拉里·克里斯滕森.教育研究:定量、定性和混合方法(第 4 版)[M].马健生,译.重庆:重庆大学出版社,2015:383.

4. 比较分析法

比较研究的重要价值,不仅在于对其他国家人民取得的成就和进行的实验所提供的实际知识,还来自比较研究带来的可以补充我们自己看法的观点。① 比较教育研究的主要任务包括:(1)提供新的信息;(2)分析教育改革发展中的现象、问题与走向;(3)针对存在的问题和挑战,提出有价值的建议和对策。② 简而言之,比较教育不仅能够让我们学习国外新的知识和实践,而且能够为我们更开放、全面地思考问题提供决策服务。

关于比较的方法论,有许多不同的观点。本研究主要借鉴美国比较教育学家乔治·贝雷迪(George Bereday)提出的"比较四步法"。他认为,比较教育研究包括比较研究和区域研究两大类型,其中比较研究同时面向两个或两个以上的国家或地区,而区域研究主要针对一个国家或地区的教育研究,是比较研究的基础和预备。他认为只有把两者结合起来,才能形成系统的比较教育研究。据此,他认为,区域研究包括"描述"(description)和"解释"(interpretation)两个阶段;比较研究则包含"并列"(juxtaposition)和"比较"(comparision)两个阶段。③ 四个阶段的结合就构成了著名的"比较四步法"。第一,"描述"包括文献收集和学校考察。贝雷迪认为,掌握所研究的相关国家的资料并进行描述是比较教育研究工作的第一步。相关资料包括一手资料(政府工作报告、报纸、会议纪要等)和二手资料(相关论文、专著等)。第二,"解释"主要是运用哲学、政治学、社会学、历史学和心理学等多种学科的研究成果对第一阶段的相关研究进行不同视角的分析,揭示影响这些教育现象的各种因果关系及其意义。第三,"并列"是真正的比较研究的开始,是为比较而对材料进行整理的过程。比较研究允许对材料进行处理,对研究对象的教育实践进行概括和精细的思考等。第四,"比较"是针对并列阶段形成的假设,对所有比较研究的对象国同时进行研究,得出结论。

本研究将在对英国职教教师发展和变革进行全面考察和研究的基础上,结合当前我国职教教师教育存在的突出问题,进行有针对性的比较和分析,提出改善我国职教教师教育的对策和建议。

---

① 埃德蒙·金.别国的学校和我们的学校:今日比较教育[M].王承绪,邵珊,李克兴,等译.北京:人民教育出版社,1989:2.

② 同①:6.

③ 熊建辉.教师专业标准研究:基于国际案例的视角[D].上海:华东师范大学,2008:9-10.

5. 社会文化分析

社会文化分析理论的代表人物包括卡尔·马克思(Karl Marx)、让·皮亚杰(Jean Piaget)、维果茨基(Lev Vygotsky)、莱夫(Lave)和温格(Wenger)。他们在不同阶段对人的历史发展和实践成长提出了自己的观点,这些观点影响了整个时代的发展,也成为专业人员(特别是新手)成长为专家的理论指南。

马克思认为:"人是一切社会关系的总和。"这句话不仅对历史发展进行了深刻的总结,也对作为社会和世界的本质人的价值属性作出了根本的揭示。当然,马克思并不是从方法论的角度对人的本质属性进行分析,而是基于对历史与发展的总结。社会文化分析作为一种方法,是由20世纪30年代苏联的维果茨基提出的。他认为人出生就是作为一个社会的实体,自生至死,人都是社会生活的、历史的产物,因此需要从历史的、文化的角度去理解和建立人的心理发展理论。社会文化分析成为分析人的发展和心理成长的基本方法,特别是20世纪80年代后,随着社会变革的加剧,教育研究走向人类学和文化解释等后现代转向,这种方法有取代皮亚杰的认知心理学的趋势。维果茨基的社会文化建构理论就是其中的代表之一。

维果茨基的社会文化建构理论强调社会文化对人的发展的影响,特别指出语言、文化和符号等具有重要的认知中介性,提出人的发展需要借助模仿长者、依赖"脚手架"等概念,这为我们理解新手成长和特定文化背景下人的发展提供了理论基础,同时为解释社会文化背景下的现象提供了分析工具。在维果茨基看来,语言是人类认识世界和理解世界的中介(这也被学者称为"中介论"),也是一种思维工具。① 这是人类高级心理机能发展的关键因素。维果茨基还认为,内化是通过对能力长者的言语进行完整或部分的模仿机制形成的,模仿并非行为主义心理学和听说教学法中的简单复制,其发展过程也不是一次性和线性的,而是有选择性的、在原有的基础上主动和创造性地进行思维嬗变的反复过程。② 内化论意味着人具有模仿他人使自己成长的能力,但是它也强调内化并非完全复制,而是个体有选择性的、主动的互动对话中创造性的思维嬗变的反复过程。关于"最近发展区",这是指学习者独立解决问题的实际发展水平(第一个发展水平)和在成人指导下或在与有能力的同伴的合作中解决问题时的

---

① 王光荣.发展心理学研究的两种范式:皮亚杰与维果茨基认知发展理论比较研究[J].华中师范大学学报(人文社会科学版),2014,53(5):165.

② 桑宝才.维果茨基社会文化理论述评[J].武汉船舶职业技术学院学报,2015,14(6):122.

潜在发展水平(第二个发展水平)之间的距离。① 由于这一距离的存在,学习者必须借助"脚手架"(能力强于自己水平者),比如导师、同伴和学习共同体等。

20世纪90年代末,温格和莱夫提出的"实践共同体"与"合法的边缘参与者"概念,成为引领职业教育工作场所学习的理论范式,为世界各国的学徒制培训和职教新入职教师的成长指明了方向。虽然我们都理解和熟知上述理论的意义和价值,但在实践中这些理论依旧有待验证和不断完善。

对职教教师的历史身份的考察,本研究将更多地从社会和文化的角度来剖析。教师作为一个职业人,其发展与其产生的历史、其职业本身的属性和规律密不可分,这种属性和规律则依赖于对其文化和社会背景的考察。实际上,职教教师的身份是一种嵌入的社会角色,从某种程度上来说是对其所在社会的文化的一种反映和体现。因此,理解英国职教教师的历史发展和形态,也是理解英国职业技术教育的历史和文化的一个重要视角。

五、研究创新

本研究的创新之处涉及内容、方法和选题的创新。

1. 研究内容的创新

英国职教教师的情况非常复杂,如何说清这一情况是本研究的难点。在这一点上,本研究从整个职业教育发展的角度来寻找历史中的英国职教教师的身影和样态,从而反映其文化属性和历史地位。此外,从当代英国职教教师的实践模式中,对英国职教教师"双专业"目标、内涵及其实施方式进行系统、全面的分析和研究,找出当代英国职教教师入职教育的成因、做法和实践效果。虽然英国"双专业"实践本身存在许多问题,但正是这些问题让我们深入认识到英国职教教师发展的复杂性和不确定性,从而吸取经验。

2. 研究方法的创新

本研究采用了历史研究、文化分析、比较研究、案例和调查研究等综合的研究方法。具体地说,就是通过历史研究来描述英国职教教师发展变革的历史,通过文化分析来透视英国职教教师不同历史时期的样态,通过政策研究来分析英国标准化教师发展的政策走向,通过调查研究来揭示我国职教教师队伍存在的问题和困难,通过比较研究来分析英国职教教师发展的一些规律及其对我国职

---

① 桑宝才.维果茨基社会文化理论述评[J].武汉船舶职业技术学院学报,2015,14(6).

教教师发展的价值。上述分析并不是割裂存在的,而是相互融合、互为支撑地一体化存在的。上述方法的创新设计为本研究的形成和产生提供了可能。

3. 研究选题的创新

虽然社会和国家越来越重视职业教育发展,但是在教育体系内部,职业教育如同其出身一样仍处于弱势地位。本研究选择职教教师这个关键角色为主题,试图找到职教教师培养与发展的另外一种道路。作为一种与德国莱茵模式完全相反的模式,英国准市场的职教教师发展模式具有鲜明的特征。特别是对职教教师"双专业"定位、"优先职业资格"和"工作本位学习"等的制度设计,不仅反映了英国务实的经验主义传统,也解释了职业教育的职业性与技术性的本质。在职教教师资格的处理上,英国根据职教教师的特点设计预备资格、终身资格和教育文凭等不同资格类型,并通过教师入职教育和职后培训的方式实施教师资格的做法,正是当前我国发达地区培养职教教师的做法,也符合"职教 20 条"中提出的我国未来职教师资队伍的建设方向,值得我们深入研究和思考。

本 章 小 结

作为绪论,本章既是研究起点,也是对研究结论的一种可能性展望。本章主要包括三部分内容:(1)问题提出;(2)研究综述;(3)研究方案。

第一,意义与价值。本研究认为中国职教教师正面临"去师范性"和"去技术性"的困境,教师入职教育和教师职后培训是当前职教教师的根本出路,而这正是英国路径。所以,英国职教教师的历史样态、现实状况及教育体系的内外部关系值得研究。第二,创新空间。本研究发现,对英国职业教育及教师教育的研究存在"三多三少"的问题。使用历史研究、实证和文化分析等多种方法对英国职业教育进行的专题性研究非常少,而本研究在内容、方法上有较大创新空间,通过历史、文化、比较和实证等多种方法对英国职教教师进行深入分析。第三,实践方案。本研究从纵向历史研究、横向现实分析和比较问题探讨三个阶段实施。一是纵向——历史研究,主要通过文献和历史分析;二是横向——教师教育实践研究,以教师教育基本范式为分析框架,分析英国职教教师教育的目标、课程、模式和评价;三是比较——问题与对策研究,通过实证调查方式,找出当前我国职教教师教育面临的突出问题,寻找可行的方案和路径。

第二章

英国职教教师发展的历史回顾与经验总结

英国学者格林(Green)和卢卡斯(Lucas)在1999年提出,英国职业技术教育的历史可以分为五个阶段:19世纪,1900年至1944年,1940年代至1970年代,1970年代至1980年代,1990年代。① 进入21世纪后,随着新工党提出终身学习理念政策,英国职业教育政策也不断调整。一方面,对英国职教教师而言,1997—2012年恰好处于英国职教教师标准化发展的20年。基于此,本研究把英国职业技术教育的发展历程划分为以下六个阶段:19世纪,1900年至1944年,1940年代至1990年代,1997年至2012年,2012年至今。另一方面,英国职教教师教育受到国家关注是"二战"以后的事情,被纳入国家政策考虑则是2001年。鉴于此,本研究把英国职教教师发展的历史划分为三个阶段:第一阶段,19世纪初至1944年,政府采取不干预政策,即英国职业教育发展自发阶段;第二阶段,1944年至1997年,即英国职教教师在政府和市场干预下的边缘化阶段;第三阶段,1997年至2017年,即英国职教教师教育的标准化与弃标准化阶段。在这三个阶段,英国职教教师分别呈现出"弃儿""孤儿"和"宠儿"三种样态。

第一节 作为"弃儿"的英国职教教师样态
(19世纪初至1944年)

一、维多利亚时代英国职教教师的自发样态

19世纪的英国正处于维多利亚时代。这一时期,英国作为第一个完成工业革命的国家,在政治、经济和科技方面已经走在世界的前列,但其职业教育却恰恰相反,并没有得到政府的关注。

---

① Terry Hyland, Barbara Merrill. The Changing Face of Further Education: Lifelong Learning, Inclusion and Community Values in Further Education[M]. London: Routledge Falmer, 2003: 6.

（一）维多利亚时代下的"日不落帝国"

从政治上看，19世纪30年代，英国完成第一次工业革命，由农业国转变为工业国。1837年，英国进入维多利亚时代，一直到1901年（有专家认为到1914年之前）。这一时期，英国在政治、经济、文化等各个领域都达到巅峰，管理的国土面积达到3600万平方公里，成为真正的"日不落帝国"。

从经济上看，1870年，英国约占世界工业总产值的三分之一、世界铁和煤产量的二分之一和世界贸易总额的四分之一，①被誉为"世界工厂"，经济总量占世界的70%。总体而言，这一时期英国处于最繁荣的维多利亚时代。

从教育经费投入看，在第一次工业革命期间（1790—1830年），英国没有正式的教育机构，也没有建立正式的教育制度，少量的教育仅限于在星期日学校（Sunday school）、慈善学校（charity school）和自我实用知识（self-taught）的学习。但即便是这类教育，也被社会所控制。1830—1850年，在工业革命放缓的背景下，英国对公共教育的行动有所加强。值得一提的是，1833年，英国颁布《工厂法》，对儿童的工作时间作出限制，并要求儿童接受一定教育。

从整个19世纪的教育投入看，1790—1820年，投入机械和工厂的经费远远超过教育支出。这一时期，对科学和技术的需求在英国还没有得到认同。1850—1870年，对公共教育的投入翻了6倍。② 其间，英国专门设立枢密院教育委员会（Committee of the Privy Council on Education）负责公共教育的投入和监管。1870年，福斯特（Forster）对英国教育投入与经济增长关系作了具体阐述，他指出："我们工业的繁荣取决于初等教育的迅速设置。"随着《福斯特教育法》和教育委员会的成立，英国政府加大了资助教育的力度。据统计，1868年，英国政府资助学习的经费投入占学校总经费投入的33%，1887年增长到60%，1902年增长到90%。③ 可见19世纪以来，英国政府对教育的经费投入在不断增加。

（二）英国现代职业教育的初步发展

19世纪中叶后，因在世界博览会上受到打击，英国社会各界纷纷提出要加

---

① 王承绪，徐辉.战后英国教育研究[M].南昌：江西教育出版社，1992：2.
② Vincent Carpentier. Public Expenditure on Education and Economic Growth in the UK，1833—2000[J]. History of Education，2003（1）：9.
③ 同②：10.

强技术教育的发展。英国职业教育发展在这一时期出现了几件值得铭记和关注的事情。

第一，机械工人讲习所诞生。1821年，英国第一个为工人提供技术和职业教育学习服务的机构——机械工人讲习所(Mechanics Institute)在爱丁堡成立，随后伦敦、兰开夏郡、约克郡等制造业地区陆续开办大量类似机构，到19世纪中叶，机械工人讲习所达到610所，在校生达到50万人。① 机械工人讲习所的开设标志着英国现代技术教育的开端。机械工人讲习所的首要目的和核心目标是提供一般读写能力、科学、文化、政治教育，以弥补本地区对工人阶级教育供应的不足，向工人传授"有用知识"。在课程安排上，讲习所提供了普通、科学和技术教育三类课程，这种课程上的独立设计造成了技术教育与学术教育之间的分裂。② 实际上，这不但是20世纪英国政治和教育争议的焦点，而且直到今天依旧折磨着英国教育体系。

第二，皇家技术教育委员会等机构成立。1881年，英国成立皇家技术教育委员会(Royal Commission on Technical Instruction)，由塞缪尔森(Samuelson)担任主席。在对欧洲国家在1867年世界博览会中的成功经验进行考察后，1884年，该委员会颁布了《关于技术教育的报告》，强调英国要赶上欧洲大陆其他国家的发展，必须建立更多高质量的技术学院。③ 随后，1887年，英国成立全国技术教育促进会，依旧由塞缪尔森担任主席，主要目的是促进英国职业技术教育立法。此外，英国于1853年成立了科学与工艺署(Department of Science and Art)，该机构的主要职责之一是培训职业教育师资。

第三，英国颁布《技术教育法》。1889年，在全国技术教育促进会的努力下，英国议会颁布《技术教育法》(Technical Instruction Act)，1891年通过其修订案。《技术教育法》规定，1888年建立的郡和郡自治市的议会有权征收"一便士"税以资助职业技术教育。1890年，英国政府颁布《地方税收法》(Local Taxation Act)，允许各地方政府从某些物品税中提成以发展职业教育。④ 1891年，英国政府又授权各地方根据《技术教育法》新成立的技术教育委员会分管

---

① Terry Hyland, Barbara Merrill. The Changing Face of Further Education: Lifelong Learning, Inclusion and Community Values in Further Education[M]. London: Routledge Falmer, 2003:6.
② 同①:7.
③ 翟海魂.发达国家职业技术教育历史演进[M].上海:上海教育出版社,2008:52.
④ 同③:53.

各地的这部分"技术教育"税收,以确保发展技术教育所需要的资金。应该说,《技术教育法》对地方以征收税的方式来支持职业技术教育发展,改变了英国政府不干预教育的传统,促进了英国地方职业技术教育的发展。此外,鉴于欧美等国技术教育的发展和英国在世界博览会的失意,19 世纪后半叶,大量的新型技术学院(包括前身为城市学院的新兴城市大学、多科技术学院)在英国建立和发展起来。①

第四,职业技术教育为各界所关注。针对英国在世界博览会上的丢人场面,英国各界提出了批评,同时进行了深刻的反思。1869 年,维多利亚时代的工程师拉塞尔(John Scott Russell)在给女王的《要对英国人进行系统的技术教育》报告中提出:要用学校职业技术教育逐步取代传统学徒制,在英国建立国家职业技术教育体系,技术教育是国家经济发展所需要的,普通教育和技术教育的价值都应该在国民教育体系中体现。② 19 世纪后半叶,英国的一些有识之士甚至发起了"科学运动",提出科学技术是国家国民经济发展的重中之重,他们的主要目的是想把科学技术课程列入教学大纲,代表人物包括英国哲学家斯宾塞(Herbert Spencer)和英国自然科学家、教育家赫胥黎(Thomas Henry Huxley)。斯宾塞作为科学教育的倡导者,提出应该建立以科学知识为核心的课程体系,把科学作为教育的中心,以适应生产和生活的需要。他还认为教育的目的是培养"为完整的生活做准备"的人。③ 赫胥黎指出,只有利用好自然科学的人,才能在工业竞争和生存竞争中获胜,因此除了强调科学知识,技术教育也必须受到重视。他认为,技术教育不仅要促进国家工业生产率的增长,还要培养具有观察、操作和表达能力的专门人才。

总体上看,19 世纪以来,英国政府对教育持不干预的态度,使英国职业技术教育的发展处于举步维艰的境地。英国学者诺曼·卢卡斯认为,19 世纪的英国职业技术教育整体而言是割裂的、非正规的和边缘的,表现在技术培训形式上,主要是独立雇主和工匠组织的学徒制,没有任何公共资助,也未受到政府管制,培训在工作场所进行,几乎没有理论或学术方面的学习,与主流教育

---

① 翟海魂.发达国家职业技术教育历史演进[M].上海:上海教育出版社,2008:53-55.
② 同①:49.
③ 同①:50.

截然不同。① 另外一位英国学者桑德森(Sanderson)指出:"1890 年前,英国的教育是有缺陷的,大学之间、国家和地方政府财政分配之间、技术学院之间、免费义务初等教育与公立中等教育之间都缺乏合理的结构……"②显然,这一时期英国的职业教育发展并未得到社会各界的认同。

(三) 散落于工厂和车间的英国职教教师

这一时期,英国政府对教育采取不干预的政策。政府认为技术教育和职业培训是在工厂进行的,没有必要举办专门的中等学校。虽然我们很难找到具体的关于英国职教教师的介绍,但历史上对这一时代教师的描述并不少。

在 16—17 世纪,教师地位较低,许多人不愿意从事教学,最多视其为一种短期的职业。奥尔德里奇(Aldrich)指出:"以公众的观点来看,从事教师工作的可以是牧师及其妻子和女儿、小农场主、店主、皮匠、退伍军人、织布工、老处女、寡妇和一些诸如此类的人,不管由谁从事这项工作,它都主要是一种部分时间的职业或是一种兼职。"③据此,他认为教师地位低在一定程度上来源于人民的认识。

1596 年,库特(Coote)把教师称为"从事商业的人们——裁缝、织布工、店主等"。④ 17 世纪末,欧洲各国先后出现了各种形式的初等教育师资培训机构。18 世纪早期,随着工业革命的到来,英国的工业发展需要大量受过初等教育的工人,地方慈善学校开始大量建立。由于缺乏充足的师资队伍,自学成为学生的选择,自学的教材则成为学习者的理想读物。如托马斯·迪奇(Thomas Dyche)的《英语发音指南》(*Guide to the English Tongue*)在 1709—1796 年的出版次数达到 46 次。在 18 世纪中后期,英格兰和威尔士人民的读写能力大大提高。⑤

18 世纪末,由于师资短缺,这一时期出现了教师培养的经典模式"导生

---

① 菲利普·葛洛曼,菲利克斯·劳耐尔.国际视野下的职业教育师资培养[M].石伟平,译.北京:外语教学与研究出版社,2011:241-242.

② Terry Hyland, Barbara Merrill. The Changing Face of Further Education:Lifelong Learning, Inclusion and Community Values in Further Education[M]. London:Routledge Falmer,2003:8.

③ 奥尔德里奇.简明英国教育史[M].诸惠芳,李洪绪,尹斌苗,译.北京:人民教育出版社,1987:53.

④ John Lawson, Harold Silver. A Social History of Education in England[M]. London: Methuen & Co Ltd,1973:113.

⑤ Michael Sanderson. Education, Economic Change and Society in England 1780—1870[M]. Cambridge: Cambridge University Press,1995.

制"。贝尔(Bell)与兰卡斯特(Lancaster)创设的"导生制"(Monitorial System),又称贝尔-兰卡斯特导生制,即教师先教会年长的学生,再让这些学生去教其他学生。1810年,英格兰建设了95所兰卡斯特学校。与此同时,支持贝尔的英国贵族和国教派教士成立了"国教贫民教育全国协会",由坎特伯雷大主教任协会会长,该协会很快成为英国最强有力的教育机构。到19世纪30年代,"国教贫民教育全国协会"开办的学校达到3500所,学生达到30多万人。① 有学者把"导生制"与源于裴斯泰洛奇的普鲁士、荷兰和瑞士学校的教学方法相比较,认为这是一个比较笨拙的方法,能够发挥的作用也就是吓唬学生,让学生变得毫无生气,而不是锻炼那些聪敏的头脑。② 但是,我们也必须看到"导生制"对英国当时的教育发展起到了积极作用。

19世纪初,英国教育家阿诺德(Dr. Arnold)把教师描述为"他必须是一位基督徒,一位绅士,充满生气,具备常识,理解孩子"。③ 对这一时期关于英国教师的描述,持批判意见者较多。狄更斯(Dickens)把维多利亚女王时代的英国教师描述成为一群"笨蛋和骗子",认为他们的水平都很差,多数人没有受过什么培训。④

综上所述,这一时期,英国没有具体的职业教育教师和普通中等学校教师之分。但是,从描述的教师形态和身份看,担任教师的更多是职业人(有相关社会职业的人士),他们做教师只是兼职,而且社会并不认为他们是教师。很难理解,我们没有看见英国职教教师的身影,但英国却作为技术革命的先驱首先完成了第一次工业革命。

二、"二战"前英国职教教师发展的民间动员

20世纪后,由于第一次世界大战和20世纪30年代的经济危机,英国逐渐被美国等西方国家超越,慢慢走向衰落。这一时期,英国政府开始意识到科学技术对国家的重要价值,尤其是科技对战争的重要作用。

---

① 王承绪.英国教育[M].长春:吉林教育出版社,2000:284.
② 安迪·格林.教育与国家形成:英、法、美教育体系起源之比较[M].王春华,王爱义,刘翠航,译.北京:教育科学出版社,2004:32.
③ Richard Goodings, Michael Byram, Michael McPartland. Changing Priorities in Teacher Education[M].London:Croom Helm Ltd,1982:2.
④ 同②:31.

(一) 发展环境:走向衰落的大英帝国

19世纪末至"一战"前,世界经济形势发生重大变化,英国经济整体发展减速。19世纪中叶后,英国工业增长速度明显减慢(表2-1)。①

表2-1 19世纪后半期至20世纪初英国工业增长情况

年代	百分比(%)
1860—1869	33
1870—1879	23
1880—1889	16
1890—1899	24
1900—1909	9

从经济增长率看,英国被美国和德国甩在后面(表2-2)。②

表2-2 英美德三国经济增长率比较(1870—1913)

国别	国内生产总值平均年增长率(%)	平均每个就业者产量的年增长率(%)
英国	2.1	1.0
美国	4.3	1.9
德国	2.9	1.6

至1913年,英国在资本主义世界工业生产中的比重降为14%,德国和美国分别为18%和36%。这标志着英国"世界工厂"的地位不复存在。

1914年,"一战"爆发,虽然英国最终为战胜国,但是战争仍然给这个国家造成了巨大的创伤。据统计,英国伤亡官兵近300万人,不仅丧失了保持200多年的"海上霸主"地位,还欠下美国9亿英镑的外债,伦敦的金融中心地位被纽约所取代,英国经济严重衰退,再加上1929—1933年的资本主义世界经济大危机,英国的工业生产明显下降,失业人数近300万,失业率高达22.2%。③ 综上所述,在维多利亚时代达到鼎盛阶段的大英帝国已经处于日薄西山的境地,英国从此走向衰落。

"一战"同时引起了英国社会各界的强烈反响。一方面,"一战"唤醒了社

① 王承绪,徐辉.战后英国教育研究[M].南昌:江西教育出版社,1992:3.
② 同①:2-3.
③ 同①:4.

会民主运动,使英国社会各界对中等教育的要求得以提高。这直接影响到英国政府的教育政策,1918 年,英国政府颁布《费希尔教育法》,将义务教育的年龄延长至 14 岁,并规定受完义务教育的儿童可以补习教育至 16 岁。① 另一方面,"一战"也给英国社会各界带来深刻的反思。

1916 年 2 月 2 日,英国《泰晤士报》刊登了一封 36 位科学家共同签名的信,认为英国之所以在战争中遭受挫折,应直接或间接归结为科学技术教育的缺乏。② 如果说这只是一种推测的话,1938 年 3 月,英国教育委员会常任秘书塞维治在德国柏林召开的国际职业技术教育大会后的讲话则证实了这一点,"毫无疑问,德国在职业技术教育方面远远领先于我们。我们的教育实力远远比不上这样一个在和平时期可能会成为我们强大的竞争对手,在战争时期可能会成为我们强大的敌人的国家"。③

(二) 英国职业技术教育的大发展

进入 20 世纪后,英国越来越感受到德国、美国等在科学技术与教育方面施加的竞争压力。在职业教育改革发展中,英国政府和教育委员会加快了改革的步伐。

1. 英国中等职业教育初步发展

第一,20 世纪初至"一战"前,通过立法加强中等技术教育的发展。1902 年,英国通过《巴尔福教育法》。该法的主要决定是设立"地方教育当局",负责各类教育发展,并用地方税收进行资助。此外,该法提出建立一个具有实权的教育权力机关负责技术教育、初等教育和中等教育,并为上述学校的教师提供训练。1904 年 9 月,英国政府通过《中等学校条例》,教育委员会首次决定资助技术课程。1913 年,《技术学校条例》(*Regulations of Technical School*)明确了技术学校的宗旨是为"技工或其他工业性的职业"做准备,其课程应与未来职业实际需要紧密联系,一般不开设外语课,除非这门外语与学生正在准备的工作有直接联系。条例还规定具有实际工作经验的教师必须占有相当比例。④ 1913 年,初级技术学校(junior technical school)在英国设立,主要接收 13

---

① 王承绪,徐辉.战后英国教育研究[M].南昌:江西教育出版社,1992:7.
② 翟海魂.发达国家职业技术教育历史演进[M].上海:上海教育出版社,2008:93.
③ 翟海魂.英国中等职业教育发展研究[M].北京:高等教育出版社,2005:116.
④ 同②:123 - 125.

岁以上的小学毕业生,为培养未来工匠和从事家庭服务的工人做准备。

第二,"一战"后社会各界呼吁国家应该把职业与技术教育作为中等教育的一部分。1918年,英国颁布《费希尔教育法》。该法明确了地方教育当局应建立和维持足够数量的继续教育学校,并向居住在本地区的符合年龄的所有年轻人提供适当的学习课程、教学和体育训练。《费希尔教育法》中的第10条要求"所有年轻人应该根据本地区地方教育当局的要求……在规定的时间和日程内每年去这种继续教育学校接受320个小时的学习"。① 1926年,《哈多报告》提出把学生离校年龄提高到15岁。1938年,《斯宾斯报告》建议将初级技术学校改为技术中学(technical high school),明确提出将职业教育作为中等教育的一部分,在中等学校加强职业教育,以适应科学技术的发展。② 这为1944年教育法的制定奠定了基础。

第三,英国各类中等职业技术学校有所发展,学生不断增多。据统计,截至1935年,中等职业学校的各类学生情况如下:夜校学生890000人(1910年为760000人),全职高级课程班学生10000人(1910年为4000人),全职中等课程班学生28000人(1910年为4000人),雇主专门为年轻的工人、学徒和就业者提供日间制学习的就业课程,学生达到43000人。截至1938年,有74所初等全日制学校(提供技术与继续教育)、113所艺术学校、28所日间继续制学校和154所夜校。③

从上述政策和数据可以看出,这一时期,英国政府和教育部门开始关注职业教育发展。相关研究认为,在一个高度工业化的社会,需要开设以培养工商业人士为方向的非学术性初等后学校。但事实是1900年以来,英国教育部没有做出任何努力来促进半职业性中学的发展。④ 显然,与西方其他国家(德国、美国等)相比,这样的评价是恰当的。

2. 英国高等职业教育快速发展

英国教育委员会的报告显示,19世纪末至"二战"前,英国高等技术学院

---

① 瞿葆奎.教育学文集:第22卷(英国教育改革)[M].北京:人民教育出版社,1993:19.
② 翟海魂.发达国家职业技术教育历史演进[M].上海:上海教育出版社,2008:126.
③ Bill Bailey. The Establishment of Centres for the Training of Teacher in Technical and Further Education in England, 1933—1950[J]. Journal of Vocational Education and Training, 2007, 59(3):280 - 281.
④ 同①:119.

和多科技术学院飞速发展。截至 1937 年,英国技术教育协会(Association of Technical Institutes,简称 ATI)旗下的会员学校总数达到 149 家(图 2-1)。① 这些学院中有 45 所分布在英国的郡,77 所在自治市(boroughs:人口 5 万以上的自治市),27 所在伦敦。

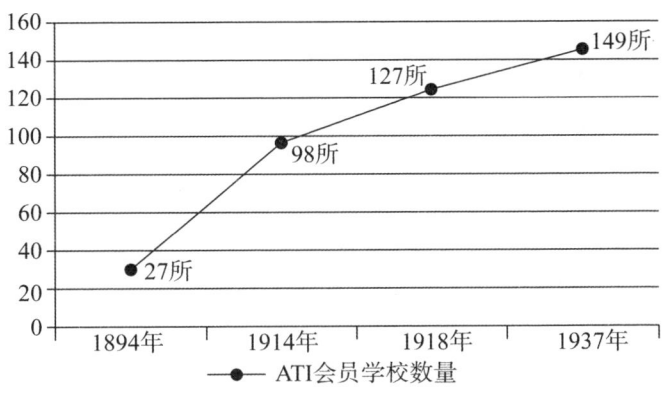

图 2-1 技术教育协会会员学校(高职)

不难发现,这一时期,英国高等技术学院的建立与发展主要集中在一些大城市,其服务对象主要为成年人和离开学校的年轻人,学习形式是夜校的就业课程和通用知识课程。授课教师中,一类是为增加个人收入的当地初等和中等学校通用课程(英语、数学)教师,一类是来自本地工商组织和企业的专业技术人员(雇员),负责专门技术和商业知识教学。② 服务范围主要为本地区。

关于英国高等技术教育的发展,相关研究认为这和战争的需求密不可分。1915 年,英国成立了科学和工业研究部,该机构的许多工作人员和相关工作都是以大学为基础的。1917 年,英国出版的《教育署报告:1915—1916 年》指出:"战争把教授和工厂主紧紧联系在一起,其产生的结果使他们哪一方都不可能忘怀。"威廉·奥瑟(William Osler)认为:"战争使大学科研工作与科学工业联系起来的问题得到了解决……并且得到了成功的解决。大学与工业的联系成了一场由战争而引发的伟大且日益增长的运动。"③ 有研究认为,战时的英国高

---

① Bill Bailey. The Establishment of Centres for the Training of Teacher in Technical and Further Education in England,1933—1950[J]. Journal of Vocational Education and Training,2007,59(3):279-280.

② 同①:281.

③ William Osler. Science and War[M]. Oxford:Oxford Press,1915:14.

等教育双向参与为英国取得战争的胜利作出了重要贡献。① 费希尔(H. Fisher)曾经这样写:第一次世界大战"是一场化学家的战争、工程师的战争、物理学家的战争……不论你去访问哪一所大学,你都会发现它已成了从事复杂、精密的研究的场所,在这里研制一种更致命的炸药,在那里研制一种更耐穿的军靴,或对快速导航系统作某些改进"。② "一战"期间,英国大学科技人才与工业紧密合作,这些学校包括大部分科技学院和后期英国的多科技术学院等。

(三) 英国职教教师缺乏专门培训

"二战"前,英国职教教师教育与培训有三个特点:一是英国政府没有提供任何相关职教教师培训;二是英国职教教师没有资格证书要求;三是英国三大协会联盟(ATI、ATTI 和 APTI)决定将示范性的高等技术学院作为职教教师培训基地,而不是大学或大学二级学院。

1. 职教教师培训呈虚无状态

"二战"前,英国政府没有为技术与继续教育机构的教师提供任何培训。博尔顿技术学院教师教育培训中心主任杰克逊(Jackson)认为:"之所以没有相关的职业教育教师培训,一是因为技术教育规模太小,二是因为英国的职业技术教育地位低下,三是因为大部分教师都是兼职教师且流失率很高,四是因为全职教师是从工商业部门招聘来的,这些来自工商业部门的人在踏上教学岗位之前需要进行短暂的休息。所以关于提供培训的建议缺乏吸引力。"③

需要指出的是,战前教师们对发展教学能力有明显的兴趣。地方教育当局(LEA)和教育委员会(BA)提供了一些激励教师和给教师"充电"的短期课程,例如为技术学校教师开设课程,旨在提高他们的学科知识或工艺技能。1918 年,教育委员会开设了两个课程,一个是伯恩茅斯技术学院的高级制衣课程,另一个是针线课程。此外,英国一些城市还组织了一些兼职课程(针线和制衣)。1918 年,有 70 名教师参加了全日制课程,96 名教师参加了同等的兼

---

① 徐继宁.英国传统大学与工业关系发展研究[D].苏州:苏州大学,2011:56.
② Michael Sanderson. The Universities and British Industry 1850—1970[M]. London: Routledge & Kegan Paul,1972:238.
③ Bill Bailey. The Establishment of Centres for the Training of Teacher in Technical and Further Education in England,1933—1950[J]. Journal of Vocational Education and Training,2007,59(3):279 - 280.

职课程。①

2. 职教教师缺乏专门证书要求

根据统计报告,1938 年,英国职业与技术教育教师总共为 4608 位(含学校校长),其中大型学院(large colleges)2364 位,中等学校全职(junior full-time schools)1176 位,艺术学校(art schools)635 位,日间继续制学校(day continuation schools)244 位,夜间制机构(evening institutes)189 位。所有教师中,女教师有 1024 人。② 虽然这些都是职教教师,但他们是否持有相关资格证书却不得而知。

当时,对于职业与技术教育教师,英国政府并没有专门的教师资格要求,一个不成文的规定和共识是:夜校一般由来自普通中等学校的教师(有些有教师资格)授课;日间制学校则主要由来自行业和企业的教师授课,对这些行业机构教师而言,持有本行业资格证书者被认为是最合适的人选。

3. 高等技术学院被确定为职教教师培训场所

1905 年,英国成立了技术学院教师联盟(Association of Teacher in Technical Institution,简称 ATTI),这是第一次以职教教师的名义发起的联盟。1919 年,英国成立伯纳姆委员会(Burnham Committee),具体负责全职教师和校长的薪水、津贴等事宜。1921 年,英国又成立了技术学院校长联盟(Association of Principal in Technical Institution,简称 APTI)。③ 这些职教师资机构的成立,为英国职教教师的后期发展提供了组织基础。

1933 年,英国技术学院教师联盟召开会议,来自伦敦郡委员会的库里(J. H. Currie)作了一个为各类型技术教师提供专业培训的报告。他指出:"由于缺乏培训,教师缺乏教学机智,只能采用试错法开展教学,使教学造成大量的浪费。"④在这个会议上,库里还谈到了培训地址的选择问题,认为职教教师不适合在临时培训学院(adhoc training college),而应该在教师所在区域的大型技术学院。这个报告引起了多方关注,也成为日后影响英国职教教师专业

---

① Wendy Robinson. A Learning Profession? Teachers and Their Professional Development in England and Wales 1920—2000[M]. London: Springer Press,2014:16.
② Bill Bailey. The Establishment of Centres for the Training of Teacher in Technical and Further Education in England,1933—1950[J]. Journal of Vocational Education and Training,2007,59(3):282.
③ 同上.
④ 同②:283.

发展的重要议题。

1933年7月,英国技术教育稽查委员会在对职教教师进行检查时,收到技术教育协会主席格雷厄姆·萨维奇(Graham Savage)关于职教教师发展的具体建议。该报告主要包括三点意见:一是不同于初等与中等学校教师,职业学校教师的入职培训没有教学设施,职教教师培训不仅需要考虑学科教学和专业技术的展示与应用,还需要考虑学生企业工作者的身份和就业的目的性;二是培训的课程要有助于教师展示实践,要考虑到学生下班后参与学习的实际(时间有限、其实践知识先于理论);三是适合职教教师培训的场所有三个选项(建设一所技术教育教师培训学院,大学和大学学院,在遴选的优质技术学院内设立培训部门)。① 对于到底选择哪里,萨维奇提出的建议和库里的观点具有一致性,他们都认为示范性技术学院是最佳机构。因为它具有天然的技术的本质与组织架构,与行业和企业联系紧密,拥有大量来自行业的经验丰富的教师,最重要的是其教师培训方法与实践不同于传统教师培训,更适合技术教师的学习和成长。

1935年1月,英国技术教育稽查委员会发布686号备忘录,将格雷厄姆·萨维奇提出的建议正式形成文件,确定遴选职业技术院校作为职教教师培训基地。英国三大职教联盟(ATI、ATTI和APTI)决定选择一所技术学院和大学学院作为"实验场所"开展试点的决议。诺丁汉大学教育培训学院成了英国历史上第一个大学职教教师培训试点单位。② 令人遗憾的是,试点暴露了大学对职教教师培训课程体系不清楚和缺乏全国统一标准两大问题。1939年9月,ATTI承认诺丁汉大学为期4年的(3年教育学本科课程+1年教师培训课程)实验是失败的,决定只针对拥有1年教学经历的全职教师开设为期1个月的短期教师培训课程,并于1946年在伯明翰、曼彻斯特和伦敦技术学院率先开展,由职业院校资深教师开设相关课程,并给予教师培训证明。然而,当时对职教教师的培训还停留在全职教师层面,并未涉及兼职教师。

三、作为"弃儿"的文化与社会学分析

如何理解从19世纪至"二战"前,英国职教教师来源于职业机构和工厂技

---

① Bill Bailey. The Establishment of Centres for the Training of Teacher in Technical and Further Education in England,1933—1950[J]. Journal of Vocational Education and Training,2007,59(3):284.
② 同①:285.

术场所,而不是教育机构?关于教育语言的存在方式,比较教育学家埃德蒙·金(Edmund King)指出:在前工业社会,大多数人从事农业和手工业劳动,教育被地主、权贵和专家子弟所垄断;在工业社会,科学技术有了更大的发展,社会生产力的提高需要更多受过教育和培训的人,职业技术教育兴旺发达,高等技术教育应运而生;后工业社会以信息技术的发展为标准,人们更换工作的可能性和必然性剧增,教育的原则和出发点是承认未来的不确定性。① 这段话深刻揭示了早期英国职教教师存在的逻辑,早期职业教育技术存在的形态决定了英国教师普遍存在于工厂企业而非学校。

1. 技术性存在是职教教师存在的基础

技术性存在是职业教育与职业工作者存在的前提和基础。从技术与人的关系角度分析,马克思早已指出"技术的本质乃是人的本质的外化"。在《1844年经济学—哲学手稿》中,马克思从生产力与生产关系的本质这一角度分析了人与自然、人与人之间的两种关系。在其论著《哲学的贫困》(1847年)、《机器、自然力和科学的应用》(1861—1863年)和《资本论》(1867年)中,马克思分别从哲学、经济学、工艺学等角度总结了技术发展的历史、本质和规律,探讨了技术与人、自然、社会之间相互作用的关系,阐述和形成了完整的技术观和技术哲学思想。

马克思指出"全部人类活动迄今都是劳动,也就是工业",而"自然科学通过工业日益在实践上进入人的生活,改造人的生活……工业是自然界同人之间,因而也是自然科学同人之间的现实的历史关系",而"工业的历史和工业已经产生的对象性存在,是一本打开了的关于人的本质力量的书,是感性地摆在我们面前的人的心理学"。②

显然,技术作为人的本质力量对象化的产物,不仅展示了人对于自然的能动关系,也展示了人类社会生活关系的直接生产过程,是人类社会生活关系的形成、存在和发展的根本力量和衡量尺度。在马克思这里,技术(工业)和劳动以及人的本质有着内在的一致性。技术本质上是一种人与自然和社会关系的彰显,一方面体现了人与自然界之间的一种客观物质、能量和信息的交换过

---

① 王承绪.比较教育学史[M].北京:人民教育出版社,1999:134-135.
② 马克思.1844年经济学—哲学手稿[M].刘丕坤,译.北京:人民出版社,1979:80.

程,另一方面也反映着技术形态中人与人及人与社会的关系。① 从这个意义上讲,技术教育的本质实际上就是技术发展对于人的需求的变化和人的发展在教育上的体现。

2. 英国工业革命存在的合理性分析

在维多利亚时代和"一战"前,英国之所以能够成为世界的科技老大,与其传统文化密不可分。正如美国社会学学者雅各布(Jacob)在《科学文化与西方工业化》中指出的:"工业发展首先发生在英国,与科学和文化有关,而不只是简单地或只与原材料、资本的发展、廉价的劳动力、技术创新等有关。"②他的论述是值得我们思考的,从工业革命时期至维多利亚时期,英国的科学与文化是怎样的呢?

雅各布认为,文化是一种结构,工业革命时期的英国文化很大程度上显示为机械装置和数学公式,是以一种结构性方式存在的。它既在工程师的思想之中,也被编码于各种人们可获得或被人类智慧所创造出来的目标对象之中。例如,现代蒸汽机的发明者詹姆斯·瓦特(James Watt),将其深受宗教影响的纪律严明的工作习惯都带进了车间,这些被称为是生来自由的英国人的天性。除此之外,他还带去了力学和数学知识以及手工技能。正是他的这些文化特性,使他能够在工厂中成功改造一台旧发动机,并建造一台新的发动机。从此,机械文化一发不可收拾,这种文化通过内嵌于其嘈杂的横梁运动和阀门的嘎吱作响声中,让所有围绕这些机器工作的人也成为其仆人,他们必须以自己的方式来适应或控制它。后来,机器改变了人们的工作习惯、纪律、家庭生活和一切,也使18世纪50年代的技术工瓦特成为一位科学绅士。

需要指出的是,科学元素被定义为一套数学公式和法则,且可以被人们获取,但技术要素和组织实践——非正式的学习、机械图解、对装置的亲自使用、平等的社团以及科学文化的"包装"——则大为不同。这一点在18世纪90年代法国老师的抱怨中也可以找到答案,一位沮丧的法国物理老师表示:"没有机器,这里不可能提供'数学的'数字……在科学中,口头描述确实是不够的,

---

① 许良.技术哲学[M].上海:复旦大学出版社,2004:51-54.
② 玛格丽特·雅各布.科学文化与西方工业化[M].李红林,赵立新,李军平,译.上海:上海交通大学出版社,2017:前言.

人们只能通过持续操作设备来指导。"①而在当时,英国恰恰是法国等西方国家学习的样板。从蒸汽机发明者瓦特的成长过程可以发现,最初他的愿望是木匠,后来他到伦敦学习了机械知识,学会制作各种仪器和设备,最终回到道格拉斯的大学成为机械制造者,这似乎也在说明技术与实践和工作场所的内在关系。

当然,工业技术革命的产生在英国还远远不止上述这些。美国社会学家罗伯特·K.默顿(Robert K. Merton)举例论证了第一次工业革命的先驱者是英国的新教徒,以及他们与现代科学起源之间的密切关系。这一点在马克斯·韦伯(Max Weber)的《新教伦理与资本主义精神》中也得到充分的论述:"在现代欧洲,商业领袖、资本所有者以及高级熟练工,甚至包括现代企业中受过高等技术和商业训练的人员,大部分都是新教徒。"②新教伦理关于人的"天职"观念也是西方工业革命起源的重要文化基础。这一时期,英国重视科学教育(数学、力学和工程等),更多是基于实用的科学。

3. 作为"弃儿"的悖论

从教师的角度而言,英国的技术与工艺传承原本就不是我们现代意义上的教师所能够承担的,这也不符合工艺和技术存在和发展的方式。英国工业革命中大量机械师的成长足以证明这一点。这一时期,职教教师教育在英国被当作"弃儿"的证据是很充分的。但这也从另一个角度说明了技术发展的自主性是基于技术存在的基础,没有技术和工业的存在,所谓的"弃儿"身份也就不成立。回到职业教育本身,恰恰是技术的这种存在性与发展性,让我们认识到一个事实:对于技术传承的师傅,有必要增加教育学专业。

第二节 作为"孤儿"的英国职教教师样态 (1944 年至 1997 年)

"二战"至 20 世纪 90 年代,是英国政党政治博弈时代,也是政府与市场两

---

① 玛格丽特·雅各布.科学文化与西方工业化[M].李红林,赵立新,李军平,译.上海:上海交通大学出版社,2017:157.
② 安东尼·吉登斯.资本主义与现代社会理论:对马克思、涂尔干和韦伯著作的分析[M].郭忠华,潘华凌,译.上海:上海译文出版社,2013:161.

只手主导英国发展的时代。"二战"对英国造成的巨大创伤,促使英国上下进行了深入的反思,终于认识到科技与教育的重要性。英国政府决定改变过去政府不干预国家公共事务的传统,采取凯恩斯主义理论倡导的福利国家制度,通过各种手段干预教育,尤其是战后大力推动高等职业技术教育。但是,1973年的一场世界石油危机,迫使英国再次陷入严重的经济危机。1979年,保守党领袖撒切尔上台执政,对教育采取标准化、绩效拨款、问责制等市场化的改革手段,英国职教教师发展从此进入新的市场主义时代。

一、1944—1979年:政府主导下的英国职教教师教育的形式化

"二战"后,英国政府采取了两个政策,以恢复经济和发展教育:一是提出福利国家制度政策,二是加大对教育的投入和关注。

(一) 凯恩斯主义理论下的英国政治社会发展

首先,从政治上而言,国家必须加强科学技术教育。战争激发了世界各国民族的觉醒,民族独立运动风起云涌,英国的殖民帝国地位逐渐瓦解,从此走向衰落。这使英国各界开始团结起来,至少在教育和科技——尤其是高等技术教育——的发展上达成了共识。一方面,战争导致人们对科学产生"崇拜",政府对科学更加重视。另一方面,战争改变了国家公务员的观念,使他们战后朝着高等教育和科学技术职业的方向发展。① 有学者指出,第二次世界大战使英国各界承认科学技术的重要作用,使"权力"和"知识"走向合作。英国某高级科学官员指出:为了国家利益,政府的职责之一就是促进科学研究,这一原则已为所有政治党派接受。② 随后的政府改革实践中,英国各界一致认为需要加强发展技术教育。

其次,从经济上而言,英国面临国家重建。"二战"后,英国经济严重削弱,濒临破产的边缘。埃德蒙·金这样描述这一时期的英国:"两次世界大战惊人的消耗、战后的债务使英国一贫如洗。为偿还战债,英国海外的巨额投资也落入别国的腰包。而以前的附属国的解放,海外的竞争性的现代工业的崛起,以及技术革命和军事实力中心的转移,使得英国一阵子看上去像一个解甲归田

---

① 徐继宁.英国传统大学与工业发展关系研究[D].苏州:苏州大学,2011:61.
② 吴必康.权力与知识:英美科技政策史[M].福州:福建人民出版社,1998:105.

而囊空如洗的武士一样。"[1]英国各界都感受到国家必须重建的迫切性。

再次,凯恩斯主义理论成为英国治国的指南。在这样的背景下,"二战"后至20世纪70年代,英国各届政府根据凯恩斯主义的主张,通过国家对经济和教育等社会事宜的干预,推动英国社会发展。所谓凯恩斯主义理论,主要针对20世纪30年代之前西方资本主义经济发展一直采纳的新古典经济学。凯恩斯主义理论主张市场是完美的经济发展调节机制,国家对经济采取不干预政策,实施自由放任原则。但是20世纪30年代的西方经济危机给整个资本主义世界以空前沉重的打击,英、美、德、法四国破产的企业达到28.9万家。资本主义世界在危机期间的经济损失总额达到2600多亿美元,比第一次世界大战的损失总额还高出52.9%。[2] 而原来的经济理论根本无法解释这一现象。于是各国开始采取各种手段干预经济。凯恩斯主义反对自由放任,主张国家应该从金融、财政、工业等各方面对经济进行积极干预。这一时期的福利国家制度的理论基础就是凯恩斯主义理论。

最后,经济发展对教师培训提出了迫切要求。"二战"后,在福利国家制度下,英国经济得以复苏发展。传统制造业对人才的需求达到鼎盛,政府将合法工作年龄降为15岁,专门培养职业技术技能人才的职业技术院校对教师的需求日趋紧迫。因此,英国教育委员会要求职教教师除了具备教学能力外,还必须拥有企业经历,同时他们也意识到为职教教师教授行业内最新的技术技能应成为教师培训内容的重点。为此,英国专门启动紧急教师培训计划。在这种形势与背景下,教育经费的投入也不断加大。1945—1973年,英国的GDP从2.33%增长到6.15%,公共教育经费投入比重从7%增长到13%,学生个人的支出翻了3倍,公共教育经费中对教师教育的投入从以前的0.3%提升到5%。[3] 这一切似乎预示着英国政府越来越关注教师的发展。

(二)政府主导下英国职业教育的国家化和教师培训的形式化

"二战"后至20世纪70年代初,随着工党政府上台执政,围绕战后重建展开工作,英国的教育有了较大改革与发展。

---

[1] 埃德蒙·金.别国的学校和我们的学校:今日比较教育[M].王承绪,邵珊,李克兴,等译.北京:人民教育出版社,2001:199.
[2] 吴易风,王健.凯恩斯学派[M].武汉:武汉出版社,1996:3.
[3] Vincent Carpentier. Public Expenditure on Education and Economic Growth in the UK,1833—2000 [J]. History of Education,2003(1):12.

1. 英国中等职业教育的综合化改革

1944年,丘吉尔政府颁布的《巴特勒教育法》成为英国职业教育的基本法,该法确立了英国"三轨制"中等教育体系,将中等教育分为文法中学、技术中学和现代中学三类,如表2-3所示。这是战后英国政府关于面向所有中等教育阶段儿童提供免费义务教育的法律,反映了战后人民对"人人可以受教育"的愿景。同时,该法对英国职业教育而言也是一次革命,它标志着职业教育正式成为国民教育体系的重要组成部分。[①] 但我们也可以明显看到,在这一时期,技术教育处于英国中等教育阶段边缘化和不被人认同的地位。

表2-3 1944年英国"三轨制"中等教育体系

1944年的《巴特勒教育法》确立了英国"三轨制"中等教育体系		
文法中学	技术中学	现代中学
学术派,占25%	机械类、理工类,占5%	最为大众化,占70%

20世纪50年代,在教育民主化运动的影响下,英国"三轨制"学校组织形式开始解体。1965年,工党政府要求所有地方教育当局按照综合中学的方式改革本地区的中学结构。所谓综合中学(comprehensive school),就是所有孩子都上一样的学校,而不是通过11划分制考试,让学生分流到1944年确立的现代中学、文法中学和专业(技术)中学。虽然中间出现了短暂的取消,但总体而言,在这一阶段,英国综合中学得以大规模发展,到20世纪80年代初,综合中学在校学生占中等教育阶段的90.1%。[②] 综合中学主要包括四种形式:(1)一贯制综合中学(11—18岁);(2)两级制综合中学,低级阶段3年(11—14岁),高级阶段4年(14—18岁);(3)由中间学校[③]和高级中学组成的综合中学;(4)11岁或12岁至16岁中学和16岁以上的第六学级合设的综合中学。比较而言,第一种形式的综合中学最多。[④] 从课程设置而言,大部分综合中学保留着学术课程、技术课程和职业课程三个部分。这一时期,英国技术中学数量较

---

① Joachim Wentzel. An Imperative to Adjust? Skill Formation in England and Germany [M]. Wiesbaden: Springer Fachmedien Wiesbaden GmbH, 2011:61.
② 吴文侃,杨汉清.比较教育学[M].北京:人民教育出版社,1989:206-212.
③ "中间学校",指小学或中学,一般而言,面向9—13岁学生的中间学校属于中学,偏重中等课程,此外必须设外语及工艺课程,建立自然实验室。
④ 同②:220.

少,1980年仅剩10余所,学生仅占中学生总数的1%。可见,职业与技术教育已经淹没在英国综合中学改革之中。

2. 师范教育的改革与教师教育理念的产生

"二战"前,师范教育一直是英国教育体制中最薄弱的环节。1944年的法案为英国教师培训带来了两大变化:一是要求在每所大学建立一个"教育学院"(School of Education),这些学院负责对所有想获取合格教师资格的学生的培训和评价工作;二是直接催生了地区师资培训组织(Area Training Organisations,简称 ATOs)和全国师资培训和补充咨询委员会(National Advisory Council for the Training and Supply of Teachers)的建立。[①] 麦克奈尔委员会对大学教育学院的职责作出了具体规定,明确了其对学生培训和评价的主体作用。针对许多课程在暑假实施的现状,麦克奈尔(McNair)提出教师教育应由两部分组成,一是职前培训,二是工作一段时间后进行培训。麦克奈尔关于教师培训的建议,使大学和其他培训学院成了教师培训的主阵地。

1956年,英国把师范学院学制由2年延长为3年。1964年,在《罗宾斯法案》的直接推动下,英国增设教育学士学位。这意味着在3年制师范学院学习后,成绩优秀者可继续学习1年,获得教育学士学位;或者大学本科毕业生在进行1年的教育专业训练后,可授予教育学士学位。据此,英国的师范教育体系基本形成,主要包括五类机构:大学教育系、教育学院(1964年前的师范学院)、技术教育学院、多科技术学院教育系和艺术师资培训中心。这五类师资培训机构各有特点。其中,大学教育系由大学设置、维持和配备教学人员,招收大学毕业生,提供1年专业训练课程,培养中学专业课教师,课程有教育原理和教育实践(包括学生教育实习,一般不得少于60天)。教育学院是英国师资培训机构中数量最多的一类,由地方教育当局主管,1975年正式纳入高等教育公共部分。从1980年开始,教育学院的所有学生必须修教育学士学位课程(一般为4年,包括教育理论、教育实习、两门学术性课程和课程教学法),课程教学大纲、教学人员、教学设备一般必须经大学学术委员会和大学教育学院认可。技术教育学院主要是为继续教育机构培训师资,它不进行普通教育,只提供专业训练课程,大部分修业年限为1年,一般不招收25岁以下的学生。学

---

① 瞿葆奎.教育学文集:第22卷(英国教育改革)[M].北京:人民教育出版社,1993:135-178.

院除了开设 1 年制的职前课程外,还为在职教师开设不同期限的课程,在职教师每周上课 1 天或者工作与学习交替进行。

1972 年,英国教育委员会颁布《詹姆斯报告》,该报告提出了著名的教师教育"三段论":第一阶段,普通高等教育阶段;第二阶段,(教育)专业训练;第三阶段,在职进修。① 同年,政府发布《教育:一个扩展的框架》,建议取消地区师资培训组织,由大学教育学院承担相关业务,同时接受了詹姆斯关于教师在职进修的具体建议,从 1973 年逐步推广实施教师在职进修。

随着在职进修成为英国主要的教师培训模式,英国教育和科学部及地方教育当局也开始更加关注新录用教师的培训和其他教师的在职培训。英国在职教师培训按照时间长短可划分为三类,即短期学习、中期进修和长期课程。短期学习一般由学校和地方教育当局举办,时间为 1 天至几周不等,主要是解决教学和课程中遇到的实际问题,介绍一些新的经验和方法。中期进修主要指脱产或半脱产数月、1 学期或者 1 学年以上的各种证书文凭课程,主要是帮助教师补充学历,或加强某一方面的专业知识,也为优秀教师提供深造的机会。长期课程主要指高级学位课程。1979 年,英国新录用教师中大约有 90% 在第一年进入入职训练班接受培训,而英国公立学校的教师中有一半参加了某种形式的在职进修。②

3. 战后三所 ETS 职教教师培训中心的实践

1942 年 4 月,英国成立麦克奈尔委员会,专门对英国大学专业教师的招聘和培训给予指导性意见和建议,但并不涉及对英国职业技术院校教师的培训。1943 年 5 月,委员会特别开设分委员会,针对职业院校教师培训制定了一系列规定,明确指出职业院校应为教师开展系统性、有计划的培训课程,在灌输最新技术技能的同时,对行业和环境背景进行介绍和解读。

1943 年 12 月,英国临时成立一个集教师工会、LEA 和教育委员会于一体的委员会,由教育部副大臣弗莱明(Fleming)任委员会主席,1944 年以 1562 号通告颁布战后应急培训行动计划(Emergency Training Scheme,简称 ETS)。在 ETS 执行期间,曾在军队服役过的青年男女都可以获得申请参加 1 年师资培训课程或 2 年兼职培训课程的资格,且按照当时的安排,他们在接受培训后可

---

① 瞿葆奎.教育学文集:第 22 卷(英国教育改革)[M].北京:人民教育出版社,1993:384.
② 吴文侃,杨汉清.比较教育学[M].北京:人民教育出版社,1989:228.

作为中学教师的预备人员，进入商业和技术学校任教。

1945年春，在教育部下属FE部门的建议下，英国教育委员会副大臣伍德（R.S.Wood）批准延长ETS项目，为"二战"后回来的青年提供三类培训课程，①分别是：（1）1年的全职课程，针对缺乏教学经验、需要更新个人技术的学科知识者；（2）6个月的全职课程，针对具有技术知识、需要补充教学技能者；（3）至少120小时的培训课程，主要包括教学方法、行业技能技巧等，针对兼职教师。在计划实施过程中，伍德建议为那些有意向去中等职业技术学校（secondary technical school）、艺术学校和地方郡学院任教者提供类似的培训。在英国财政部的支持下，最终ETS项目得以延伸和扩大。1946年，针对职业学校教师培训的第一个班共计65人在英国博尔顿技术学院（Bolton Technical College）职教教师培训中心接受培训。在随后一年内，哈德斯菲尔德技术学院和伦敦技术学院又开展了一系列针对职教教师的课程培训。据英国政府教育部门统计，1947—1950年，从以上三所职教教师培训中心毕业的教师人数达725人次，如表2-4所示。② 1950年，ETS正式结束。三所中心经地方教育当局确认，正式成为长期的教师培训学院（teacher-training college）。

表2-4　1947—1950年三所国家职教ETS培训教师人数

学校类型	年份			
	1947年	1948年	1949年	1950年
技术学院（technical colleges）	128	118	172	158
中等职业技术学校（secondary technical schools）	46	46	25	32

随着ETS的结束，许多战时应急培训机构纷纷倒闭。作为三所国家级ETS机构，博尔顿等中心通过与地方教育当局合作，服务于当地商业、行业机构，得以一直运行。其实践的课程模式被应用到许多大学和培训学院，三所机构也被列入地区师资培训组织。经过1930年代至1950年代的积累，职业院校教师变得更为规范和专业。20世纪50年代，职教教师平均年龄为33岁，最低准入标准要求教师有1年的岗前培训经历并拥有相关行业背景。职业院校

---

① Bill Bailey. The Establishment of Centres for the Training of Teacher in Technical and Further Education in England,1933—1950[J]. Journal of Vocational Education and Training,2007,59(3):289.

② 同①:291.

对满足条件的候选教师进行英文和 IQ 入职测试,学校领导层每年至少召开一次人事会议讨论教师的入职标准和条件。

4. 第四所职教教师培训中心建立

1956 年,英国政府发布了《技术教育白皮书》,不仅提出与美国和西欧在技术教育领域竞争,而且明确表示技术教育不应过于狭隘地体现职业性,过于限制在一种技能或职业上,应该不断变化,以适应时代的特征,培养适应社会的人才。① 为此,白皮书提出从国家层面加强教师队伍建设,培训招聘更多的教师,提升教师的研究能力,促进工业与技术学院教员之间成员有效合作。为了落实教师供应要求,英国成立了全国师资培训和补充咨询委员会分委员会,由威廉斯·杰克逊(Williams Jackson)担任主席。1957 年,委员会建议在西米德兰兹郡(West Midlands)建立第四所继续教育教师培训中心,以扩大 1 年制职前教师全职课程。1961 年,第四所中心在沃尔夫汉普顿(Wolverhampton)建立。② 在战后几十年里,英国继续教育和技术学院的学生数量迅速增加,教师数量也随之增加,1950 年代的教师增加如表 2 - 5 所示。

表 2 - 5　1950 年代英国主流职业院校全职教师人数

年份	1952 年	1954 年	1956 年
全职教师人数	7615	9135	10817

5. 基于实践的职教师资培训课程基本成型

20 世纪 50 年代至 80 年代,经过四家机构的实践探索,英国职教教师培训课程更为规范。相关课程包括一般教学法(General Method)、专业教学法(Special Method)、英语和教学实习(Teaching Practice)四类,另外还有参观公司和关于教育与行业发展的报告等多种灵活的课程。③ 一般教学法是专门针对入职教师开展的有关教育学基础的培训课程,主要包括教育教学史、教学理论和方法、教育心理学、教育哲学等课程;专业教学法则是建立在特定行业背

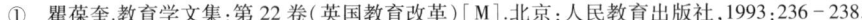

① 瞿葆奎.教育学文集:第 22 卷(英国教育改革)[M].北京:人民教育出版社,1993:236 - 238.
② K. Gomoluch, B. Bailey. Training Teacher for Further and Technical Education: Staff Perceptions of Changing Demands and Policies at Bolton from 1950 to 1988 [J]. Journal of Vocational Education and Training,2010(2):141 - 142.
③ 同②:144.

景下,向具有教学经历的教师教授具体专业课程授课技巧,主要包括演讲指导、项目实训、教学实践等课程。

当时,英语被认为是贯穿教师培训课程的重要课程,因为当时的职教教师本身文化功底不够深厚,英国教育部门认为开设英语课程十分有必要,一般为职教教师提供每周2—3小时的培训课程,重点在于提升教师的沟通交流和写作能力。可以看出,英国对职教教师培训课程的安排体现了职教教师多样性特色的需要。

教师教学实践也非常重要,主要由学院教职员工进行监督和评价。1946—1960年,所有教师教学实践分为两个阶段(春季和秋季),每个阶段6周,实习结束后,学校要对受训教师的教学实践进行抽查,方式是听课。培训教学大纲由学校自主设定,考试科目包括英语、教育管理与实践,其他科目则由学校进行内部评价。① 在这个过程中,英国职业学院的校长会加入听课的评估小组,按照 A 至 E 等为学员打分。但是,当时对教师的评价并没有固定下来。

1963年的《罗宾斯法案》对英国职教教师培训产生了两大重大影响:一是将英国所有职教教师培训院校更名为教育学院,二是正式引入3年或4年制的教育学士学位课程。在这种背景下,越来越多的大学毕业生选择职前教育的全日制课程(full-time course),这对课程内容和评价方法都产生了重大影响。在《罗宾斯法案》提出引入教育学士学位的背景下,拥有技术背景的教师逐渐减少,从大学毕业的教师则越来越多,尤其是20世纪70年代初,非大学毕业生的证书课程(certification curriculum)与大学毕业生相分离。实际上,在20世纪60年代末,大学教育系已经开始开发新的教师教育课程,包括为非大学毕业生提供的技术教育高等教育文凭课程(Diploma in Advanced Studies in Technical Education)和为大学毕业生提供的硕士课程。显著的变化是技术教育在英国继续教育学院明显减少,而通识学科却越来越多,如图2-2所示。②

---

① K. Gomoluch, B. Bailey. Training Teacher for Further and Technical Education: Staff Perceptions of Changing Demands and Policies at Bolton from 1950 to 1988[J]. Journal of Vocational Education and Training,2010(2):139-152.

② 同①:146-147.

```
┌─────────────────────┐         ┌─────────────────────┐
│ 1930年代—1950年代    │         │ 1950年代—1980年代    │
│ 职教教师平均33岁      │         │ 教师培训课程改革     │
│ 1年岗前培训经历      │         │ 一般教法法           │
│ 相关行业背景         │         │ 专业教学法           │
└─────────────────────┘         │ 英语                │
                                 └─────────────────────┘
```

图 2-2　英国职教教师培训课程系统化过程

1974年，英国政府决定将教师培训学院并入高等教育机构，技术教师培训不仅限于四所继续教育教师培训中心，而是拓展到了更大的范围。颁布《罗宾斯法案》后，英国新增大批技术学院，这对教师提出了新的需求。而随着《詹姆斯教育法》的颁布，在职和职前教师教育成为新的潮流。为此，博尔顿技术学院专门对教师教育学系进行重组，建立了在职教育系、职前教育系和教育系。20世纪80年代后，英国传统的制造业日渐萎缩，采矿、建筑、汽车及工程等专业教师越来越少。博尔顿技术学院的弗兰克（Frank）这样描述："没有对工程师的需求——他们已经离开了，……它（指相关传统产业和制造业）已经缩水到什么都没有了。"①

二、1979—1997年：市场化主导下的英国职教教师教育的商品化

1973年，世界石油危机导致西方资本主义国家再次爆发大规模经济危机，在西方国家占主导地位的凯恩斯主义无法对此作出有效解释，也难以提供对策，只能走向衰落。伴随着经济全球化，新自由主义者抓住时机，走出理论形态，进入现实社会政治经济领域。

---

① K. Gomoluch, B. Bailey. Training Teacher for Further and Technical Education: Staff Perceptions of Changing Demands and Policies at Bolton from 1950 to 1988 [J]. Journal of Vocational Education and Training, 2010(2): 151-152.

(一) 新自由主义理念下的英国经济社会发展

新自由主义和凯恩斯主义之间最大的区别是前者强调市场的作用,主张私有化,反对国家干预。约瑟夫爵士(Sir Joseph)在1976年时所说的一句话,最能代表新自由主义者的市场主义理念。他说:"盲目的、非计划性的和没有协调的市场智慧完全优越于精心研究的、理性的、系统的、善意的、合作的、有科学依据的和尊重数据事实的政府计划。……市场体制是国民财富的最佳发生器,它能够以人类思维所不能理解的方式,在没有强制性指导和官僚干预的情况下,协调和满足无数个体的不同需要。"①

英国的新自由主义教育理念以1979年后撒切尔夫人在教育领域实施的一系列"激进"改革为标志。这次教育改革主要包括两方面:一是在教育领域实施新保守主义的文化右翼纲领,强调教育中的标准、传统、秩序、权威和等级制度;二是强化教育中的市场经济成分,包括学校自治、选择性、多元化、国家考试制度(竞争)、教育的私有化等。这种政策也被称为"撒切尔主义"。伦敦大学教育学院院长丹尼斯·劳顿(Denis Lawton)教授认为,所谓"撒切尔主义",是指撒切尔夫人上台后在保守党内部出现的一股占统治地位的"新右派"势力的意识形态,是当代西方新保守主义与新自由主义的"混血儿",它包括新保守主义的文化右翼纲领和新自由主义的自由市场理论。② 实际上,撒切尔主义是新自由主义的延伸和应用。

在新自由主义的自由市场理念下,英国对公共部门的财政投入出现了逆转,对教育的投入也明显减少。1988年,保守党政府下定决心,把教育推上市场,试图通过市场化改革来释放政府财政压力。在教育市场化的推动下,英国各级各类学校的经费拨款明显减少。以高等教育为例,1973—1999年,大学从中央政府处获得的资助比例从80%下降到50%,而从学生学费中获得的收入比例从1975年的4%增长到1999年的22%。③ 这种市场化的教育改革对英国教育影响深远,直到今天,英国教育依旧保留着市场化竞争的文化,政府只是作为"另一只手",不断地发挥其和谐和公平的作用。

---

① Denis Lawton. Education and Politics in the 1990s:Conflict or Consensus[M]. London:The Falmer Press,1992:142.
② 易红郡,赵红亚."撒切尔主义"对英国教育改革的影响[J].外国教育研究,2003(2):13-16.
③ Vincent Carpenter. Public Expenditure on Education and Economic Growth in the UK,1833—2000[J]. History of Education,2003(1):14.

(二) 市场机制下的英国职业教育教师

撒切尔上台后为英国教育带来了市场化改革。"二战"后,英国国民对国家的"人人受中等教育"政策表示欢迎。20世纪60年代以后,英国的经济和社会在战后重建中得以恢复,民众对平等的教育权提出异议。20世纪70年代,这种对教育的不满情绪更为明显,保守党内有一些人要求重新回到选择性中等学校(文法学校),甚至要求家长应对子女的学校教育具有更大的影响力。① 在这种势力的影响下,撒切尔政府开始对教育进行全面的市场化改革。代表性的改革方案是1988年《教育改革法》和1992年《继续教育与高等教育法》。

1. 1988年《教育改革法》:教育与学校市场化

1988年,撒切尔政府颁布《教育改革法》。《教育改革法》的主要理念是创造一个"学校市场"(school-market),在这个市场中,家长和学生作为顾客可以根据自己的需求对教育质量提供者(学校)进行选择,而这种选择是建立在一套评价指标上根据学校绩效高低做出的。具体而言,《教育改革法》包括五大核心要素:(1)实行全国统一课程,即政府收回学校设置课程和教学大纲的自主权,由国家统一颁布一套必修的学科和内容;(2)创建学校排行榜(League Table);(3)允许在不同学校之间进行比较,即家长和孩子可以利用学校排名对学校进行比较;(4)家长为孩子选择心目中最好的学校;(5)拨款,即学校的资金依赖于入学人数。② 该法对学校最大的触动就是根据入学人数进行拨款,这意味着一旦没有招到学生,学校将只能倒闭,所以学校必须努力提高绩效,以获得生存的可能。至于根据排行榜选择学校,英国一些富裕的家庭为了让孩子接受更好的学校教育,纷纷迁到整体教育水平较高的地区(说明:根据《教育改革法》的要求,学校之间的评比只限于本地区),这客观上加大了英国教育的不平衡。1988年《教育改革法》把教育市场化的理念引入整个教育体系,成为英国教育体系改革的风向标。

1984年,英国建立了教师教育认证委员会(CATE),改变了一直以来的教师教育制度,从此CATE将代表英国教育大臣负责监督英国教师的职前教育。

① 丹尼斯·劳顿.1988年以来的英国"国家课程"[J].石伟平,译.华东师范大学学报(教育科学版),1994(4):48.
② Joachim Wentzel. An Imperative to Adjust? Skill Formation in England and Germany [M]. Wiesbaden: Springer Fachmedien Wiesbaden GmbH, 2011:63.

这意味着:(1)过去大学和学院负责教师教育课程的教师要定期回学校,以获取"最新的、相关的"学校经验;(2)招聘学校的教师要参加师范生的面试过程;(3)师范生在受训期间的学校实习时间首次得以规定。① 从此,高等教育自治的教师教育在英国画上句号。

在职业教育发展方面,1986年,英国成立了国家职业资格委员会(National Council for Vocational Qualifications,简称 NCVQ),并开始推行国家职业资格证书(NVQs)制度,这标志着基于国家职业资格的课程成为英国职业教育改革发展的新方向。

2. 1992年《继续教育与高等教育法》

1992年,英国保守党政府颁布《继续教育与高等教育法》,该法直接把英国职业教育推向了市场化发展的道路。主要包括以下几方面:(1)撤销了地方教育当局对继续教育的管辖权,成立了继续教育拨款委员会(Further Education Funding Council,简称 FEFC);(2)把继续教育学院推向市场,实施法人治理;(3)成立教育标准办公室,由其取代皇家督导团(HMI)对继续教育学院的办学质量和教师质量等各方面进行督察。该法的颁布意味着继续教育学院与教师之间是雇佣与被雇佣的关系。1994年,英国颁布《1994年教育法》,成立了新的TTA。TTA负责英国所有新教师的培训、教师补充和供应、教师培训项目的认证以及教师教育的资助等。据此,英国职教教师发展进入新的公司雇员时代。

首先,拟定新的教师合同。在市场化的压力下,各学院不仅裁员、变更、撤销教师的银证协议(Old Silver Book Agreement,简称 OSBA),还拟定了新的教师服务协议。新的协议大大增加了教师的工作时间,教师教学时间延长至每年800—900小时(而大学是550小时),暑假取消,周末的工作时间被无限延长,教师的薪水反而减少。1993年,英国继续教育领域五分之一的教师(15000人)被裁员。相关报告指出,这一时期继续教育学院用于教师专业发展的财政支出只占学校预算的0.15%—2%。② FE 教师新入职培训课程与专业发展由于市场化的影响而显得更加随意而混乱。

---

① 约翰·富隆,伦·巴顿,等.重塑教师专业化[M].牛志奎,马忠虎,等译.北京:北京师范大学出版社,2010:23-24.

② Norman Lucas, Tony Nasta, Lynne Rogers. From Fragmentation to Chaos? The Regulation of Initial Teacher Training in Further Education[J]. British Educational Research Journal,2012,38(4):678.

虽然当时对市场化不满的案例很多,但是1999年的报告显示,80%的继续教育学院全职教师同意和雇主签订合同,因为不签订意味着在未来的5年将无法获得加薪。为了维持经营,继续教育学院不得不加大力度聘用兼职教师,却又不为兼职教师提供培训机会。学院内部的专业活动,如团队研讨、课题听课等明显减少。

其次,入职教师培训越发混乱。1993—1997年,通过教育与就业部认证的FE教师ITE资格明显减少。1995年,英国学院联盟(Association of College,简称AOC)的一个报告认为:FE教师ITE课程和资格证书的质量、可比较性与价值存疑,FE教师教育资格存在碎片化的情况;学院之间对于FE教师教学实践的规定缺乏一致性,有的学院规定得非常详细具体,有的学院根本没有要求,对于ITE课程教学内容和教学实践时间的安排也非常随意。① 1997年英国继续教育拨款委员会(FEFC)的一份报告显示,继续教育领域48%的教师拥有专业资格,11%的教师没有正式资格。1999年的另一份报告则显示,59%的教师拥有教育证书或学位水平的教学资格。可见教师培训在继续教育领域不是强制性的,在一些学院甚至不是一项权利。经理们可能会阻止新员工去参加教师培训课程,因为他们需要教师去教书！随着FEFC的新一轮检查,学院逐渐认识到教师培训可能是有用的,但采取的一般是持续专业发展(Continuing Professional Development,简称CPD),由培训师提供为期半天的课程,不一定是资格认证。② 这让本来就处于边缘化的英国职教教师专业化水平面临更为尴尬的境地,也使社会各界对教师专业化水平产生严重质疑。

最后,引进教师胜任力标准。1993年,英国教育部要求教育机构、师范生必须"在整个教师培训期间重视教学的胜任力"③,并在职教教师中引进了"730-6",它非常强调"测试能力"。同时,传统的课程"730-7"从1995年开始运作。④ 这些课程强调职教教师要注重关键技能(key skills)的养成和教师职

---

① Norman Lucas. The "FENTO Fandango": National Standards, Compulsory Teaching Qualifications and the Growing Regulation of FE College Teachers[J]. Journal of Further and Higher Education,2004,28(1):36.

② Ros Clow. Further Education Teachers' Constructions of Professionalism[J]. Journal of Vocational Education and Training,2001,53(3):409-410.

③ 约翰·富隆,伦·巴顿,等.重塑教师专业化[M].牛志奎,马忠虎,等译.北京:北京师范大学出版社,2010:80.

④ 匡瑛.英国近十年的继续教育概述[J].外国教育研究,2002(6):57.

业道德原则(如在语言和行为上不应该歧视学生等)。当时,英国政府成立了新的普通教学委员会(General Teaching Council,简称 GTC),GTC 为英国所有的普通教师制定了教师专业准则(Teachers Code),但 FE 拒绝加入该组织。①

总之,20 世纪 80 年代至 90 年代末,英国职业教育经历了市场化的急剧冲击,财政拨款递减,教师裁员严重,教师教学工作压力剧增,教师培训无法得到保障,教师待遇和工作环境更为恶化,教师培训大多为学院内部开展的关键技能、教师信息化和教学方法培训。对于 1992 年英国继续教育改革后教师对工作条件变化的态度,法尔扎纳·沙因(Farzana Shain)和丹尼斯·格林森(Denis Gleeson)总结了三种不同的反应,分别是"反抗(resistance)、顺从(compliance)、战略性顺从(strategic compliance)"。② 不难看出,在市场主义环境下,英国职教教师正面临专业化危机。

三、作为"孤儿"的政治与社会学分析

这一时期,英国职教教师以"孤儿"形象存在,是基于英国职教教师在英国两党政治治理中被抛弃的现实。"二战"后,教育成为工党政府关注的重点之一,但是这种关注没有体现在职教教师的发展上。在 20 世纪 70 年代前,虽然英国政府加强了对公共教育的投资,但职业教育与职教教师并没有得到政策重视和社会认同,而是被嵌入到"综合中学"中发展。这种制度设计导致的结果是"学术性"不高,"技术性"也不足。③ 1979 年后,撒切尔的市场化理念,则让英国职业教育完全成为商品,教师也成为公司雇员。在雇主追求利益最大化和绩效审核的压力下,英国职教教师的专业身份只能被出卖或变相出卖。

关于英国职教教师的商品属性,可以从相关记载中得到证实。以 20 世纪 90 年代英国某学院讲师大卫(David)关于校长拒绝为自己加薪的一段话为例:

正是因为职业学院本身这种愚蠢的形象,他们才认为自己是一家通过销

---

① Ros Clow. Further Education Teachers' Constructions of Professionalism[J]. Journal of Vocational Education and Training,2001,53(3):410.

② Farzana Shain, Denis Gleeson. Under New Management: Changing Conceptions of Teacher Professionalism and Policy in the Further Education Sector[J]. Journal of Education Policy,1999,14(4):453-459.

③ 徐国庆.职业教育原理[M].上海:上海教育出版社,2007:146.

售商品、争夺市场来谋取利益的公司。没错,这的确是公司的本质,事实上,我们现在有一个由超过50%的企业家组成的学院治理机构,他们认为继续教育是一门生意,但事实并非如此。它是一项公共服务,只需要以适当的方式支付报酬,所以我想回到过去的日子。我不介意工作变得更辛苦,但我必须为此获得报酬……我们必须摆脱市场,我们必须停止与其他学院的竞争,这是非常低效的。我们必须处理掉一些无用的东西——无论如何我都认为这样做是浪费时间的——比如雇佣那些打理市场或干类似事情的经理……如果校长明天离开,我可能会挥舞一面大旗,因为这是我们最大的问题之一,他自己就是一个问题……即使他声称是委员会决定工资,不是他的错,但是在我看来,他就是那个不准备付给我超过1993年工资的人。①

对于上述情况,我们可以从不同的角度进行解释和分析。从批判教育理论的角度看,支配着传统的学校教育观和课程观的合理性概念,根植于对效率、行为目标和学习法则的狭隘的关心,这种狭隘的思想和态度把知识当作了某种消费品,教学就是向学生传递一种"共同的"文化和一套将使他们在更广阔的社会中有效操作的技艺的程序。这种传统的课程教学观,沉溺于技术理性的逻辑中,把学习某种特定种类的知识、建立道德上的共识和提供复制现存社会的学校教育模式的有效性途径作为自己的思考核心。② 以批判教育理论的视角来审视"二战"后至1997年的英国教育,无论是1945年至20世纪80年代初的英国"综合中学"的发展,还是1979年至1997年英国市场化对教育的改造,英国教育的"共同性"文化和工具化倾向越发明显。这客观上导致了教师的技术工具人的色彩,在某种程度上意味着教师专业性和自主性的价值被质疑,其存在的价值被蔑视。批判教育理论认为,由于这种技术理性很少关注理论上和意识形态上的问题,教师往往被训练成概念和政治的文盲(conceptual and political illiteracy),知识实际上是一种体现着特殊旨趣、利益和假定的社会建构。

显然,教师作为一种专业性职业,若完全依靠政府,就有可能成为技术性

---

① Farzana Shain, Denis Gleeson. Under New Management: Changing Conceptions of Teacher Professionalism and Policy in the Further Education Sector[J]. Journal of Education Policy, 1999, 14(4): 454.

② 周险峰.教师作为知识分子:走向批判的教师教育[J].外国教育研究,2009,36(7):36.

工具,而若放置于市场,就只能成为实现雇主利益的商品。

第三节 作为"宠儿"的英国职教教师样态
(1997年至2017年)

1997年,英国工党以较大优势重新执政。针对保守党政府市场化政策带来的社会问题,新工党决定采取既有利于经济和社会发展,又确保社会和谐公平的政策理念。布莱尔政府选择了吉登斯的"第三条道路"执政理念,强调发挥市场的效率和政府的效用。在这一阶段,新工党秉持"教育优先"战略,强化职教教师标准,实施入职教师资格制度。2010年,以卡梅伦(Cameron)为首的联合政府上台,提出了"小政府、大社会"的政治理念,对学校赋权,还权于民,学校自治和教师自主成为新的发展方向。

一、1997—2006年:"第三条道路"理念下英国职教教师的标准化

作为工党的新领袖,布莱尔(Blair)上台之后面临内忧外患。一方面,面对民众对市场化带来的社会不公平等现象的不满,新政府需要对保守党政府执政18年期间的教训进行总结;另一方面,全球化趋势明显,新政府需要对英国当前面临的形势做好充分的研判和准备。

(一) 发展形势背景:内忧外患的现实

1. "撒切尔主义"后遗症:高失业率与贫富不均

市场化为英国摆脱20世纪70年代的经济危机带来不少利好。1981—1989年,英国国内生产总值年平均增长率为3.6%,达到战后以来最高水平,而且高于整个欧洲经济共同体的平均水平。[①] 此外,由于市场化的推动,1991年,英国有一半以上的公共部门转为私营部门,大约65万人从国有企业进入私营企业工作,大部分人持有公司股份,与1979年比较,股份持有者占总人口的比重从7%上升到20%。[②] 这种运营模式的变革调动了员工的生产积极性,提高了企业的效率,更激发了企业的创新精神。

---

① 毛锐.撒切尔政府私有化政策研究[M].北京:中国社会科学出版社,2005:187.
② 何伟强.英国教育战略研究[M].杭州:浙江教育出版社,2014:27.

但是,市场化也并非万能良药。首先,高居不下的失业率问题一直困扰着英国。据统计,"1982 年,英国失业人数突破 200 万,1986 年,失业人数则高达 328.91 万(失业率为 11.8%),1996 年,失业人数依旧超过 200 万(失业率为 7.5%)"。① 这是新工党需要面对的难题之一。其次,市场化导致贫富差距加剧。1980 年,英国的基尼系数为 0.28,1990 年达到了 0.36,1997 年依旧维持在 0.35 左右。② 这种收入不公平的现象伤害了中下层群体,引起了民众的强烈不满。

2. 新挑战和新问题:全球化、信息化和高技能人才短缺

至于外部形势,新政府认为当前面临的挑战包括全球化、科技革命、产业整体高移和高技能人才培养等。

首先,全球化时代已经来临。进入 20 世纪 90 年代,全球化成为世界的总体趋势,涉及政治、经济和社会等各方面发展。布莱尔政府意识到,在全球化的时代,任何一个国家都很难独善其身,政府必须有效应对,而不是不管不顾。为此,布莱尔政府提出了参与全球化的两项举措:一是撤销贸易壁垒,接受国际经济新规则;二是不断投资于人民的灵活性和新能力,确保可持续竞争。③ 显然,布莱尔政府对投资人民相当关注和重视。

其次,新一代科技革命如火如荼。20 世纪 90 年代末,世界范围的科技革命迎来新一轮高潮。这次科技革命以信息、微电子、航天、生物、新能源等技术为主体,给社会带来了重大冲击,使整个社会发生革命性变化,具体表现在:高科技对经济社会发展的贡献明显增强,技术创新为主的发展逐渐取代依靠要素和价格启动的传统发展,科技的发现和应用的转化联系更紧密、周期更短等。今天,人们生活在科技和信息技术的一体化之中,创新已成为时代的迫切要求。正如布莱尔 1995 年在工党大会上所提出:"我们将永远不在一个低工资、汗水工厂经济的基础上进行竞争。我们只有一份资产:我们的人民,他们的智力,他们的潜力。发展它,我们就会成功;忽略它,我们

---

① 毛锐.撒切尔政府私有化政策研究[M].北京:中国社会科学出版社,2005:215.
② 胡昌宇.英国新工党政府经济与社会政策研究[M].合肥:中国科学技术大学出版社,2008:43-44.
③ 托尼·布莱尔.新英国:我对一个年轻国家的展望[M].曹振寰,译.北京:世界知识出版社,1998:81.

就会失败。"①布莱尔的话明显地传达了要依靠人的智力和潜力来建设创新型国家的理想。

最后,英国产业转型与高移趋势明显。在全球化和科技革命的影响下,英国的产业结构发生明显改变,农业、工业和服务业之间的比重几乎发生逆转。服务业成为国家的主打产业,其产值占国内生产总值的66.7%。而在服务业产值中,信息产业和信息服务业成为英国新的增长点。这种产业结构的转型,导致就业市场人才需求和就业导向的转变,就业结构由传统工业部门为主转向现代服务业为主。从英国国家统计局的数据中,我们可以清晰地发现这一点,如表2-6所示。

表2-6 1971—1996年英国三大行业就业结构的变化情况(单位:%)

行业类别	1971年	1981年	1991年	1996年
农业	1.9	1.7	1.3	1.3
工业: 矿产和能源、水供给业 制造业 建筑业	9.5 30.6 5.4	7.6 24.2 5.2	5.0 18.3 4.5	1.1 18.2 3.6
服务业: 销售和旅馆餐饮业 交通和邮电通讯业 金融保险业 公共机构、教育和医疗 其他服务业	16.7 7.1 6.1 18.2 4.5	19.1 6.6 8.0 21.7 5.9	21.4 6.1 12.1 23.7 7.6	22.6 5.9 17.5 25.3 4.5

在产业结构发生逆转的背景下,英国的就业市场也发生明显的变化。传统低端技能人才岗位逐渐消失,以新技术手段为主的中高端专业技术人才需求剧增。据统计,1968—1997年,英国全部就业人员中,蓝领工人的比重从66.52%下降到34.5%,②相应的专业技术人员、非体力劳动者的比重明显增加。没有技术和缺乏技能的人似乎难以在英国生存,而且这种趋势随着时代的发展正变得越来越明显,如表2-7所示。

---

① 托尼·布莱尔.新英国:我对一个年轻国家的展望[M].曹振寰,译.北京:世界知识出版社,1998:81.
② 李培林,李强,孙立平,等.中国社会分层[M].北京:社会科学文献出版社,2004:486.

表 2-7　1968—1997 年英国就业人员技术结构的变化情况(单位:%)

人员类别	1968 年	1978 年	1986 年	1997 年 全日制	1997 年 非全日制
经理与主管	10.62	14.44	16.61		
专业人员	13.48	15.94	18.54		
职员	9.38	6.97	7.48		
全部非体力劳动者	33.48	37.35	42.63	65.1	65.5
技术工人	38.60	39.85	40.15		
半技术工人	18.09	18.34	13.13		
非技术工人	9.83	4.45	4.36		
全部体力劳动者	66.52	62.64	57.64	34.9	34.5

在内外如此严峻的形势下,布莱尔政府认为,只有依靠教育才可能改变现状。他指出:"在教育领域里,经济政策和社会政策之间的联系是最清晰的……教育改革能够促进经济繁荣和社会公平。"①布莱尔认为:"除非改进我们的教育制度,否则经济和社会的衰退将不可扭转……这也是为什么教育将成为我的政府的重心。"②

(二)"第三条道路"理念的本质及内涵

"第三条道路"的政策理念起源于安东尼·吉登斯(Anthony Giddens)的代表作《超越左与右:激进政治的未来》和《第三条道路:社会民主主义的复兴》。本质是强调要超越传统的左派和右派政治观念之争,即左派强调国家政府维护社会公平、和谐的经济干预作用,也称为社会民主主义,右派则强调市场对经济的激励和效率作用,也称为新自由主义。所谓的"第三条道路"就是既不能左也不能右,而是公平与效率、富强与和谐并进的国家治理理念。

"第三条道路"的假设是:政府、经济和公民社会的社区需要以社会稳定与社会正义为主旨;重新建立社会契约,发展更广泛的供给政策,使经济发展机制和福利国家结构性改革相一致;创造一个基于平等公平的多元化社会;寻求新的全球化政策;新的全球化竞争要求在教育政策上加强对终身学习的

---

① 托尼·布莱尔.新英国:我对一个年轻国家的展望[M].曹振寰,译.北京:世界知识出版社,1998:175.

② 同①:202.

重视。①

"第三条道路"的本质是想在政府和市场之间找到一个平衡,以实现国家社会发展利益的最大化,实现民众社会的和谐、平等。从英国新工党的具体改革实践看,可以从四个方面来总结:②(1)政府调控与市场机制之间保持平衡,新工党主张压缩中央政府规模,减少直接干预经济,注重调动地方政府的积极性、主动性和创造性,但要强化中央政府的宏观调控能力和服务性功能,鼓励公民积极参与政治,发挥民间组织的主动性,鼓励企业精神,提倡自由经济等;(2)经济发展与社会公正之间保持平衡,新工党重提"社会公正"的口号,提倡采取相关政策减轻中间阶层的税收负担,认为富裕的上层阶级应该交纳更多税,以帮助最贫穷的人,增进社会团结,同时要维护社会公正,提高国民素质,增加教育与培训的投资,倡导高质量的学校教育和终身教育;(3)权利和责任之间保持平衡,新工党强调培养个人对自己负责的精神和独立意识,提倡人们享受的权利应当反映其应承担的义务;(4)国家利益与国际合作之间保持平衡,新工党认为英国应该积极参与国际市场的竞争与合作,同时不断提升国家的创造能力。布莱尔曾这样说:"大政府已经死了,要充分发挥市场机制的作用,同时政府应该有所作为。"③新工党认为,政府管理的方式是"授权",应该发挥学校、社区、教师和各利益相关者的作用,推动教育的协同治理。

(三)优先投资教育,提升职教教师标准化水平

1997—2006年,以布莱尔为首的新工党政府连续三届执政,开创了英国21世纪以来教育改革的新局面。在布莱尔执政期间,教育始终是英国政府的第一优先战略。职教教师教育被提升到前所未有的高度,英国职教教师开始走向政府主导的高标准和专业化发展时代。

1. 投资教育和技能创新,提升英国教育水准和质量

用一句话概括,新工党的教育战略就是"教育第一优先,追求卓越水准"。1997年,竞选纲领《新工党:因为英国应该更好》首先强调"更好的学校教育",并在六大战略目标中把教育排在"第一战略"项。当选后,布莱尔政府立刻公

---

① Terry Hyland, Barbara Merrill. The Changing Face of Further Education: Lifelong Learning, Inclusion and Community Values in Further Education[M]. London:Routledge Falmer,2003:31.
② 马忠虎."第三条道路"对当前英国教育改革的影响[J].比较教育研究,2001(7):50.
③ Leitch Review of Skills: Final Report[EB/OL].(2011-04-21)[2021-06-11]. http://www.delni.gov.uk/leitch_finalreport051206[1]-2.pdf.

布了《追求卓越的学校教育》(*Excellence in School*),强调政府将致力于与各方面合作,为所有人提供均等的教育机会,提高英国的教育水准。1999年,政府颁布《学会成功:关于16岁后学习的新框架》(*Learning to Succeed: A New Framework for Post-16 Learning*);2000年,政府颁布《学习与技能法》(*Learning and Skills Act*)。

2001年,新工党在《英国的志向》(*Ambitions for Britain*)中依旧将教育作为政府的第一要务,并明确提出"教育——新工党的第一优先"(Education—Labour's No. One Priority)。与1997年竞选纲领中"教育第一优先"被单独列为一部分不同,2001年的纲领虽然强调教育的优先战略定位,却将其置于实现"世界一流公共服务"(world-class public services)四大优先战略的第二位"投资技能与创新"(investment in skills and innovation)内容的首位,大力倡导"技能"提升与发展的必要性。当选后,布莱尔政府把教育与就业部(Department for Education and Employment,简称 DfEE)改名为教育与技能部(Department for Education and Skills,简称 DfES)。这充分反映了英国新政府教育理念的转变和教育视域的跨越——从1997年教育与学生初入社会的一次性连接调整为教育与学生终身学习、工作、生活的深远连接。①

2002年,教育与技能部发布了《传递结果:面向2006年的战略》。这一教育战略分为战略目标(aim)、具体目标(object)和具体指标(target)三级战略。其中,14—19岁阶段教育的内容是战略重点,明确提出到2010年,90%的年轻人应在22岁之前参加过有助于其接受高等教育或拥有就业技能的系统项目等。②

2. 加强职教教师标准建设,实施 ITE 资格证书培训

1997—2010年,工党政府不遗余力地推进职教教师的标准化建设,通过颁布和实施职教教师标准来加强职教教师教育与培训,提升英国职教教师的教学实践能力水平。

首先,颁布职教教师标准,在 FE 领域实施 ITE 资格。1999年,雇主领导的 FENTO 颁布了 FE 领域教师国家标准(简称《FENTO 标准》)。该标准的关键

---

① 冯大鸣.从英国教育部的最新更名看英国教育视焦的调整[J].全球教育展望,2002(1):60.
② DfES. Delivering Results: A Strategy to 2006[R]. London: DfES Publications, 2002:3-5.

领域"学习过程的管理"如表 2-8 所示。①

表 2-8 英国 FENTO"学习过程的管理"标准

满足专业要求		
• 在统一的专业价值基础上工作 • 能遵守一致的专业行为准则		
专业知识	主要教学领域	个人态度与技能
• 继续教育的地位与意义 • 学科知识 • 学习理论和教学方法 • 继续教育与教师实践改革与效果	• 小组及个人教学的计划和准备 • 开发和使用各种教学技巧 • 管理学习过程 • 给学习者提供支持 • 评估学习者及其取得的成果 • 自我行为反思和评估与规划未来需求 • 评估学习者需求	• 批判式反省 • 有效的小组和个人沟通 • 完整性、可靠性和自信心 • 能与学习者和同事和谐相处,能互相尊重并产生共鸣

2000 年,英国终身学习大臣马克隆·威克斯(Makron Wilkes)在一个关于 FENTO 的研讨会上发布了继续教育教师强制性教学资格咨询文件,提出必须加强对合格教师的有效培训,以确保学习者学习的成功。2001 年 9 月,教育与技能部提出了强制性的 ITE 教师资格证书要求,如表 2-9 所示。FE 教师资格颁布后,教育与技能部提出所有 FE 领域教师必须在读写能力和数学方面达到三级资格要求。

表 2-9 FE 学院强制性教师资格结构②

资格类别	等值	适用对象
导入期/一级	City & Guilds 730 Part One	入职 1 学期内的所有新教师
中级/二级	City & Guilds 730 Part Two	入职 4 年的所有兼职教师
入门/三级	PGCE/教育证书(FE)	入职 2 年的所有专职教师

其次,对职教教师入职资格教育进行评估。2003 年,英国继续教育外部审

---

① 菲利普·葛洛曼,菲利克斯·劳耐尔.国际视野下的职业教育师资培养[M].石伟平,译.北京:外语教学与研究出版社,2011:254-255.
② Norman Lucas. Perspectives on Teachers of Vocational and Technical Education in the UK[M]//Phillipp Grollmann, Felix Rauner. International Perspectives on Teachers and Lecturers in Technical and Vocational Education. London: Springer Press, 2007: 270.

查机构教育标准办公室(Ofsted)在对继续教育ITE进行检查评估后发现:继续教育教师培训存在巨大的差异性,对教师提升专业教学技能的帮助不大,比如缺乏对教师工作岗位的学科检查,教师教学实践的听课不够充分并缺乏反馈,受训教师缺少对不同情境、不同层次水平和不同类型的学生进行教学和评价的机会。① 最终他们认为FENTO没有为FE教师的生涯发展提供令人满意的基础性保障。

2004年,英国教育与技能部颁布《为了未来,武装我们的教师》(Equipping our Teachers for the Future),决定成立英国终身学习部门(LLUK),重新修订一套针对后义务教育阶段的教师、培训者和导师的工作标准,并决定将在2007年9月实施一系列改革措施。

此后,英国对职教教师入职教育的检查与评估成为常态。政府不仅检查教师教育情况,也对承担教师教育的机构进行审查。21世纪以来,绩效评估成为英国职教教师发展的一种文化。

二、2006—2010年:创新国家理念下英国职教教师的再标准化

2006年,受伊拉克战争的影响,布莱尔不得不下台。随后,英国新的工党领袖布朗上台执政。作为1997年布莱尔政府的教育大臣,布朗政府继续深化新工党的教育优先战略,提出投资人力资本、创新国家的新的发展理念。

(一)创新国家战略,继续加强教育发展

2005年,新工党的《英国:前进而不是后退》(Britain: Forward Not Back)对英国教育过去的成就作了系统的阐述,同时提出"政府的义务是在变革的世界中为所有的人提供机遇与保障"的新教育主张。

2006年,英国政府决定制定劳动力战略,加强未来五年职教教师的规划与发展。英国终身学习部门和继续教育部门联合颁布《英格兰继续教育部门劳动力战略(2007—2012)》(The Workforce Strategy for the Further Education Sector in England, 2007—2012)。② 该战略提出了推进继续教育队伍建设的"四大优

---

① The Initial Training of Further Education Teachers: A Survey[R]. London: Office for Standards in Education, 2003.

② Lifelong Learning UK. The Workforce Strategy for the Further Education Sector in England, 2007—2012[R/OL]. (2011-03-31)[2021-06-12]. https://www.gov.uk/search? q = further + education + workforce+strategy&start=20.

先"和"十大主题"(图2-3),旨在帮助英国继续教育部门塑造未来的师资队伍。为落实上述战略,英国政府于2008年专门颁布了一个实施指南,强调对劳动力数据的掌握,发展现代化、专业化的人才队伍。

```
┌─────────────────┐ ┌─────────────────┐ ┌─────────────────┐
│    Theme 1      │ │    Theme 4      │ │    Theme 7      │
│ 收集有关劳动力的 │ │  招聘需要的人员  │ │ 通过相关培训和持续专业│
│    可靠数据     │ │    Theme 5      │ │ 发展推进劳动力专业化 │
│    Theme 2      │ │   增加各层次    │ │    Theme 8      │
│ 使用数据了解人员 │ │  劳动力的多样性  │ │ 确认、规划和提供劳动力│
│ 队伍并改进未来规划│ │    Theme 6      │ │   所需的技能需求  │
│    Theme 3      │ │   改善和提升    │ │    Theme 9      │
│ 使用数据了解人员 │ │   劳动力形象    │ │ 确保整个组织各层次的│
│ 多样性和目标行动 │ │                 │ │ 科学的领导力和管理人│
│                 │ │                 │ │     员发展      │
│                 │ │                 │ │    Theme 10     │
│                 │ │                 │ │ 确保灵活、公平和利于│
│                 │ │                 │ │  发展的工作环境  │
└─────────────────┘ └─────────────────┘ └─────────────────┘

┌───────────────────────────────────────────────────────────┐
│                       Priority 4                          │
│       确保平等和多样性是战略、决策、规划和培训的核心        │
└───────────────────────────────────────────────────────────┘

┌─────────────────┐ ┌─────────────────┐ ┌─────────────────┐
│   Priority 1    │ │   Priority 2    │ │   Priority 3    │
│  理解人类资源的  │ │ 吸收、招聘最优秀 │ │  维持和发展现代化、│
│     本质        │ │     的人员      │ │   专业化的劳动力  │
└─────────────────┘ └─────────────────┘ └─────────────────┘
```

图2-3 《英格兰继续教育部门劳动力战略(2007—2012)》战略框架

2007年,布朗政府成立了新的机构——创新、大学与技能部(Department for Innovation, Universities and Skills),由其负责管理英国继续教育,并决定通过创新来推动国家在全球竞争中的优势。2008年3月,创新、大学与技能部发布《创新国家》(Innovation Nation),提出"经济繁荣和社会全纳"的价值愿景。全文对"创新"(出现866次)和"技能"(出现201次)这两个关键词的强调,显示了英国政府对加强人力资源投入的重视。对于英国职业教育的战略规划,该白皮书从两方面进行了谋划:一是支持继续教育知识与技术转让的战略规划,二是建设世界一流技能体系的战略目标。[①] 这些教育战略的出台和颁布,体现了英国政府对发展教育和投资教育的重视和关注。

(二)继续推进职教教师标准化,实施QTLS制度

在职教教师的标准化建设中,布朗政府秉持工党前期的精神,继续推进入职教师资格制度。

---

① 何伟强.英国教育战略研究[M].杭州:浙江教育出版社,2014:82-83.

首先，LLUK 于 2007 年颁布新的职教教师标准——《终身学习部门教师、辅导人员和培训者的专业标准》。该标准由领域(domain)、维度(dimension)和内容要求(item)构成,整个文本框架共有六大领域、三大维度和166 条要求。① 六大领域分别是职业价值观与实践(professional values and practice)、学习与教学(learning and teaching)、专业学习与教学(specialist learning and teaching)、学习规划(planning for learning)、学习评价(assessment for learning)、学习进阶(access and progression)。三大维度包括专业价值观(professional values)、专业知识与理解(professional knowledge and understanding)、专业实践(professional practice)。六大领域与三大维度形成了 18 个对应的内容要求项,每项内容的具体要求又分别不同,具体框架结构如表 2-10 所示。

表 2-10 《终身学习部门教师、辅导人员和培训者的专业标准》内容框架

领域	维度		
	专业价值观	专业知识与理解	专业实践
A. 职业价值观与实践	7 items	14 items	14 items
B. 学习与教学	5 items	18 items	18 items
C. 专业学习与教学	4 items	10 items	10 items
D. 学习规划	3 items	7 items	7 items
E. 学习评价	5 items	14 items	14 items
F. 学习进阶	4 items	6 items	6 items

2007 年的《LLUK 标准》有两大显著特征。一是标准开发的基本逻辑基于教师"教学活动"的原则。标准把教师教学活动分为六大领域,每一领域的教学活动又按专业价值观、专业知识与理解、专业实践三个维度进行具体规范和要求。二是标准维度"专业知识与理解"与"专业实践"之间形成相互对应的逻辑关系,体现了职业教育"理实一体""知行合一"的理念,如表 2-11 所示。②

---

① Lifelong Learning UK. New Overarching Professional Standards for Teachers, Tutors and Trainers in the Lifelong Learning Sector[EB/OL]. [2021-06-12]. https://www.lifelong learning uk.org.
② 涂三广.英格兰 2014 年职教教师专业标准的框架、内容与特征[J].比较教育研究,2015(12):102-104.

表 2-11 领域 D. 学习规划(planning for learning):专业知识与理解及专业实践

D. 学习规划	专业知识与理解	专业实践
1	理解和掌握如何设计合适的、有效的、前后一致且具有包容性的学习方案,促进平等性和多样化参与	设计前后一致的、具有包容性的学习项目,满足学习者的需要和课程要求,促进平等性和多样化参与
2	理解和掌握如何设计一个教学对话活动	使用多种教学资源设计规划教学对话,满足个体学习者和团队学习的目标和需要
3	理解和掌握灵活实施教学的策略	使用多种灵活的教学策略,应对学习者个体的不同需求
4	理解和掌握学习者参与学习规划的重要性	为学习者提供预先设计的课程和实践机会
5	理解和掌握与学习者沟通确定个体合适目标的方法	与学习者商谈并制定合适的学习目标和学习策略
6	理解和掌握在学习规划过程中如何评估教师自身的作用和表现	评估已经完成的学习活动的成功之处
7	理解和掌握作为团队成员,教师在学习规划中如何评估自身的作用和表现	评估个体作为团队一员对学习规划有效性方面的贡献

其次,英国教育标准办公室于 2007 年出台《英国新教师培养框架》。新的框架对英国职教教师的任职资格作出了明确规定:凡在职业教育领域进行教学的所有教师都必须具备本专业领域第一阶段的三级水平资格,具体分为终身学习部门教师预备证书(PTLLS)、终身学习部门教学证书(CTLLS)和终身学习部门教学资格证书(DTLLS)①,如表 2-12 所示。

表 2-12 基于标准的英国 FE 教师培训资格证书

三类证书	证书水平	要求学时/学分	培训内容
PTLLS (终身学习部门教师预备证书)	三级/四级	共 60 小时,其中 30 小时指导学习,30 小时自我学习	读写能力、计算能力 ICT、观摩性实习 自我规划、自我评估 一年内的教学工作

---

① Ofsted Raising Standards. The Initial Training of Further Education and Skills Teachers [EB/OL]. (2012-11-01)[2021-06-12]. https://www.ofsted.gov.uk/resources/120297.

(续表)

三类证书	证书水平	要求学时/学分	培训内容
CTLLS（终身学习部门教学证书）	三级/四级	共24学分，其中18学分必修单元，6学分选修单元；共30小时教学实践	职业教育教学准备计划性和自学能力自我评估能力
DTLLS（终身学习部门教学资格证书）	五级以上	共120学分，其中90学分必修单元，30学分选修单元	必修单元：职业教育教学准备、计划性和自学能力、学习评估能力、理论学习选修单元：持续的个人及专业发展、实践性课程设计、职业技能实训

为推动证书的实施，英国政府出台了初始教师培训的强制性单元评价要求。此外，所有教师在完成初始培训、获得资格证书后的5年内还须进行教师学习技能合格证书（QTLS）认证，该认证要求教师能提供每年30个小时的持续专业发展（CPD）及不低于水平2的读写能力和计算能力的证明。教师只有在完成QTLS认证后才算得上是"完全合格"的教师，教师专业发展组织——学习研究所（IFL）是其强制性认证机构。

三、2010—2017年："小政府、大社会"理念下英国职教教师的自主化发展

2010年英国新的联合政府上台后，卡梅伦联合政府推行"小政府、大社会"（Big Society）的理念，主张"从大政府转向大社会"，把权力从中央下放到地方，鼓励社区和人们承担更多的责任，政府不再提供所有问题的答案，这一理念也成为其教育政策的核心。

2010年11月，英国政府提出了新的技能开发战略，把公平、责任和自由作为三个基本原则。同年，教育部颁布《教学的重要性：2010学校白皮书》（*The Importance of Teaching：The Schools White Paper 2010*），明确指出要赋予校长和教师更多管理学校和教育教学的自主权。2012年，政府撤销职教教

师专业标准,由学校自主实施教师的教育与培训。2014 年,政府制定新的劳动力发展战略,提出了职教教师发展"四大优先"的具体方案。上述行动表明:英国政府正在改变过去绩效主义和政府问责的单一化实践原则,让学校、教师等更多利益相关者自主参与进来,共同协作,把英国职业教育与教师教育推向新的方向。

(一) 放权于教师,确立教学优先思想

2002 年,英国政府提出"教学优先"(Teach First),突出学校的优先位置。2010 年,英国教育部颁布《教学的重要性:2010 学校白皮书》。白皮书内容主要分为 8 个部分,其中第七部分"学校改进"(school improvement)系统地阐述了如何改进英国各级学校的办学质量。[①] 在白皮书中,英国政府提出了 19 条具体建议,特别指出要赋予校长与教师更多自主权,以改进教学中的秩序和课程等。白皮书否定了政府过去试图控制学校和加强对学校的绩效管理,认为这是错误的方法,唯一正确的途径就是还权于学校和教师。白皮书还就如何提升教师的专业能力提出了具体建议,决定选择全国最优秀的学校,建立教学学校(teaching school)和教学学校联盟,培训高质量的教师队伍,引领英国教学改进。

2011 年,为培养更好的教师队伍,英国教育部提出了"培养下一代卓越教师"(training our next generation of outstanding teachers)教育战略计划。英国教育大臣迈克尔·戈夫(Micheal Gove)明确表示:英国要建成世界最佳的教育体系,必须吸引优秀的人才来从教,并给予他们最好的培训。他同时指出了英国教师培训的问题:"英国有许多杰出的教师,英国的教师培训在世界上最好的机构进行,但是作为用人单位的学校却没有多少话语权。目前英国的教师培训对教学方法关注不够(比如行为管理和有效教学),英国的拨款制度没有起到激励的作用,拨款机制必须改革。"[②]在最后的方案中,英国政府针对提出的问题列出了一系列改革的举措,其中包括由学校主导的教师入职教育(school-direct ITE)、加强教师实践教学的听课指导等。

[①] Department for Education. The Importance of Teaching:The Schools White Paper 2010[M]. London:The Stationery Office Limited,2010:73 - 75.

[②] Department for Education. Training Our Next Generation of Outstanding Teachers:An Improvement Strategy for Discussion[M]. London:Department for Education,2011:2 - 4.

（二）撤销职教教师专业标准，实行教师自主专业发展

2011年，英国终身学习委员会和英国标准审查委员会被撤销，由英国学习与技能服务中心(LSIS)和学习研究所(IFL)代替并承担其相应职能。

2012年，英国继续教育机构成立专家组，对职教教师专业标准进行评估和调查，随后发布《劳德·菲林德关于英国继续教育领域教师专业化报告》(*Lord Lingfield's Independent Review of Professionalism in Further Education*)。这一调查报告的结论是：由于外部的强烈干预和监管制度，英国职教教师的专业化正在被不断弱化，因此建议让学院自主实行职教教师专业发展。随着报告的发布，2013年9月，英国商业、创新与技能部决定废除2007年以来实施的QTLS，同时，作为服务教师发展的机构LSIS也被废除。

随着职教教师专业标准被撤销，英国职教教师专业化成为职业学院自己的事情，许多学院在没有新标准的情况下，依旧沿用过去的标准和证书制度。为加强对职教教师专业化的指导，英国成立了新的教师专业机构——教育与培训基金会(SET)，专门负责职教教师的专业发展。

2012年，标准取消后，英国继续教育领域各界反响不一。在此背景下，英国教育与培训基金委员会决定制定一个新的标准，作为引领教师专业发展的新依据，即2014年颁布的《教师和教育培训者的专业标准》(*Professional Standards for Teachers and Trainers in Education and Training England*)。该标准共20条要求，明确提出职教教师要成为"双专业"主义者和反思实践者，大大简化了过去繁杂且不利于操作的标准内容，详见第三章表3-7。

（三）研制新的劳动力战略

为继续加大劳动力投资，2014年，英国商业、创新与技能部颁布了《继续教育劳动力战略》(*Further Education Workforce Strategy*)。该战略规划对英国职业技术教育的师资发展提出了具体、明确的方案和实施计划。其中，方案内容包括5个部分：英国继续教育的核心优势、继续教育的主要挑战（五大挑战）、继续教育的目标、行动计划（四大优先项目）以及战略展望。该战略对英国面临的全球竞争环境和新的经济需求作出了科学判断，认识到职业教育劳动力的重要性。方案明确了职教师资队伍的定位是"数量充足、质量卓越、专

业化"。为落实目标,战略提出了具体的实施计划,如表2-13所示。①

从目标设定看,专业化的教师和高质量的师资队伍始终是其战略重点。具体的实施计划紧紧围绕如何加强对教师的教育和培养展开。2006年强调从招聘到后期的专业培训等10个计划,就是为保障招聘来的最优秀的人同时能够成为最专业的教师。2014年的战略目标是打造一支卓越的职教师资队伍,而所谓的卓越或专业化,其本质就是"双专业"的要求。

表2-13 英国职教高质量、专业化师资队伍的实施计划

计划内容	负责机构
以20000英镑奖学金吸引新的拥有相关学位的大学毕业生任教英语和数学,以及专门为有特殊教育需要(SEND:special education need)的学生教学的教师(2013/2014—2014/2015)	商业、创新与技能部 国家教学和领导学院(NCTL)
在那些经测试具有较高技能和意向成为教师,但英语和数学知识与技能方面需要强化的合格毕业生开始ITE之前实施学科知识提升计划	商业、创新与技能部 国家教学和领导学院(NCTL)
颁布新的教师与培训者专业标准	教育与培训基金会
颁布招聘的激励方案(2013/2014);20000英镑奖励那些招聘了专业的数学毕业生教师的雇主,30000英镑奖励那些能够在附近学院分享其教学专业知识的教师	教育与培训基金会
为那些能够为有特殊需要的学生教学的教师提供补助	教育部 卓越教师培训中心委员会
为进行创新及有效开展学科(包括数学、英语)和特殊专业学科教学的卓越教师培训中心提供拨款	商业、创新与技能部 卓越教师培训中心委员会
设立基金:专门支持在职教师通过培训提升数学教学能力,激励更多教师参与(2013/2014)	教育与培训基金会
开展行动研究来提升教师ITE标准	教育与培训基金会

---

① Department for Business Innovation and Skills. Further Education Workforce Strategy: The Goverment's strategy to support workforce excellence in further education[EB/OL]. (2014-07-18)[2021-06-13]. https://www.gov.uk/government/publications/further-education-workforce-strategy.

四、作为"宠儿"的知识与社会学分析

之所以把教师描述为"宠儿",是因为这一时期英国政府始终把职教教师置于战略发展重点的位置进行干预。从英国的实践看,职教教师"宠儿"的身份经历了从外在制度化回归内在自主化的过程。一开始,"宠儿"的身份让教师陷入两难的境地,教师被制度化和标准化的政策所捆绑;2010 年后,政府发现政策并不是万能良药,英国职教教师因此回归到自主化发展状态。

(一) 作为"宠儿"的社会背景分析

首先,新工党作为人民政党的政治理念是基础。英国工党自 1900 年诞生以来,其基本的政治理念就是争取劳动大众和代表工会的利益,秉持社会公平、平等和正义的原则。在整个 20 世纪不长的 23 年执政期间,新工党的一系列政策给英国社会和民众留下了深刻的印象,包括国家健康服务政策、人人享受退休金制度、提高大学和高等教育退休年龄、开设国家开放大学、实施最低工资制度、设立种族歧视法等,这些都是 20 世纪以来英国工党政府给社会民众留下的宝贵遗产,也造就了英国高福利国家制度的形成。从某种意义上讲,在英国经历了 18 年撒切尔的市场化绩效和竞争教育治理之后,新工党积极投资教育和重视终身教育的举措象征着社会公平和正义原则的回归,对英国民众而言也是一种福音。由此可见,职教教师成为"宠儿"在政治上有了理念基础。

其次,20 世纪 90 年代末,整个世界朝着终身学习和知识经济时代迈进,在这样一个时代,人力被称为智力资本,这一点不仅反映在全球经济转型升级对高技能人才的迫切需求上,更反映在英国失业率高、高端人才供应不足的现实状况上。如何提升人力资本的地位,发挥人才的优势?投资技能的培训者教师是关键。事实上,布莱尔政府的政策明确表明:教育是推进经济繁荣、社会包容和青年人就业的"钥匙"。

最后,人力资本理论回归。人力资本理论的基本假设是:通过对人才和教育培训的投资,在经济上将得到更大回报。这充分体现在英国新工党执政阶段。2002 年,教育与技能部发布的《传递结果:面向 2006 年的战略》提出:到 2010 年,90% 的年轻人应在 22 岁之前参加过有助于其接受高等教育或拥有就业技能的系统项目。该白皮书中关于 16—19 岁阶段的教育内容

成为重中之重,是 16 岁前教育和高等教育的总和,这是新工党在结束第一届执政后对教育关注的一次转向。在 2001 年前,政府更为关注中等教育阶段的学习者;在 2001 年后,新工党试图重点解决 16 岁以上学习者的技能提升。在 2006 年,政府又颁布了《英格兰继续教育部门劳动力战略(2007—2012)》,专门针对职教教师提出"四大优先",2014 年颁布英格兰《继续教育劳动力战略》。作为劳动力的最大资源,教师变成英国政府的投资对象,成为"宠儿"也就顺其自然。

(二)作为"宠儿"的本质回归

教师职业的专业属性已经在 1966 年得到了联合国教科文组织的确认,但是关于教师职业的专业性仍存在争议。相关学者认为作为一种专业,应该包括专业组织、系统的教育培训、专门的知识、专业自主等,其中专业自主被认为是关键。自主意味着主体自我的完整与价值性存在,不是形式化与工具性存在。显然,教师自主不是一蹴而就之事,是需要个体争取且不断追求来获得的。也就是说,自主作为一种理想的存在,需要经历工具化的实践过程,同时离不开一套"标准化的框架"(各国颁布的标准)作为"脚手架"。

自主意味着在专业实践中,教师对知识具有决定作用,而不是什么知识都由国家课程和标准决定和控制。因此,在民主社会,教育目标需要公众参与讨论。此外,教师教育者应该确保教师在规划教师教育中的话语权。[①] 虽然在现代国家和专家掌握权力的时代,这很难做到;教师要真正获得话语权并被认可,必须拥有某一工作场所的统治者角色。当然,教师自主不能仅仅依靠外界给予机会,教师必须使自主的专业知识合法化,通过更多的实践研究使自己的专业知识被认可。

教师必须成为研究者才能确保自主性专业实践。没有探究和分析,教师只能作为技术人存在,教学只能是被动输送知识的重复性过程,效果很难得到保证。要实现专业自主,教师不能让教育专家来控制知识的生产,必须成为自我发展主体。实际上,20 世纪 70 年代,英国教育学者劳伦斯·斯腾豪斯(Lawrence Stenhouse)提出的"教师成为研究者"(teacher as a researcher)已经为我们提供了可借鉴的经验。从职业教育的本质和教师实

---

① Sue Brindley. Teacher Education Futures: Compliance, Critique, or Compromise? A UK Perspective [J]. Teacher Development, 2013, 17(3):406.

践工作的特点来看，职教教师要想成为研究者，必须加强对实践的关注，深入企业去获得个人化的知识（也称为"实践知识"），只有掌握了丰富的个人化知识，教师才能对知识拥有话语权。更重要的是，作为研究者的职教教师，还必须学会如何使这种个人化知识成为"合法化的专业知识"。英国职教教师标准化发展的轨迹印证了自主化的教师专业本质的必要性，这是教师专业发展实践经验的升华。

第四节　英国职教教师教育的经验总结

综观19世纪至21世纪的发展历程，我们可以这样总结英国职教教师的发展经验：(1)教师实践从关注校外转向内外结合；(2)教师角色从边缘化走向中心；(3)教师身份从技术工匠转变为"双专业"人员；(4)教师成长从依靠政府和市场走向自主专业发展；(5)教师教育从零散走向规范。

一、教师实践：从校外转向内外结合

从19世纪至今，如果要谈对英国职教教师的印象，很多人的第一反应是这些教师来自工厂的技术工人和专业技术人员。19世纪初的夜校教师主要由白天结束工作的技术工人来担任，这比较符合英国传统对职业技术教育的认知。即便是今天，我们依旧可以发现，在英国有许多具有丰富的行业和职业工作经验的专业教师，但他们并没有取得合格的教师资格证书，可见这的确是英国职教教师的一种传统。但是，这种传统随着1944年英国职业教育的国家化而慢慢发生改变。我们可能会发现，整个20世纪90年代之前，很少有关于英国职教教师培训的介绍，英国学者和我国学者在相关研究中一再确认这一点。

"二战"后，英国成立的四个职教师资培训中心培训了大量的教师，并且形成了以实践为导向的职教教师培训课程。1972年《詹姆斯报告》发布后，英国形成了独具特色的以在职进修为主导的教师入职教育模式，今天英国职教教师的培训基本都是按照这一模式在推进的。1984年，英国教育部设立CATE，旨在加强对职教教师培训质量的认证，强化大学与学校"合作伙伴关系"的建

立,同时创新地提出了学校本位的教师教育新模式。英国政府于1986年颁布国家职业资格(NVQ),1992年出台普通国家职业资格(GNVQ)后,能力本位的师资培训和发展成为英国职教教师发展的新方向。2001年,英国教育与技能部要求所有职教教师必须获得教师资格证书。政府通过老教师在职学习和新教师入职培训的形式,让所有教师具有合格教师证书。从此,英国职教教师不仅成为行家里手,更成为教学能手。

虽然英国于2012年取消了强制性教师入职资格证书制度,但据英国职业学院院长和教师反映,各学院依旧在自主开展教师入职教育,英国政府依旧通过外部审查的方式对英国教师教育质量进行审核和监督。英国职教教师从过去注重校外的经验转向如今加强校内的教学,不仅反映了教师教育的科学性和专业性发展,也彰显了职教教师"双专业"的本质属性。

二、教师角色:从边缘走向中心

19世纪前的学徒制时代,英国职教教师作为工匠和师傅存在于技术和作坊车间,与教育没有什么直接的关系。19世纪后,英国出现的"导生制"以及专门培训技术技能知识的机械工人讲习所,让英国教师的独立身份得以呈现。1905年,英国成立技术学院教师联盟(Association of Teacher in Technical Institution,简称ATTI),这是第一次以职教教师的名义发起的联盟,但当时建立教师联盟的初衷不是对教学方法和理论进行交流培训,而是在地方和国家政府层面更好地宣传职业教育。在20世纪之前,英国政府对职教教师的关注几乎为零。

1944年后,英国政府在不同阶段关注到了职教教师发展的问题。特别是"二战"后,1946—1957年,在军人转业应急培训实践中共建立了四个职教师培训中心,培训了大量服务于职业技术学校的教师,这是英国职教教师发展的一件大事。1992年后,随着市场机制在英国职业教育领域的推进,英国职教教师与学院之间的和谐关系被打破,英国职教教师的边缘化身份引起社会的关注和不满。

1997年,新工党上台,布莱尔政府对职教教师强制性实施入职资格培训制度,这开启了英国职教教师发展的新时代。从1999年的《FENTO标准》、2001年的强制性FE教师资格证书制度、2004年的LLUK专业组织、2006年的劳动力战略、2007年的《LLUK标准》、2010年的《教学的重要性》以及2014年的《教师和教育培训者的专业标准》和《继续教育劳动力战略》可知，英国历届政府对职业技术教育给予了极大的关注，并专门出台了一系列白皮书和劳动力战略，对职教教师问题进行回应。

目前，英国Ofsted定期发布关于职业教育的检查报告，包括对职教教师教育质量的报告。对不达标的学校，英国政府将实施整改干预、停止相关拨款等绩效手段。这一切都预示着，职教教师已经从边缘化走向英国政治生活的中心。

三、教师身份：从技术工匠转变为"双专业"专家

英国职教教师专业化主要体现在两个方面：一是从专业的发展过程而言，英国职教教师经历了从专业身份的迷失、专业发展的标准化、专业发展的自主化到"双专业"身份的确定，实现了专业理念上的本质回归；二是从专业的发展内容而言，包括教师培养课程、教师培养机构、教师培养目标和教师培养质量的认证四个方面。

首先，从教师培养课程看，职教教师课程从无到有，从固化的四类课程发展到多元化、多层次、可选择的学位与证书课程设计。其次，从教师培养机构看，英国在20世纪40年代就明确了由技术教育学院负责职教教师培养培训，20世纪80年代建立了大学和FE学院合作培养职教教师的机制，如今又形成了FE学院和大学共同主导，认证机构、行业协会等利益相关者共同合作培养的局面。再次，从教师培养目标看，英国通过建设专业标准，已经明确了职教教师"双专业反思实践者"的目标要求。最后，从教师培养质量的认证看，英国政府和教师协会组织建立了专门化的职教教师培养质量保障机构和机制（20世纪80年代的CATE，90年代的TTA和Ofsted，21世纪的LSC、IFL、LSIS和SET等），职业学院内部还建立了一系列基于目标与结果达成的教师专业发展制度（同行评价、雇主满意度、教学诊断、教师发展周等）。

2014年，英国颁布新的职教教师标准，明确了职教教师的"双专业"定位，这成为未来职业教育师资建设和发展的方向。为了实现教师的"双专业"，新政府于2014年推出了《继续教育劳动力战略》，专门就如何推进教师教学专业的升级与培训制定了一系列行动。应该说，"双专业"目标将成为英国职教教

师发展新的代名词。

四、教师发展：从政府管控回归自主发展

从发展历程看，英国职教教师的发展离不开政府的关注和政策的推动，也离不开市场对劳动力发展的需求。但是，职教教师作为一种专业身份，最终的发展依旧要遵从专业本身的规律，走向自主化是职教教师发展的必然。

19世纪初至"二战"前，英国职教教师的发展完全处于自发状态，这种自发的发展是历史的选择，也是英国文化的反映。传统上，英国一直把教育当作民间自主的事情，国家奉行不干预的政策主张，这在客观上造就了英国职教教师边缘化的命运。但是，从本质上看，这既是英国技术文化嵌入工厂大工业生产组织结构的反映，是职教教师自身属性和本质的要求，也是技术作为一种生产性要素存在的本质可能。

"二战"后至1997年，英国职教教师消失在"政府"和"市场"两只手下。这引起了我们的思考：职业教育本身的定位是什么？是技术还是教育，抑或是技术和教育的融合？这个问题在整个世界一直存在争议，就连当前我国中等职业教育的办学定位也依旧在职业性与学术性之间摇摆不定。显然，在英国的历史发展过程中，职业技术教育的发展到底是应该以技术为中心还是以教育为主，至少在20世纪90年代前都没有清晰的目标，这也导致英国职教教师被政府和市场所忽略。

21世纪后，在全球化竞争和终身学习理念的背景下，市场需要高质量技能劳动力，而这离不开职教教师的参与。为了提高国民整体素质，推进青年人高质量就业，英国政府把职业教育作为技能提升的主要手段，加强政策干预；特别是新工党提出的提高教育质量、加强标准建设的目标，对英国职教教育和教师发展产生了重大影响。在政府对技能的高度关注和干预下，英国职教教师成为政府的"宠儿"。但是，这是否意味着他们变得更自主与幸福，仍有待进一步的考察。

五、教师教育：从零散走向规范

英国职教教师的实践过程包括："二战"前，确立高职学院作为职教教师培训基地；"二战"后，形成包括通识、专业、英语及教学实践的课程体系；21世纪

后,确立 ITE 的法定资格,并实施对教师教育的评估和检查。总体而言,英国职教教师教育从零散逐步走向规范。

首先,在教师培养基地方面,英国最终选择了高等职业技术学院作为专门的师资培训基地。英国相关部门通过采取让诺丁汉大学试点的实证方法,最终放弃选择大学作为职教教师培训场所,其理由不仅充分,而且务实。英国的经验告诉我们,大学没有技术的环境,没有天然的与商业机构和行业深入合作的关系,没有行业和企业的经验型师资,其长时间系统培养课程不适合职教教师自身的特点,最重要的是大学那种注重学术的培养方法会给职教教师带来心理上的恐惧。英国这种基于实证的经验发现,对我们建设职业教育师资队伍而言,显然是一笔实践方面的精神财富。

其次,在教师培养课程方面,"二战"后英国就形成了针对不同类型教师的课程安排,包括一般教学法、专业教学法、英语和教学实习,另外还有参观公司和关于教育与行业发展的报告等灵活的课程。① 21 世纪以后,英国政府通过颁布职教教师资格证书制度,形成了基于能力的资格课程体系。从 2001 年的三级证书课程到 2007 年的包括五级的教育学士学位和专业文凭的实践做法,英国政府对不同的教师资格进行了不同的制度设计和安排。

再次,在教师的 ITE 培训方面,英国政府的做法有许多亮点:一是实施 ITE 的逻辑前提是这些教师都只是具有行业和企业经验者,没有教学经验;二是实施 ITE 由职业学院来主导和开展;三是针对不同的教师对象,安排多种类型的教师资格证书,教师可以选择不同类型的课程和证书进行学习;四是通过听课评估来确定教师是否胜任,标准基于结果(满意或不满意)。应该说,英国的上述做法体现了教学的实践本质、职教教师的行业性特点、职业能力的可测量性原则,这种方式具有务实的品质。

最后,在教师教育的质量方面,英国也为我们提供了具有文化和历史感的设计。第一,英国人认为,职教教师应该是商业或行业机构的技术员和工匠,以及大学机构的拥有专业文凭的毕业生,技术员和工匠通过职业资格证书来表征自己的价值和存在,大学生则是具有专门学科领域知识的专业人员。第

---

① K. Gomoluch, B. Bailey. Training Teacher for Further and Technical Education: Staff Perceptions of Changing Demands and Policies at Bolton from 1950 to 1988 [J]. Journal of Vocational Education and Training,2010(2):144.

二,英国人对来自行业或大学的专业人员进行教学实践方面的训练,强调通过实践性教育学使他们成为合格教师。第三,为了使教学实践的培训具有高质量,英国政府颁布职教教师专业标准,建立外部评估机制,定期检查审核负责培训的机构和接受培训的学员,并对不合格的机构予以撤销资格、减少培训名额。英国政府从教师来源、教师培训、教师教育过程监督及改进等方面进行系统化的质量保障实践,对我们建立科学的职教教师教育质量体系具有重要的参考意义。

六、经验反思:英国职教教师的当下

从英国职教教师发展的历史进程和现实实践看,基本可以发现英国职教教师教育已经形成了具有自身特色的实践模式,包括"双专业"的目标定位、职后的入职教师培训、学分资格的培养课程、学院自主培养模式以及不断强化的外部督导和检查制度。仅从设计而言,英国向我们展示了一幅美妙的职教教师发展图景。但由于我们并不清楚其内部本质、实践过程、效果反映及其未来走向等,因此基于英国职教教师教育的目标、课程、模式和评价等具体的实践过程和效果反映仍有待深入研究和探讨。

本 章 小 结

1821年,英国第一所传授技术和职业教育课程的机械工人讲习所在爱丁堡建立。到21世纪的今天,英国职业教育与教师教育经历了从边缘化到中心的复杂历程。作为职业教育的关键角色,教师在不同时期展现了"弃儿""孤儿"和"宠儿"三种不同样态,这三种样态反映了英国职业技术教育在历史中的地位,彰显了英国政府和社会对待职教教师的立场,这种身份的转变为我们理解和认识英国职业教育和教师提供了重要的历史画面和有价值的素材。

本章从教师实践、角色、身份、发展、教育等五个维度总结英国职教教师的发展历程,包括:教师实践从关注校外技术知识转向关注教学实践知识,教师角色从边缘化走向政策中心,教师身份从技术工匠转变为"双专业"人员,教师

发展从靠政府、市场回归到自主发展,教师教育形成了专门机构、强调实践的课程、入职教育与职后学习、独立第三方质量评估机制等。应该说,英国职教教师的现实看起来很美好。

那么,顶着"宠儿"头衔的英国职教教师是否如大家想象的那么风光?英国职教教师教育的当下现实是怎样的?英国社会各界是否对目前的职教教师教育感到满意?这一切依旧未知。

第三章

英国职教教师的培养目标："双专业"专家

我们到底要培养怎样的职教教师,以及如何培养这样的教师,是事关职教教师发展的目标定位和实践策略的重要问题。2001年,布莱尔政府强制实施新入职教师教育(ITE),这标志着英国职教教师的"双专业"建设在政策实践中正式启动。2014年,英国政府通过专业机构——教育与培训基金会颁布的《教师和教育培训者的专业标准》明确了"双专业"定位。为什么英国政府要在进入21世纪后推进"双专业"建设,并以标准的形式明确"双专业"定位?基于"双专业"教师ITE实施情况如何,其效果怎样?本章将围绕上述问题展开讨论和分析。

第一节 "双专业"提出的背景分析

一、国际教师专业化运动的推动

首先,提出"双专业"是世界教师专业化发展的要求。1966年,联合国教科文组织明确宣布"教学作为一种专业",这成为全世界加强教师专业化发展的风向标。1966年,国际劳工组织和联合国教科文组织提出《关于教师地位的建议》,首次以官方文件形式对教师专业化作出明确的说明。它指出:"应把教育工作视为专门的职业,这种职业要求教师经过严格的、持续的学习,获得并保持专门的知识和特别的技术。"①实际上,不仅仅联合国教科文组织要求将教师作为专门的职业,全世界各国都纷纷出台和制定相关政策或法律要求教师专业化发展。为了加强教师的专业化建设,英国颁布了教师专业标准,以保障教师的专业性,促进教师专业化发展。20世纪90年代,英国就制定了针对普通中学教师的合格专业标准。1999年,英国颁布了《FENTO标准》,这标志

---

① 教育部师范教育司.教师专业化的理论与实践[M].北京:人民教育出版社,2003:3.

着英国职教教师"双专业"在文本上的确定。

其次,"双专业"目标是英国职教教师历史与实践的选择。从英国职业技术教育发展历史看,职教教师大多是技术工人和工匠,他们一直被认为是"匠"而非"师"。"二战"后,英国建立了四所职教教师培训中心,开展对实践教学方法和教学理论的培训,这是职教教师从"匠"的身份向"师"的身份转变的重要实践。在终身学习理念和教师专业化的推动下,英国政府最终要求职教教师取得教师资格,这是对传统英国职教教师专业化的新要求,也是时代发展对教师角色的要求。1944 年后,通过 ETS 项目对职教教师进行培训只具有象征意义,没有从根本上让英国职教教师走上专业化的道路。1992 年,英国颁布的《继续教育与高等教育法》把继续教育推向市场,这让英国职教教师的专业化声誉受到严重质疑。1997 年,代表工人和平民阶层利益的工党政府上台后,为了提高教育质量,在颁布了职教教师标准后,决定从 2001 年起对职教教师强制执行新入职教师教育(ITE),要求所有来自继续教育领域的教师必须取得教师资格,这标志着英国职教教师由过去的单一职业或学科背景转变为具有双专业或资格的专业人员。因此,从这个过程看,英国职教教师一直在接受"双专业"的培训和教育。

虽然在 2001 年后,英国的"双专业"者越来越多,但这种政策安排和设计并没有从根本上改变英国职教教师非"双专业"身份的现实。现实中,英国的"双专业"实践并不顺利,并且饱受外界批判和质疑。比如 2003 年,英国教育标准办公室对继续教育教师官方评估结果表示非常不满,这直接导致了《FENTO 标准》的废除。斯蒂芬·博尔(Stephen Ball)在《教师的灵魂与恐怖的表演》(*The Teacher's Soul and the Terrors of Performativity*)中生动地描绘了英国教育改革对教师专业发展的影响,指出"教育政策似乎要把教师驱赶到越来越多的管理和表演形式中去"。[①] 同样,在针对 2007 年英国职教教师资格标准实践的检查评估中,教育标准办公室的数据显示:平均 80% 的教师认为培训项目对自身有相当大的帮助,在帮助教师获得职教证书的同时,也注重教师理论与实际操作的结合,但也有小部分教师因未完成必需学时而未能获得资格证书(全国范围内,CTLLS 培

---

① Stephen J. Ball. The Teacher's Soul and the Terrors of Performativity [J]. Journal of Education Policy,2003,18(3):217-218.

训的不合格率为 20%，DTLLS 培训的不合格率为 33%）。①

　　导致上述问题的原因显然是复杂的。比如，参与培训项目的教师普遍表示课程对教师教学经历和专业技能的评估不到位，使部分专业技能强、教学技巧弱的教师提升受阻。教师个人职业发展规划在项目中体现得也不到位，多数教师在参与培训时没有设定明确的目标，这导致培训质量大打折扣。

　　面对上述问题，英国政府没有放弃专业化的目标，而是采取了新的策略。2010 年 7 月，英国教育大臣迈克尔·戈夫宣布英国的职前教师教育（pre-service teacher education）从高等教育机构回到学校。他认为，教学是一门技艺（a craft），教师培养的最好方式是作为一个学徒，教师通过观察资深教师的教学实践，获得更多学校的经验，是高质量的职前教师教育之必需。② 2012 年，英国教育大臣要求提高教师教学实践能力，教师所在学校要发挥领导作用。因此，职业学院成为推进教师"双专业"的新阵地。

　　2014 年，英国政府通过教育与培训基金会颁布新的标准，标准开篇就明确提出职教教师要成为"双专业"专家（学科或职业专家，同时要成为教学专家）。由此可见，在确认职教教师"双专业"定位的过程中，英国政府所关注的不仅仅是"双专业"目标本身，还包括"双专业"目标的实施路径。

二、适应全球竞争和人力资源开发的要求

　　进入 21 世纪后，英国技能人才面临更严峻的挑战，技能短缺问题一直没有得到很好的解决。为加强人力资源开发，培养大批高技能人才，布莱尔政府把提高教育质量和强化教师标准建设作为提升国家技能的根本途径，职教教师"双专业"要求正是布莱尔政府技能战略在教师发展方面的反映。从最新数据来看，技能短缺和高技能人才需求并存，这对未来英国职业教育人才培养和教师能力建设等提出了严峻的挑战。

　　2013 年，英国就业和技能委员会（UK Commission for Employment and Skills，简称 UKCES）对 91000 家企业进行调查后发现，有五分之一的技能短缺

---

　　① Ofsted Raising Standards. The Initial Training of Further Education and Skills Teachers［EB/OL］.（2012 - 11 - 01）［2021 - 06 - 13］. https://www.ofsted.gov.uk/resources/120297.
　　② Olwen McNamara, Jean Murray, Marion Jones. Workplace Learning in Teacher Education: International Practice and Policy［M］. New York, Heidelberg, Dordrecht and London: Springer Press, 2013: 187.

问题是因为工作人员个体技能不足。2013年,因劳动者个体技能短缺所导致的职位空缺增加了54800个。近几年,英国经济虽然有所复苏,但技能短缺问题一点也没有缓解。英国国家统计局调研发现,2013年是英国经济增长率自2007年后最高的一年,但也仅仅为1.9%。在这样的背景下,选择短缺技能的年轻人不仅没有增加,反而减少了。英国很少有学生愿意从事工程技术类专业,其中女生的意愿较男生更低。2014年,英国就业和技能委员会指出,"个体技能不足引起的职位闲置"从2009年的16%攀升至2013年的22%。[1]

2014年9月,英国就业和技能委员会与大学理事会联合发布《打造未来:通过大学与雇主间的合作培养高层次技能》的政策报告。报告指出,2020年后,对高层次技能岗位的需求将越来越迫切,预计达到200万,其中包括五分之一由于技能短缺而闲置的岗位,相关岗位已经无法招聘到合适的专业人员。[2] 个体技能的短缺,导致每年英国各行业的人才出现不同程度的短缺。其主要原因是青年人更青睐大学,而大学毕业生与真正短缺的技能岗位之间并不匹配,从而导致大量的人才浪费。由此可见,如果不改变思想和观念,英国的技能短缺问题将变得越来越严重。

威尔逊(Wilson)的统计显示,2016年,英国总就业人口为3140万,其中全职就业的为58%,兼职的为28%,个体经营户为14%。预计2014—2024年,英国总就业人口将增加180万,其中兼职就业人口(100万)将超过全职就业人口(80万)。[3] 2014年,博斯沃斯(Boswoth)对英国技能人才需求比重和数量进行预测后发现,2012—2020年,成年人就业的技能水平将发生重大变化,有420万成年人要达到4级以上技能水平,4级以下的技能人才比重将明显降低,[4]如表3-1所示。

根据2016年威尔逊关于2014—2024年英国劳动力市场需求对资格水平要求的统计情况来看,4级以下的低技能水平劳动者将面临生存挑战,如表

---

[1] 宋雁,秦发盈.技能短缺背景下英国继续教育学院的功能[J].河北大学成人教育学院学报,2015,17(1):97.
[2] 李玉静.英国发布《打造未来:通过大学与雇主间的合作培养高层次技能》政策报告[J].职业技术教育,2014(30):16.
[3] Mike Cambell. The UK's Skills Mix: Current Trends and Future Needs[R]. London: Government Office for Science, 2016:16.
[4] 同[3]:11.

3-2 所示。① 这意味着英国不仅需要提升劳动力的基础技能,更需要培养高层次技能人才队伍。

表 3-1　UK 成年人口(16 岁以上)资格匹配情况(2001—2020 年)

资格水平	2001 年		2012 年		2020 年	
	数量（百万）	百分比（%）	数量（百万）	百分比（%）	数量（百万）	百分比（%）
Level 4 及以上	9.1	25.7	14.2	37.1	18.4	46.7
Level 3	6.8	19.4	7.4	19.4	6.8	17.5
Level 2	7.2	20.3	7.5	19.7	7.1	18.2
Level 2 以下	12.4	34.8	9.1	23.9	6.9	17.7

说明:2 级等同于 GCSE 的 A—C,3 级是英国的 A level,4 级是英国的学位。

表 3-2　英国劳动力市场需求对资格水平要求(2014—2024 年)

资格水平	2024 年比重(%)	变化(%)
Level 7—8	12	+30
Level 4—6	43	+42
Level 3	18	-6
Level 2	18	-7
None / Level 1	11	-41

三、"技术升级"和"创新教学"的时代倒逼

在以知识经济和数字化为标志的工业 4.0 时代,知识的不可靠性明显增强,职业教育的人才培养目标和教学理念正在发生根本性的变化,传统的教学方式已难以适应现代职业教育人才培养的要求,亟待创新和转型。

社会学研究表明,社会生活和知识之间有两种相互连接的方式。一方面,人参与某些社会系统及其行为一般以其特定的知识系统为依据。只有受过"教育"或精通某些理论的人,才被允许扮演一定角色,成为某些群体的成员,此群体不欢迎"无知者"。另一方面,人参与的某个社会系统一般取决于其知识系统及参与方式。比如,某人若想从事专业性职业,必须依据社会规则和法

---

① Mike Cambell. The UK's Skills Mix: Current Trends and Future Needs[R]. London: Government Office for Science, 2016:20.

规,具备那些职业所必需的知识。① 不管是早期的工匠,还是近代工业革命后工厂的专业技术人员,都是那一时期社会系统的重要角色。按照社会生活与知识之间的逻辑关系,早期的英国职业教育,无论是学徒制时期还是技术学校建立之后,工匠、技术人员等作为承担工艺和技术传承的社会角色,都应当具备特定的知识,否则就难以胜任其社会职位和角色扮演。

(一) 精于工艺知识:作为工匠角色的存在基础

在我国的知识体系中,通常可分为两类知识:一是以文字符号为载体的知识,二是以行为或非文字记录等其他方式表征的知识。手工业时期的传统手工技艺就属于第二类知识,包括手工艺实践过程中需要的材料、工艺、形态等专门知识和器物的选择、使用、维护等社会生活常识。② 比如:一个猎人指导新人捕猎物所必须做的一切,包括野兽、捕猎工具、可能影响的自然因素等;一位印第安妇女的家务技能,包括她所收集的大量植物和有关缝纫、烹饪、编织、纺织、搭帐篷的材料和器具方面的知识。上述这些知识都属于工艺知识,特点之一就是实用。显然,工艺知识的使用都在特定的职业情境之中,其表现也多处于特定情境之中。此外,工艺知识一般都有固有的实践模式。掌握其实践模式者实际上就是早期的师傅。在中世纪,师傅是行业中具有最高地位的人之一,行业则是这类知识的唯一"裁判官"。如何获得这类知识呢? 从历史实践来看,模仿是其根本途径。因此,历史上关于工艺知识的传授和学习更多地通过家庭父子、学徒制和作坊等完成。这种知识在社会发展过程中展示了其历史和文化价值,大量的传统手工艺品和手工艺术都是工艺知识存在的例证,这也是工业革命以前学徒制作为英国职业技术教育的主要形式存在的原因。

彼得·德鲁克(Peter Drucker)指出,在工业社会,人与产品分离,与工具之间也分离,劳动者自己无法生产产品,必须加入由人、机器和劳动工具组成的高度复杂的组织中。因此,个体的专门知识和技艺似乎不再富有价值。但是,德鲁克同时强调,传统艺术人员、工艺家和自由工作者完全能够依靠自己生产产品。③ 当然,这种艺术和工艺的存在必须是具有价值的。因此,对艺术类专业教师而言,如何保持自己的专精技艺是其存在价值的关键。

---

① 弗洛里安·兹纳涅茨基.知识人的社会角色[M].郑斌祥,译.南京:译林出版社,2012:6.
② 徐艺乙.手工艺的传统:对传统手工艺相关的知识体系的再认识[J].装饰,2011(8):54.
③ 彼得·德鲁克.新社会:对工业秩序的剖析[M].沈国华,译.上海:上海人民出版社,2002:6-7.

(二) 建构技术知识:作为技术专家角色的存在依托

关于技术和技术知识的探讨是职业教育的本源性问题,也是一个非常复杂的问题。与科学知识认识世界、理解世界和描述世界的立场不同,技术知识是改造世界和实践的产物,被视为一种行动的程序性和规范性知识,其目的在于解决实践过程中"做什么"和"怎样做"的问题。

有学者认为:传统技术知识更多是经验知识,是以经验形态存在的零散的知识,具有个体性和实践性;而现代科学知识则更多是理论形态的知识,具有客观性和社会性。有人用另一种方式表达,认为技术知识分为外显的知识和默会的知识。可以看出,技术知识和科学知识的表现形式大不相同。也就是说,技术知识既有理论形态又有经验形态,既有外显也存在内隐(默会)。有研究者把技术知识之于个体性延伸和技术知识之于社会性属性进行了分类,认为技术知识无法构成像科学知识那样统一的、严格按照内在逻辑关系展开的普遍知识体系,这并不是因为技术知识不够成熟,而是其本性使然,因为技术知识是在解决实践情境中的问题和生产变革的过程中的产物。

有学者把技术知识分为以下几个层次:(1)技术理论原理或技术科学;(2)技术规范;(3)技术项目的工作原理;(4)技术方案;(5)工艺流程;(6)操作规则;(7)诀窍与技能。第一个层次与科学知识联系密切,具有科学知识的普适性;第二个层次是一定社会条件下的约定,对受该规范制约的技术活动而言具有普适性;第三个层次进入具体项目,其工作原理的构思具有明显的特殊性;接下来的层次特殊性越来越强,直至难以言表。[①] 可以说,这些层次从上而下,技术知识的普遍性、明言性、社会性不断减弱,特殊性、难言性、个体性不断增强。技术知识的特征当然远远不止上述这些,但这些特征已经让现代教师面临着越来越大的挑战,没有足够技术知识和经验的教师已经很难胜任职业技术人才培养的重任。

如何应对技术升级发展的要求? 2007 年,英国政府明确要求教师除了获得 QTLS 之外,还必须获得每学年不少于 30 小时的继续专业发展学分,并定期去行业和企业了解市场需求和就业岗位变化情况。这种做法实际上就是在促使职教教师不断应对技术变革和发展选择,使课堂教学真正与市场需求对接。

---

① 邓波,贺凯.试论科学知识、技术知识与工程知识[J].自然辩证法研究,2007,23(10):44.

(三) 掌握数字技能(digital skills):工业4.0时代的教师可能性

当前,以工业4.0为特征的第四代工业革命已经到来,这是一次新的技术革命,对传统标准化技术和知识提出了严峻的挑战。2014年,德国人在汉诺威工业博览会上提出"工业4.0"概念,即第四次工业革命。他们认为在未来10至15年,以工业4.0为特征的制造业的整合将对全球产业产生巨大影响。这次工业革命将以物联网、大数据分析为技术基础,以软件为载体,通过网络、计算机技术、信息技术、软件与自动化技术的深度交织,实现信息技术与工业技术的高度融合。2016年10月,德国职教专家在"工业4.0时代的德国职业教育挑战"报告中指出,未来职业教育的课程必须是整合的课程,而不是单一封闭的课程。其言下之意是在告诫我们,面对信息化和智能化时代,必须具有综合运用技术和知识的能力,仅仅依靠传统的某个岗位的技术与知识,将难以在这个工作世界立足。

事实上,在工业4.0时代,企业生产实践正走向智能化,主要体现在以下几方面:一是智能工厂,即生产过程、生产系统智能化,生产设施实现网络化分布;二是智能生产,实现人机互动,3D技术广泛应用于工业生产过程;三是智能物流,通过互联网和物联网等整合物流资源。① 在这种生产体系中,技术、知识以数字化的方式被整合到生产体系中,人虽然还是工厂的工人,但已经以具有整合能力的形象存在。因此,缺乏综合素养的技术工人将越来越难以获得工作世界的认同,这对职教教师的能力和教学提出了较高的要求。

2016年,针对信息技术的挑战,英国技能部门专门对职业教育课程进行改革,不仅针对学生创设新的2年制专业课程(其核心课程就包括数字技能,数字技能将作为学生毕业与就业的基本要求),还把数字技能作为新时期教师的基本要求。就职教教师如何应对数字技术,英国明确提出了教师需要达到的几项数字技能要求:(1)开发新的课程,以应对发生在工作场所和专业领域的技术变革;(2)规划和管理混合学习的变革;(3)使用技术,支持学习者在各种场所学习;(4)使用技术,让学习者了解最新的变化的环境;(5)不断创新课程设计。② 显然,教师要想提升信息技术能力,不仅要学习技术知识,更要把信息

---

① 孟春青.高等职业教育如何应对"工业4.0"人才需求[J].教育探索,2015(8):49.
② Diana Laurillard, Jay Derrick, Martin Doel. Building Digital Skills in the Further Education Sector[R]. London: Government Office for Science, 2016:9-10.

技术整合到实践教学和学生的实践过程中,这样信息技术的价值才能得到真正的发挥。

第二节 "双专业"的本质内涵分析

一、历史分析:优先行业(职业)资格

2014年,英国教育与培训基金会颁布新的职教教师标准《教师和教育培训者的专业标准》,明确指出英国职教教师要具有"双专业"专家的身份,即不仅是职业或学科专家(vocational or subject staff),也是教学专家(pedagogical experts),他们必须致力于维持和发展这两个角色的专门知识,以确保学习者的学习卓有成效。[1]

如何理解英国教师专业标准提出的"双专业"的内涵及其意义?其中存在复杂的制度文化安排和教师的内在变革诉求。英国"双专业"教师的目标类似于我国"双师型"教师的定位。但是,英国的"双专业"与我国的"双师型"所强化和弥补的恰恰相反。英国试图通过"双专业"目标让来自行业和学科专业的教师掌握"如何教学的技能",而我国"双师型"除了要求新教师掌握教学法之外,更强调教师要完善自己的职业经历和企业经验。具体而言,英国"双专业"的内涵更为具体,且具有可操作性。

首先,"优先企业或行业资格"是职教教师准入制度传统。[2] 英国职教教师的制度设计与安排和世界主要发达国家很不一样。历史上,英国职教教师都由行业和企业的工匠担任,早期师傅带徒弟的做法一直延续到今天英国的现代学徒制体系。也就是说,来自行业或企业者是职业教育的优先考虑对象,至于有没有教师资格,这并不是职业学校关注的重点,这种文化延续至今。因此,英国学者认为,所谓的"双专业"是指英国FE教师既是专业的职业人,比

---

[1] The 2014 Professional Standard for Teachers and Trainers in England [EB/OL]. [2021-06-15]. https://set.et-foundation.co.uk/professionalism/professional-standards/.

[2] Jocelyn Robson. A Profession in Crisis:Status,Culture and Identity in the Further Education College [J]. Journal of Vocational Education and Training,1998,50(4):589.

如美容师、管道工、建筑师等,又是职业学校的教师。[①] 当然,这并不是说英国政府对教师资格不作要求,他们只是把行业资格作为前提条件。他们认为,教师资格是需要在学校的教学工作实践中获得的能力资格。

其次,"双专业"是对全体英国职教教师提出的要求。"双专业"的对象不仅包括职业学校的专业课教师,还包括数学、科学、英语等公共学科教师。当教师执教数学、科学或英语时,他既具有本学科的学位背景,又获得了教师资格证书。因此,英国人把一位合格的职教教师叫作"职业或学科专家"和"教学专家"。前者体现了教师的职业性和专业背景,后者则体现了其师范性本质。在这一点上,笔者认为,英国对教师的理解并不完全是我们所说的"三性"(技术性、学术性和师范性),而是在技术性和学术性上区别对待。也就是说,专业领域的教师具有技术资格或职业资格,再获得教师资格,就可以被认为是合格教师;而学科(比如英语、数学、计算机等)教师需要先获得学位和高等教育的文凭等,再通过教师资格的培训,才可成为合格的职教教师。英国将职业学科和专业学科专门区分开来,是非常符合英国的国家资格框架理念的——通过在同一个平台上对职业和学术路径的学习者给予等值认可,确保具有职业资格和学术背景者能够以统一的身份进入职业教育领域。因此,所谓的教师资格对英国职业领域的教师而言,只是其第二身份。在英国职业教育内部,教师职业经常被称为"第二职业"(a second career)。

英国政府明确职教教师"双专业"目标定位,对英国职教教师专业发展具有重要的意义和价值。一方面,它强调所有职教教师必须成为专业或职业专家;另一方面,它指出教师不能满足于自己专业知识领域专家的身份,还必须懂得把自己掌握的专业知识传授给学习者的要诀和实践方法论,即职教教师必须学会做教学专家。最重要的是,英国政府通过强制性ITE方法来推进这一目标。因此,"双专业"的提出在理念上可以改变英国职教教师长期以来只重视行业经验和专业知识的认识,提高他们对教学的认同;在实践上,可以让他们拥有教师的名分。

[①] James Avis, Roy Canning, Roy Fisher, et al. Vocational Education Teacher Training in Scotland and England: Policy and Practice[J]. Journal of Vocational Education and Training, 2011, 63(2): 123-124.

二、现实分析:职业资格与教学资格的冲突

毋庸置疑,英国的"双专业"理念具有重要价值,其优先职业资格、对教师资格进行在职教育的方式已经得到了各国的认同。我国一些发达地区如上海、浙江、江苏等也开始实施新入职教师培训。那么,英国"双专业"实践的现实情况是怎样的?其实施效果如何?本研究选取英国学者的调查实证报告来具体展示英国"双专业"实践的现实。在分析的过程中,本研究将借用莱夫和温格的"实践共同体"和"合法性边缘参与者"两个概念。

(一) 案例1:基于《FENTO标准》的ITE的"双师型"实践

背景:1999年,英国FENTO颁布职教教师国家标准,要求FE领域教师必须接受入职培训,达到标准所要求的能力资格水平。

样本:来自1999年英国FE学院的52位新入职培训教师(与普通中等学校教师不同,即将在FE学院任教的大部分人都未上过大学,而是在某一领域具有丰富经验和专门知识)。

年龄段:25岁以下有8人,25—35岁有22人,35岁以上有11人,36—45岁有7人,46—50岁有4人。

种族:涉及黑人、白人等。

他们参与的实践共同体的活动是怎样的呢?可以通过13位教师对自己某一天培训生活的记录来分析,如表3-3所示。

表3-3 教师在相关FE学院某一天的教学实践时长

课程类型	次数	累计时长	每次时长
全班课堂教学	15	36小时	0.5—4小时
团队教学	5	9小时	1.5—2小时
工作坊(语言、ICT、学习支持)	5	6小时	1—2小时
专题报告	3	5小时15分	1—3.25小时
总计	28	56小时15分	—

从表3-3我们可以发现:有些学员难以获得足够的教学时间,因为他们不得不听从学校的安排。数据表明,全班课堂教学占主导地位,占总时长的64%,而讲习班和专题辅导教学则仅占总时长的近20%。

关于接触同事或与同事交流,主要面向学院指派的导师或评估员、其他教

师等,具体结果如表 3-4 所示。

表 3-4 教师在相关 FE 学院某一天的交流时长

交流类型	次数	累计时长	每次时长
导师或评估员	6	5 小时 15 分	0.5—1.25 小时
午餐/间歇	4	3 小时 10 分	25—60 分
建议/讨论(其他教师)	4	1 小时 10 分	15—30 分
工作时聊天	1	15 分	15 分
总计	15	9 小时 50 分	—

1. 教师身份的合理性是否被剥夺

莱夫认为,实践共同体是指随着时间的推移,与其他实践社区有关的一系列人与活动、世界之间的关系。也就是说,实践者在参与一个活动系统时不仅要分享他们在做什么,还要分析参与这些活动对他们自己的生活和社区的价值。[①] 实践共同体的另外一个要素是"对话",对话中涉及语言使用、讲故事、共同体之间的知识分享与学习等,这些对学习的产生具有重要意义。

从表 3-4 我们只能发现,学员的主要联系人是他们的导师和评估员,这与莱夫和温格描述的与范围广泛的同事进行非正式接触可能并不相符。此外,13 名受访者中只有 4 人报告说在午餐或其他休息时间与同事们一起交流。学员们记录的感悟反映了这些新教师可能被当作外来人。

"有时我觉得我偷偷摸摸的。"

"即使我穿着时髦(smart)的衣服,我也被当作非工作人员似的盯着看。我必须拿出我的工作人员徽章,然后他们才和我说话。"[②]

还有学员表示,他们没有地位,有一种被剥削的感觉。

"我感觉自己像是欠薪的奴隶劳动者。我被要求为他们腾课。……"[③]

学员们发现他们得自己付费停车,而其他教师都被允许免费停车。他们觉得自己好像是实践共同体的边缘人。[④]

---

① Ann-Marie Bathmaker, James Avis. Becoming a Lecturer in Further Education in England: The Construction of Professional Identity and the Role of Communities of Practice[J]. Journal of Education for Teaching, 2005, 31(1):60.
② 同①:55.
③ 同上.
④ 同上.

2. 他们是否是"合法"的教师培训者

莱夫与温格认为,情境学习是非中心化的,学习存在边缘性参与,初学者能够处于学习情境的边缘进行合法的边缘性参与,而学习就是一种从边缘开始不断推进,逐步进入核心并深入参与的过程。"合法的边缘性参与"中的"合法"强调学习者参与实践共同体的真实必要的活动,享有学习资源的使用权;"边缘性"意味着相比全面参与者,初学者在时间、经历和责任上的要求更少;①"参与"意味着初学者应该在知识产生的情境中,与教师和同学讨论互动,进行学习。

在焦点小组讨论(focus group discussions)过程中,学员对现实的实践都持负面评价,他们把现在的学院讲师描述为不愿意接受改革的人,认为自己的参与和建议并没有得到肯定和采纳。

"当我对工作提出变革时,他们变得茫然不知所措。这是多余的想法,大量现有的工作人员被困在原地。他们已经在那里 20 年了,没有什么变化……"

学员普遍表示,FE 学院的讲师们对改革没有任何兴趣,他们已经习惯了传统,不想改变。

"他们对所有的文书工作(paperwork:备课、设计和计划等)感到沮丧,因为他们从来没有这样做过。你几乎看不到一个教学计划,他们只是把放在架子上的工具取下来,把它拿进教室。当变化来了,他们不知道该怎么做。如果他们必须做文书工作,如课程计划,他们会把它留在最后一分钟,并且一次又一次地回顾。"②

在这个案例实践中,除了上述一些问题之外,焦点小组还反馈了遇到的其他问题。一个有价值的结论是:作者认为"学员未能进行合法的边缘性参与,反而在实践共同体中被边缘化了,这不仅仅是因为他们在接触和靠近实践共同体的过程中遇到了困难,还因为他们所遇到的实践共同体的文化与他们预

---

① Ann-Marie Bathmaker, James Avis. Becoming a Lecturer in Further Education in England: The Construction of Professional Identity and the Role of Communities of Practice[J]. Journal of Education for Teaching,2005,31(1):51.

② 同①:59.

想的专业发展不匹配"。①

上述结论似乎证明,理念的"双专业"与实践的"双专业"还相差甚远。

(二) 案例2:基于2007年《LLUK标准》的ITE的"双专业"实践②

背景:2003年,英国Ofsted对FE领域教师教学能力评估表示"不满意";2007年,英国LLUK颁布终身学习领域教师专业标准,要求所有新教师获得FE领域三个教师资格的一种。

样本:从发出的2500份问卷中回收了409份,有195名来自FE学院的教师,其中21人(男性9人,女性12人)同意进行面对面交流,并持续在3—6周中每周撰写学习日志(weekly learning log),其中样本采用了6名受访者的日志。他们教授的课程包括管道、客户服务、零售、旅游、施工、工程技术、铺设地板、理发、心理学、英语和社会学、摄影、媒体制作、法语、艺术与设计、美体、IT、健康和社会关怀、育儿、ESOL和跳舞。

假设:FE学院的本质是教师员工自身学习的场所。

研究分为两个阶段。第一阶段是2007年中期对英国学习和技能部门在职培训教师进行问卷调查。调查数据包括:(1)受访者的合同情况;(2)他们教了多少年;(3)谁支付课程费用;(4)雇主是否给他们休假学习;(5)他们是否有导师;(6)他们对自身经验的满意程度。调查还要求受访者说明他们是否乐意参与任何后续研究。随后在2008年初接触30位FE学院教师进行第二阶段的研究。

基本情况:职教教师合同、工作经验、学费、时间和导师分配。关于英国LSC与FE学院教师ITE的背景数据如表3-5所示。

---

① The stories that the trainees told of their experience suggest that the major changes which have taken place in Further Education in England over the past decade have left many experienced lecturers demoralised and overstretched, as a result of the intensification of work and increased insecurity associated with change, particularly in relation to conditions of service in FE. This is happening at a time when Further Education in England is gaining increasing prominence, with the introduction of the Learning and Skills Sector in April 2001 and government policy commitment to Lifelong Learning.

② Norman Lucas, Lorna Unwin. Developing Teacher Expertise at Work: In-Service Trainee Teachers in Colleges of Further Education in England[J]. Journal of Further and Higher Education, 2009(4):423-425.

表 3-5 关于英国 LSC 与 FE 学院教师 ITE 的背景数据①

	学习与技能委员会（LSC）	继续教育学院（FE college）
合同	全职:46.5% 兼职:16.8% 小时制:36.3% 其他合同:0.4%	全职:47.2% 兼职:16.4% 小时制:36.4%
工作经验	≤1 年:22% 1~5 年:64.6% 6~10 年:13.4%	≤1 年:18.7% 1~5 年:71% 6~10 年:10.3%
学费	FE 以外雇主（国家等）承担:38.4% 其他机构资助:30.6% 家庭承担:19.1% 个人承担:11.9%	雇主承担:32.2% 其他机构资助:33% 家庭承担:23.1% 教师与学院共同承担:11.7%
时间	补假学习:34.4%	补假学习:36.8%
导师分配	满意:69.3%	满意:76%

采访和学习日志揭示了 FE 学院每日工作场所的需求和压力,这种压力大大限制了实习教师在工作中学习（包括在工作岗位和离开工作岗位的学习）的能力。

1. 教师首先是工作者

也就是说,当我们谈到英国职教教师的工作本位学习时,教师具有双重身份（dual identities）:一是作为在职的工作者（worker）,他必须要工作;二是作为学习者（trainee）。在两者之间,英国职教教师面临着冲突。从调查的结果可以发现,工作者的身份是主导的、第一位的,学习只能放在次要位置。下面是一位 FE 学院教师的自白。

"最大的困难是时间……会议议题都非常好,但是工作方式在下午回到现实,这就是问题:没有时间来反思、阅读……没有时间深入理论,没有时间思考这一切是什么意思。你需要一些休假才能做到这一点,因此,坦率地说,我只是尽量做到通过,我根本没有时间做到精通。"②

——媒体制作专业讲师

---

① Norman Lucas, Lorna Unwin. Developing Teacher Expertise at Work: In-Service Trainee Teachers in Colleges of Further Education in England[J]. Journal of Further and Higher Education, 2009(4):427.

② 同①:428.

2. 学习是非正式的学习和分享

从调查情况看,与同伴进行理念和实践的分享成为学习的重要形式,也是社会性参与日常工作实践的重要形式,但是没有受训教师与导师一起交流学习的相关记录。这也说明,虽然分配了导师,但并不意味着导师能够有效地参与指导。下面的学员日志很好地反映了这一观点。

"本周我感到很困扰。近两年的学习期间,我没有从我的经理和导师那儿获得什么指导。不过这个星期在我上最后一堂课时他们都来听我的课(teaching observation)。然而,我还没有收到任何反馈。我很失望,我的导师只需要完成一项听课,却拖了这么久……"①

——英语和社会学专业讲师

当然,也有学员表示实践性的交流和团队学习非常好。

"我们非常幸运在(某个)学院有非常好的实践分享。我们经常坐在一起,分享如何设计一个会话或一个任务……很多形式,我们分享了很多。"②

——艺术与设计专业讲师

从上述内容看,英国职教教师的入职教育实践非常复杂,不同学校教师的入职教育反馈很不一样,这和导师、受训学员和学院的整体规划都有密切关系。

3. 两种身份的冲突

前文已经说明,英国职教教师的双重身份是其主要特点,如何平衡和兼顾因此成为现实难题。2007年,英国FE学院规定所有新教师必须获得资格证。为此,FE学院每学年专门设计了一次教师培训日(包括课程设计、ICT使用等)。对于这样的安排,有教师表示,有时候自己只能放弃培训日活动,这也意味着自己错过了这一年。对英国FE学院的人力资源部门而言,这显然是亟待关注的问题。实际上,这也反映了英国职教教师两种身份在实践中的冲突。

综上所述,实践中的"双专业"并非想象的那么完美,而且问题不少。如何看待"双专业"在理念与实践上的冲突,依旧值得深入研究和思考。

---

① Norman Lucas, Lorna Unwin. Developing Teacher Expertise at Work: In-Service Trainee Teachers in Colleges of Further Education in England[J]. Journal of Further and Higher Education, 2009(4):430.

② 同上。

三、本质分析:"双专业"只是一种理想的符号

职教教师需要"双专业"。但是在实践中,"双专业"过程似乎并不如理念提出那么简单。根据2017年的统计,英国职教 ITE 教师人数在逐年下降,如图 3-1 所示。①

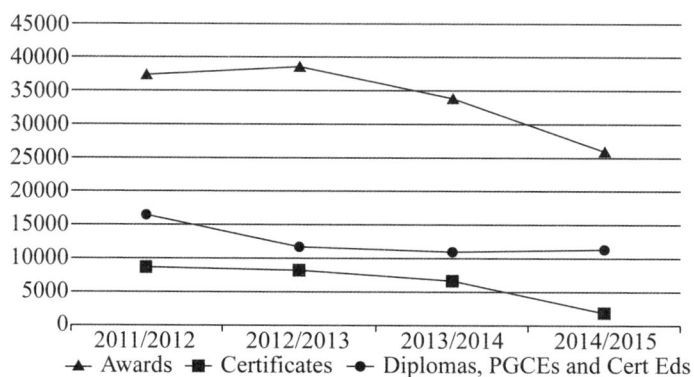

图 3-1　英国不同类型 ITE 资格的学习者数量变化情况

除了人数下降之外,ITE 学习者完成率也在下降。2017 年的统计数据显示:2014/2015 年度,有超过 40500 名学习者参加了 10 次 ITE 课程,自 2013/2014 年度以来下降了 22%,自 2011/2012 年度以来下降了 33%。而从 2011/2012 年度到 2014/2015 年度,学习证书的学员人数减少了近 5700 人(66%)。最大下降年度是从 2013/2014 年度到 2014/2015 年度,当时学习者人数减少了一半以上。在四年间,学习奖学金的人数减少了将近 10000 人(29%)。从毕业证书看,PGCEs 和 Cert Eds 学习者数量减少了近 4500 人(28%)。2011/2012 年度到 2012/2013 年度的减幅最大,此后学习者人数相对稳定。② 这不得不让我们深入思考"双专业"定位和实践可能出现的问题。

(一) 专业之本质

教师作为一种专业,是教师专业标准存在的前提。今天,我们想当然地认为教师是专业,却没有仔细思考专业的价值所在。按照伯朴奎茨(Popkewitz)的观点,教师专业化就是促进教师解放,赋予民主社会的教育更大

---

① Initial Teacher Education Provision in Further Education: Third Year Report[R]. London: The Education and Training Foundation, 2017:28.
② 同①:28-29.

潜能,专业教师参与社区建设并关注孩子以重建社会。在社会学中,学者们对"专业"的内涵和本质特征进行了系统而专业的论述。比较有代表性的观点是"专业特质模式",这种模式把专业界定为基于专业知识和职业道德而建立起来的职业群体,这类专业所提供的社会服务具有不可或缺的社会功能。[①] 这一模式是在结构功能主义社会分析理论的指导下,以医生、律师等社会公认的成熟的专业作为理想的模式,从中归纳出一系列的专业特质,建立起一套具有普遍性的专业特质量表,来度量职业群体的专业化程度,并判定哪些职业是专业。对于什么是专业,有哪些基本的标准和依据,刘婕、叶澜等学者都曾提出自己的观点。但是,最有代表性的观点是利伯曼(Lieberman)提出的界定专业的 8 条标准[②]:

（1）范围明确,垄断地从事于社会不可缺少的工作;
（2）运用高度的理智性技术;
（3）需要长期的专业教育;
（4）从事者无论个人、集体,均具有广泛的自律性;
（5）在专业的自律性范围内,直接负有作出判断、采取行动的责任;
（6）非营利,以服务为动机;
（7）形成综合性的自治组织;
（8）拥有应用方式具体化了的伦理纲领。

基于上述假设,有学者提出判定一种职业是否为专业的三个基本依据:一是专业具有不可或缺的社会功能,对社会具有重要作用,如果专业服务水平不高或很低,将对社会造成严重的伤害;二是专业具有完善的专业理论和成熟的专业技能,这种专业知识非他人所能理解、掌握并接受,只有受过专业训练者才有能力运用这些知识;[③]三是专业具有高度的专业自主权和权威的专业组织。从上述对专业的界定和认识看,把教师职业当作一种专业其实非常勉强,在理论层面似乎可以把教师提高到专业的地位,但是在实践层面,教师从来没有获得过相应的地位。至少英国职教教师在历史上是这样的,如今也只是被

---

① 曾荣光.教师专业组织、国家权力与科层权威:香港教师专业化路向分析[J].香港中文大学教育学报,1990,18(2).
② 刘捷.专业化:挑战 21 世纪的教师[M].北京:教育科学出版社,2002:56-61.
③ 曾荣光.教学专业与教师专业化:一个社会学的阐释[J].香港中文大学教育学报,1984,12(1):23-41.

动地专业化。从实施途径而言,教师专业一般由专业组织制定专业标准,或者教师个体实施专业自主发展。教师专业组织更多是作为一个国家的工具来实施国家的教师资格制度,把不合格的教师"过滤"掉,不可能保证每一位教师的专业化水平不断提升,因此才出现了教师自主的专业发展,以弥补国家制度的刚性的不足。

显然,教师职业作为专业,其本质绝不仅仅体现在使用官方工具,比如资格和认证证明,更体现在公民自身的行为表现。

(二) 作为符号的专业意蕴

1981年,巴兹尔·伯恩斯坦(Basil Bernstein)把"符号"解释如下:"符号是一种调控性原则,悄然地获得其选择与整合:(1)相关意义;(2)它们的实现形式;(3)引起的语境。"①基于对符号的理解,笔者认为,教师专业标准是一种教育的功能性符号,具有象征性意义,更具有实践性价值。就英国职教教师而言,职教教师来源于行业且缺乏教师资格是其一直以来的传统,试图一步实现由单一资格走向双专业本身存在文化和实践的障碍。正如一位英国学者指出:"教师教育的目标是什么?有了教师标准,教师教育目标就能够保障和实现吗?教师标准作为一种话语机制,具有重要的价值导向与话语权。"②教师专业标准具有结构性、发展性和实用性功能。在英国职教教师发展历程中,职教教师教育的目标处于不断变化之中,教师专业标准反映了英国政党对技能的战略设想,也彰显了各利益代言人关于教师如何发展的不同意见。

从教师专业标准的功能分析,研究者已经证明标准具有管理功能和发展功能,前者基于组织和国家的立场,后者基于教师主体的身份。但是,专业标准更多的是国家管理标准,难以兼顾和彰显实践性价值。实践中的标准有时候并不能真正成为教师专业发展的"脚手架"和指南,只能体现一种国家象征主义的价值。比如,英国于1999年颁布并要求实施《FENTO标准》,但由于多方面的因素该标准最终被废除。可见,类似的教师标准只能是一种历史的甚至是现实的符号。当然,这种符号并不一定都是消极的。有学者指出,试图通

---

① 巴兹尔·伯恩斯坦.教育、符号控制与认同[M].王小凤,王聪聪,李京,等译.北京:中国人民大学出版社,2016:198.

② Nikola Hobbel. Standards Talk: Considering Discourse in Teacher Education Standards[M]//Susan L. Groenke, J. Amos Hatch. Critical Pedagogy and Teacher Education in the Neoliberal Era: Small Openings. Dordrecht: Springer Press, 2009:37-48.

过权力实现专业化的确有可能导致弃专业化,如果将专业化视为一种对高质量教育过程的追求而不是达到某种结果,从而让学员分享资源、加强合作,其效果可能更好。但是,我们不得不把专业作为一种话语符号理解,这为我们提供了一种反思当代教育变革的方式,它肯定了一种丰富的情境化,让我们超越教育中的专业化及其专业化进程,去思考教育、教育工作的组织和教育工作者在社会组织中的知识、权力、资源和作用等。① 从这个意义上讲,英国职教教师标准的理念与实践不仅能够让我们更好地理解教育作为一种符号的意义和立场,同时能够让我们更科学客观地看待我国职教教师标准在实践中的价值功能。

第三节 "双专业"的实施路径分析

"双专业"的提出虽然具有理想主义色彩,在英国的实践中遇到了许多问题与挑战,但是英国政府还是形成了一套可操作、有价值的实施策略:一是从国家层面明确了"双专业"的教师专业标准和国家职业资格标准;二是对所有新入职教师实施 ITE,包括"关键技能"(读写能力、数学和 ICT 技能的二级水平);三是明确了教师在职 30 小时/学年的职后持续专业发展(CPD)制度。

一、制定双标准:教师专业标准和国家职业资格标准

"双专业"的本质是对职教教师作为一种专业的认可,也是对教师作为一种职业人的认可。按照英国的实践逻辑和制度安排,职教教师要达到"双专业"必须具备两个条件:一是对学科(英语、数学、IT 和科学等)教师而言,必须在学科专业上达到知识和技能水平要求,获得相应的文凭和专业学位,再通过 ITE 实践获得教师资格;二是对专业教师而言,首先要获得职业领域的国家职业资格证书,再通过 ITE 培训获取教师资格。

英国的传统是职业学校教师的专业文凭和职业资格一直优先于教师资

---

① Farzana Shain, Denis Gleeson. Under New Management: Changing Conceptions of Teacher Professionalism and Policy in the Further Education Sector[J]. Journal of Education Policy, 1999, 14(4):458-460.

格,也就是说英国职教教师可能没有教师资格,但是不可能没有职业资格和专业资格。鉴于此,本研究只介绍达到"双专业"的路径。

(一) 科学研制新的教师专业标准

培养"双专业",首先要研制出一套人们心目中理想的教师专业标准,并确保其科学性(信度与效度等)和可行性。教师专业标准是教师专业发展的指南,更是教师教育培养目标的依据。

从1999年至今,英国政府已经颁布和研制了三个职教教师专业标准。虽然各标准最终的结局并不一样,但是每个标准的研制和颁布都经历了科学、复杂的论证和咨询研究过程。1999年的《FENTO标准》经历了七稿的论证修改,在选取10所继续教育学院进行实验后,又经过两次相关院长和专家的讨论才最终定稿并颁布。2007年的《LLUK标准》启动于2004年,历经三年的调研咨询最终得以颁布。以2014年的《教师和教育培训者的专业标准》为例,研制期间的三个修订阶段和四种调查论证方法都显示了英国政府和专业机构重实证的科学态度和专业精神。

《教师和教育培训者的专业标准》的研制和修订包括三个阶段。第一阶段,即启动阶段(2013年10月),基金会的项目执行团队和实施工作组与培训者、雇主和利益相关者密切合作,对专业标准进行评估。第二阶段(2014年1—2月),形成专业标准修订案,并开展咨询活动,其主要目的是了解个体和组织对相关方案的认可度和意见。第三阶段(2014年2—4月),总结分析不同意见,形成标准文本和实施指南。在这三个具体阶段,研究团队广泛采用多种研究方法,主要途径包括登录教育与培训基金会专门的网站、项目研究执行团队成员通过邮件沟通、个人往来联系、合作伙伴关系组织四种。在此期间,修订专家组组织多方人员进行深入调研和访谈,包括75人参与了深度访谈,250人参与了工作坊、焦点团队和其他的访谈,622人完成了在线详细调查等。

根据英国知名专业调查机构"陪业测试调查"(Pye Tait Survey)反馈,622份建议和意见覆盖了英国12所职业学院的各领域相关者,包括校长(副校长)、系主任、课程领导者、质量经理、培训经理、讲师(入职讲师、学科讲师)等专业人员,他们来自英国13个不同地区,如表3-6所示。

表 3-6 调查反馈者的机构类型、职业角色、地区分布情况[①]

机构类型	数量(比重:%)	职业角色	数量(比重:%)	地区分布	数量(比重:%)
实施教育培训的商业组织	26(4.18)	校长(副校长)	53(8.52)	东部	75(12)
培训提供者	100(16.08)	系主任	32(5.14)	东米德兰	44(7)
社区学习组织	91(14.63)	课程领导者	49(7.88)	伦敦	60(10)
教育培训组织	26(4.18)	质量经理	37(5.95)	东北部	57(9)
继续教育学院	217(34.89)	学习培训经理	41(6.59)	西北部	65(11)
高等教育学院	42(6.75)	ITE 经理、讲师	54(8.68)	东南部	104(17)
ITE 教育机构	6(0.96)	教师或培训者	63(10.13)	西南部	65(11)
其他公共机构	38(6.11)	学科讲师	105(16.88)	西米德兰	58(10)
监狱/罪犯学习组织	15(2.41)	ESOL 教师	11(1.77)	约克郡和亨伯河	44(7)
第六级学院	10(1.61)	SEN 教师	9(1.45)	苏格兰	2(0)
公安警察机构	20(3.22)	培训者教师	38(6.11)	威尔士	4(1)
		评估员	21(3.38)	北爱尔兰	1(0)
其他部门(颁证机构、教师培训中心、私营雇主等)	31(4.98)	导师	64(10.29)	英国	20(3)
		指导师	8(1.29)	欧洲	2(0)
		其他人员	37(5.95)	海外	6(1)
				其他	15(2)
合计	622(100%)		622(100%)		622(100%)

(说明:表格中的机构类型、职业角色及地区分布数据不形成一一对应关系,列在一张表格内是为了方便起见,全面反馈标准调查研究在各层面的代表性。)

(二) 颁布具有可操作性的自主化标准

经过充分的论证和调研,在 2014 年 1 月 7 日和 2 月 18 日分别开展了两次专业咨询后,专家组对新的标准一致表示认同,绝大部分人士赞成这个标准并同意采纳。2014 年 4 月下旬,新标准正式颁布,如表 3-7 所示。

[①] 涂三广.英格兰 2014 年职教教师专业标准的框架、内容与特征[J].比较教育研究,2015(12):102-105.

表 3-7 英国《教师和教育培训者的专业标准》具体内容

一级标准	一级标准	二级标准
专业理念与态度	教师能对教学和培训中的有利因素和不利因素进行判断	1. 反思如何在教学中最大化地满足学习者的多样化需求; 2. 对教学实践、价值观和信仰作出评价并提出挑战; 3. 通过展现激情和传授知识来激发和鼓舞学习者; 4. 创新性地选择并运用能帮助学习者学习的策略; 5. 重视并促进社会和文化的多样性、平等性和包容性; 6. 在同事和学习者之间建立积极合作的关系。
专业知识与理解	教师能挖掘理论与实践中具有深度影响力、批判性的知识	7. 掌握并及时更新专业领域的知识; 8. 掌握并更新实证实践所需的教育研究的知识; 9. 利用研究或相关证据,将有效实践的理论运用到教学、学习和评估中; 10. 与他人一起评估教学实践及其对学习的影响; 11. 管理并督促积极的学习者行为; 12. 理解自己的教学和专业角色以及责任。
专业能力	教师能发展自己的专门技术和技能,以保证学习者的最佳学习效果	13. 激发、鼓励学习者提升学业成绩,开发学习者的技能以获得进步; 14. 在安全和包容的环境下,为不同学习小组或个人规划并实行有效的学习方案; 15. 充分利用现代技术的优势,指导学习者使用现代技术; 16. 满足学习者对数学和英语的需求,创造性地帮助个体克服学习困难; 17. 督促学习者对他们自身的学习和评估承担责任,并帮助他们设定具有发展性和挑战性的目标; 18. 使用合适的、公平的评估方法,向学习者提供建设性的和及时的反馈,以帮助他们获得进步和成就; 19. 与雇主合作,更新教学、培训中的专业知识和职业技能; 20. 与他人合作,促进组织的发展及质量提升。

资料来源:ETF(Education and Training Foundation)(2014)

与 2007 年《LLUK 标准》的 166 条指标比较,2014 年的这一标准更简洁、清晰、具体,对来自教育体系之外的职教教师而言,具有更强的操作性和更大的指导价值。

二、推进教师专业标准的课程化

教师教育需要以教师专业标准为依据,系统设计符合标准的培养课程与方案,通过与大学或职业学校建立伙伴关系,理实一体化地对教师开展培养培训。具体而言,教师培养培训中的知识、技能和价值观来源于教师专业标准的能力框架。课程化是一个复杂的过程,有一套科学的方法和实施逻辑。对课程的开发和转化,英国一般采取任务分析法和功能分析法。

(一) 超越"任务分析"的功能分析法

英国是一个注重经验和实证的民族,经验主义在英国传统文化中有悠久的历史。英国自 20 世纪 80 年代起推进能力本位教育与培训政策,主要采取输入(input)和输出(output)模式。输入模式强调学习者在教育培训中应该掌握的知识、技能、态度等,能力是上述指标内容之整合。如何使输入模式中的知识、技能、态度等有效体现在学习者能力的提升和获得上,成为教育的重要课题。于是,任务分析、功能分析和专家咨询成为英国标准和课程开发的主要方法。

"任务分析"(task analysis)是在相关行业企业专家的参与下,通过头脑风暴和记录等形式,将特定岗位的职业活动分解为具体的工作任务,再针对具体工作任务分解出应掌握的知识、技能、态度等内容,并作出详细的描述。任务分析是实现行业标准与教学标准有效对接的关键途径。职业教育课程的来源就是任务分析。但是,任务分析并不是完美无缺的。任务分析法强调以"职业的最小单元——'任务'——来分析,侧重于'任务性技能'和'常规性技能',注重'做什么'以及'如何做',这种分析法注重的是对过程知识的描述,忽视了职业的潜在知识和非技术性因素"[①]。任务分析的不足是它不适合在变化较大和范围较广的职业领域实施。

"功能分析"(functional analysis)是社会学家默顿(Merton)提出的概念和方法论。他从文化学、政治学、经济学等不同的学科领域视角探讨了功能在不同学科中的用法,最终将其界定为:(1)使用,从静态看是指对社会事项的要素、类型与模式的分析,从动态看是对社会事项的过程与程序的分析;(2)效用或后果,主要从影响力的角度而言;(3)目的或目标,这是从价值和功能的角度分析;(4)动机,是对群体或个体的心理的分析;(5)意向,是对社会事项的认知与情感的分析。[②] 作为整合职业能力标准的开发方法,功能分析法强调从社

[①] 查英,庞学光.功能分析法开发高职院校教育质量标准探讨[J].中国职业技术教育,2015(12):69.

[②] 同①:69-71.

会职业的人才需求分析出发,先确定职业教育的顶层目标,然后逐步分级,逐层确立中级目标、目标单元(或职业单元、职业要素),再根据达到目标所需的能力及其相应知识的要求,确立标准的范围、内容和程度。

与任务分析法不同,功能分析法更注重目标的实现,强调从国家和社会整个大目标出发,而不仅仅是具体的任务和过程。在国家标准开发实践的过程中,英国相关机构发现,职业能力岗位的任务分析法过于狭隘,需要超越职业任务的分析,使用更为全面的功能分析法。因此,在英国国家专业资格标准开发过程中,功能分析法往往被优先考虑,而任务分析法则作为功能分析法的重要补充。

(二) 教师专业标准的课程化转化

第一,标准的课程化逻辑。标准到底应该发挥什么作用?一般认为,教师专业标准作为教师教育的指南,是规范教师发展的准则,应该成为指导教师专业发展的准则。但是,标准是否真正产生价值并不依赖于标准本身。正如前文所提到的,理念层面的标准与实践层面的标准完全是两回事。

标准需要再概念化,作为一个具体的、物质性的、文本化的东西呈现出来,也就是说标准需要转化为培养的课程。英国的职教教师专业标准转化为课程了吗?它应该如何转化为课程呢?从政策制定者的视角转变到从业者标准的视角,这一过程是复杂的,需要与政府和准政府机构、国家认证机构、高等教育机构、继续教育机构进行协调与沟通,由不同的团体对标准进行解释和重新解释。以《FENTO标准》为例,标准生成与运用之间的区别是非常明显的(图3-2)。对标准生成的分析包括生成标准的时间和原因、为谁生成标准、标准包含哪些内容,以及生成标准的人如何设想它们会导致变革。对标准运用的分析则集中关注标准如何被教师教育者和学员实际使用。

按照上述逻辑,教师专业标准应该进行科学的转化。这一过程需要第三方组织机构的加入,转化后要有效地消化标准,也就是把标准作为培养的课程或证书应用于教师专业化实践。

第二,标准的课程化实践(《FENTO标准》)。我们可以从标准的具体框架进行分析。

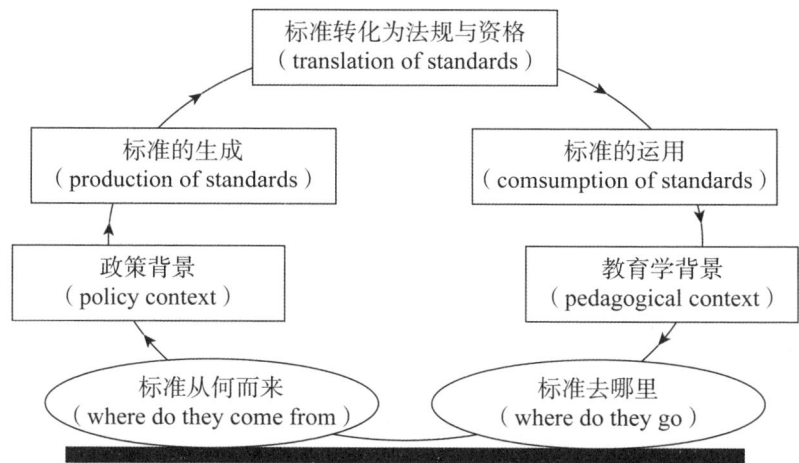

图 3-2 国家标准从政策背景到教育学领域的转化

[图意:标准从何而来→政策背景(焦点在政府)→标准的生成→标准转化为法规与资格(中介机构:QCA 与 QCF)→标准的运用→教育学背景(焦点在继续教育学院)→标准去哪里]①

(1) 专业知识和理解。指 FENTO 中所描述的全域知识,包括继续教育在教育系统内的地位、继续教育学院作为组织的性质等。

(2) 技能和特征。指个人技能,比如管理时间、批判性反思和个人特征,具有个人影响和存在感,FENTO 认为应该通晓教学的所有方面。

(3) 教学的关键领域。这些是标准中的重点内容,它们非常详细地界定了教师所应涵盖的领域和入职教师资格,分为以下 8 个领域:

① 评估学习者的需求;

② 规划和准备小组及个人的教学与学习计划;

③ 开发和使用一系列教学与学习技巧;

④ 管理学习过程;

⑤ 为学习者提供支持;

⑥ 评估学习成果和学习者的成就;

⑦ 反思和评估自己的表现,并且规划未来的实践;

⑧ 满足专业要求。

---

① Tony Nasta. Translating National Standards into Practice for Initial Training of Further Education Teachers in England[J]. Research in Post-Compulsory Education,2007(1):2.

每个关键领域分为 26 个子标准,每个子标准又进一步分解为教师应该做的活动和应该理解的基本知识(图 3-3)。关于职业能力课程的形成,本书在能力本位课程中有全面的阐述,在此只对英国职教教师专业标准如何应用于推进教师专业化发展的实践程序进行说明。

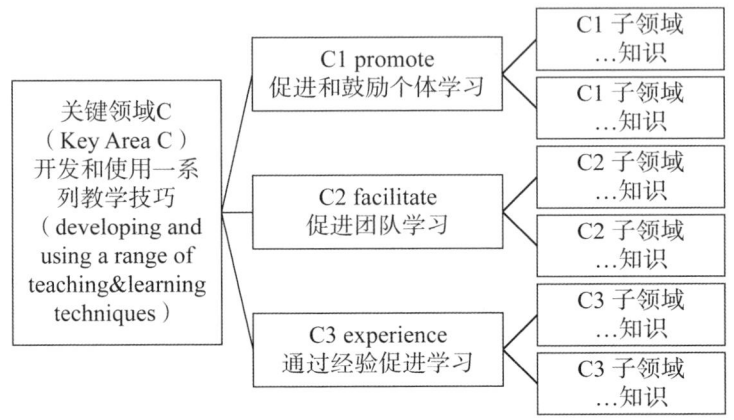

图 3-3 《FENTO 标准》的目标结构分类

图意:关键领域 C 开发和使用一系列教学与学习技巧——C1 促进和鼓励个人的学习;C1 子领域待做事项列表,即表现;C1 子领域必要的知识——C2 促进小组学习;C2 子领域待做事项列表,即表现;C2 子领域必要的知识——C3 通过经验来促进学习;C3 子领域待做事项列表,即表现;C3 子领域必要的知识)

通过对《FENTO 标准》进行逐级分解,教师能够明确自己应该掌握的知识和应该学会的技能,从而具备整个标准所要求的能力。

三、实施新入职教师教育(ITE)和持续专业发展(CPD)

职教专家珍妮·甘布尔(Jeanne Gamble)认为,随着职业教育教师专业的深入发展,以往工作岗位和行业的经验已经不能满足作为一名教师的条件,教师必须依赖于教育学和学科内容知识的基础来适应专业化的进一步发展。① 对英国职教教师而言,要实现教育学知识和学科内容知识相结合,必须借助入职教育培训。

英国职教教师实施新入职教师教育(ITE)是 2001 年以后的事情,此前国家对职教教师的入职教育没有强制性要求。我们发现,英国职教教师 ITE 非

---

① Jeanne Gamble. Why Improved Formal Teaching and Learning Are Important in Technical and Vocational Education and Training(TVET)[M]// Revisiting Global Trends in TVET: Reflections on Theory and Practice. Bonn: UNESCO-UNEVOC International Centre for Technical and Vocational Education and Training,2013:204-238.

常复杂,涉及导师安排、钱、伙伴关系、教师时间、评价考核等多项内容。

(一) 英国 ITE 实践的主要策略

为了提高职教教师专业化水平,英国政府和院校采取了一系列措施来推进教师入职教育,如图 3-4 所示。

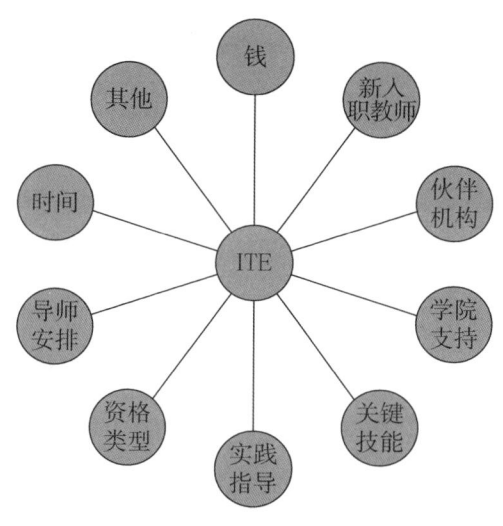

图 3-4　英国职教 ITE 实施的影响因素

第一,在签订合同时就明确要求新教师取得教师资格的期限,并分类实施。教师可分为三类,分别是:(1)2001 年以前,不要求教师必须持有教师资格证书;(2)2001—2007 年,要求教师参加 ITE 培训并获取教师资格证书(FENTO 的 3 级证书课程);(3)2007 年以后,所有教师必须获得 QTLS 资格,并达到关键技能(key skills:读写能力、数学计算和 ICT 技能)的 2 级水平,最终形成专业化。

所谓的 QTLS 是英国针对职教教师设立的合格证书制度,是 16 岁后教育和培训的专业标志,其目的是帮助从业者在职业生涯中取得进步,向同事、雇主和学习者展示他们的专业知识和经验。为此,英国继续教育专业组织设计了包括学校工作坊、一对一指导在内的机制,并建立了职教教师学习研究所(IFL)。

在具体的实施方式上,每个院校的安排并不完全一致,大部分院校都通过新入职教师教育的方式来实施。对于 2007 年以前的教师,一般采取学院内部的评价机制和质量认证(quality assurance,简称 QA),以确保教师专业教学水平的高标准。

第二,对教师ITE的支持,包括时间、地点和资金等。在这方面,英国各职业学校的做法很不一样。在时间上,涉及新教师取得教师资格的期限、教师是否有假期和额外的时间学习等。在签订合同时,人力资源部门对新教师在多长时间内取得教师资格有明确的要求,一般是2—5年。新教师有专门的时间用于入职教育或可以减免工作量。根据英国TTA的政策,普通中学的教师一般可以减少10%的课程,相当于一周有半天自由时间。而面向16岁以后教师的培训由于是从2001年后逐步开展,英国院校没有现成的统一制度,因此主要由学校自己安排。有的院校对小时制雇员没有任何支持性建议,有的院校对教师的学习时间没有专门的安排。

关于教师学习的地点,一般都选择附近具有ITE资格的学院,或在自己的学校实施,这是传统英国校本培训在英国职业教育教师中的延伸和实践。在新入职教师教育的规划和实践中,职业院校是英国在2002年后实施的学校领导的教师教育模式的主要环节。一般在一个地区或郡成立职教学院联盟,即多所继续教育学院通过建立伙伴关系开展教师教育。

关于经费的来源,英国政府为新入职教师教育提供专门的资助,目前主要通过学习与技能委员会(LSC)和高等教育拨款委员会(HEFCE)两个机构来执行。由于英国新入职教师教育经常改革,1992年后,由大学主导并负责的ITE模式便不复存在,大学主要负责PGCE的研究生教育文凭和教育学士学位证书(BEd)。目前ITE完全由学校主导和控制,相关经费也统一由负责教师发展的学习与技能委员会(LSC)统一按照人头拨给提供ITE的机构。

第三,通常情况下,导师安排由学院的人力资源部经理在学院年度规划中统一设计。人力资源部经理会统一制定包括招聘教师、新教师入职教育、导师安排及开展实践的具体规划。目前,英国职教教师导师的指导方式主要是专题式研讨会(briefs sessions)和听课(teaching observation)。专题研讨会定期举行,主题也各不相同,包括学院人力资源部统一开展的全校性学习和二级院校自主开展的教学法及ICT使用等研讨。作为教师教学能力考核的具体环节,听课是针对所有新入职教师的必修课,用于确认新教师是否符合教师专业标准的要求。

实践指导一直是英国 ITE 的难题。2003 年,教育标准办公室(Ofsted)在检查中发现,最大的问题是入职教师实践教学指导缺乏系统性和针对性,有些教师甚至根本没有得到学科专业教学法方面的指导。2009 年的检查结果显示,导师的实践指导非常零散和随机,入职教师的培训质量没有得到整体、系统的提升。因此,导师安排被认为是 ITE 实施过程中的关键环节。目前英国各学院也采取了一些新的策略,比如加强学科专业教学的指导,通过广告招聘的方式安排高级咨询专业教师参与教学指导,给予导师补贴、休假并另外计算工作量,等等。需要指出的是,上述创新实践仅限于一些学校的探索。

第四,2007 年后,英国政府明确指出教师核心技能提升的必要性,这使所有英国职教教师面临新的专业学习的组织与安排。针对新入职教师,英国职业学院主要采取两种措施:一是在招聘教师时对申请者进行测试,二是在实施新入职教师教育前对教师的关键技能进行诊断性测试(diagnostic assessments)。在推进教师关键技能提升的实践中,主要对象是来自行业和企业的职业学科教师,因为他们很少接触教学中的这些关键技能,采取的方式一般是一对一指导。当然,人力资源部门还定期安排有关技能提升的其他项目。

(二) 支持教师持续专业发展(CPD)

2007 年后,在职的老教师不仅要达到新的 QTLS 资格的要求,还要完成每学年不少于 30 小时的专业发展学习。为了展示和记录具体情况,英国职业学院一般采用年度学院报告和 QA 评价机制。基于此,英国职业学院形成了学院层、经理层、教师个体等相关责任机制,同时专门划拨一定的教师专业发展经费来支持教师的专业发展。

值得指出的是,许多职业学校在文化层面也出现了强化教师专业发展的行动,包括学院战略规划(college strategic plan)、学院年度评估(college annual review)和学院教师发展周(staff development week)等。教师发展周的设计尤为丰富多样:有的学院安排为期 5 天的系列专题学习活动,有的学院安排为期 8 天的学习(包括 3 天学院层面、3 天学科部门层面、2 天跨学院的交流学习)。但受制于英国职教教师传统文化等因素,制度性的学习很难满足教师专业发展的目标与要求。有学者指出,职教教师的学习不应该局限于有限的短期性培训、标准化的制度性框架之内,应该超越霍奇森的限制性学习组织框架(restrictive learning organisations),在更广泛的学习环境中开展,追求在扩展性学习环境下(expansive learning environment)学习。这一观点实际上与艾莉森·富勒(Alison Fuller)通过建立一种"扩展性与限制性相统一的学习模式"来整合工作与学习之间的关系的观点在逻辑上具有一致性(表3-8)。这也反映了来自工作场所专业人员的英国职教教师的本质属性。

总之,英国职教教师"双专业"目标在实践中依旧存在一些问题。但是,英国相关职业学院的举措正在顺应其来源于工作场所的习惯,也正在践行"学习不仅是存在于实践中某个地方的一些独立具体的过程,学习是生活世界中不断发展的、社会实践中不可或缺的一个部分"。①

表3-8 扩展性与限制性相统一的学习②

扩展性	限制性
参与工作场所内外的多种实践团体的活动	多种实践团体中限制性的参与
主要的实践团体共同分享"参与记忆(经历)":劳动力发展的文化继承	主要的实践团体只有少量"参与记忆(经历)":少量或者没有学徒制的传统
广度:获得跨公司的经历来促进学习	狭窄的由任务、知识、岗位等因素导致学习的限制
获得包括以知识为基础的国家职业资格证书在内的一系列资格证书	获得少量的或者没有获得资格证书
安排时间进行脱产培训,包括以知识为基础的课程和学习反思	几乎都是在职学习:限制反思的机会
逐渐过渡到充分的、全面的参与	尽可能快地过渡
对工作场所学习的审视:职业生涯发展的进程	对工作场所学习的审视:职业发展停滞不前
组织承认并支持雇员成为学习者	组织缺乏对雇员成为学习者的承认和支持

---

① 莱夫,温格.情景学习:合法的边缘性参与[M].王文静,译.上海:华东师范大学出版社,2004:35.
② 海伦·瑞恩博德,艾莉森·富勒,安妮·蒙罗.情境中的工作场所学习[M].匡瑛,译.北京:外语教学与研究出版社,2011:143-144.

（续表）

扩展性	限制性
劳动力发展作为一种手段将个人和组织发展相结合	劳动力发展的目的在于使个人的能力发展满足组织的需要
劳动力发展提供了扩展个体能力的机会：通过跨部门工作	劳动力发展限制了扩展个体能力的机会：较少的跨部门工作经验
"工作场所课程"物化的高度发展（例如通过文件、标记、语言、工具）和学徒制来实现	"工作场所课程"的不完整限制了课程的物化，实现了一些方面的物化
广泛分布的技能	技能分布的两极化
技术技能的价值受到重视	漠视技术技能
所有人的知识和技能得到发展，其价值受到重视	关键工人或小组的知识和技能得到发展，其价值受到重视
团队合作受到重视	只重视专家的作用
鼓励跨部门的交流	交流受限
管理者是劳动力和个人发展的促进者	管理者是劳动力和个人发展的控制者
学习新技能、新工作的机会	学习新技能、新工作的障碍
重视创新	不重视创新
专业知识采取多维视角	专业知识采取一维的自上而下的视角

本 章 小 结

本章讨论了英国职教教师"双专业"目标定位，包括"双专业"提出的国际与现实背景、"双专业"目标理论与实践的冲突、"双专业"目标实施的国家制度设计与实践操作路径，重点回应了以下问题：

首先，为何需要"双专业"？这不仅是 20 世纪 80 年代国际教师专业化发展的要求，也是英国技能人才面临全球化竞争、技术升级和产业转型的必然要求，更是当前工业 4.0 和数字技术对英国教师专业发展的倒逼。其次，如何推进"双专业"落地？一是通过颁布国家教师专业标准和国家职业资格标准，把

"双专业"目标上升为国家意志;二是强制性实施新入职教师教育(ITE);三是不断加强教师职后持续专业发展(CPD),确保教师始终处于专业化状态。最后,如何理解"双专业"目标与实践之间的关系?由于英国新入职教师教育实践较复杂,因此"双专业"目标理念与实践之间始终存在一定冲突。

综上所述,我们有必要对英国"双专业"教师的课程和学习进行探究和分析。

第四章

英国职教教师的培养课程：能力本位课程

能力本位课程是西方职业教育与培训的主要课程模式。美国于20世纪70年代首先在教师培训领域实施能力本位教育。英国素有能力本位教育的传统，20世纪70年代就设计了基于青年就业能力的培训项目；20世纪80年代，英国国家职业资格委员会（NCVQ）颁布国家职业资格（NVQ），这标志着英国能力本位课程从国家制度层面开始实践。职教教师能力本位课程是基于英国NVQ实践的一种体现，即便是PGCE的研究生文凭课程也由具体的能力模块课程组合而成，在英国资格学分框架（QCF）下实践运作。英国为何要实施能力本位课程？能力本位课程的结构和组织是怎样的？能力模块之间如何沟通？能力本位课程如何实施？本章重点回答上述问题。

第一节　能力本位课程提出的背景分析

一、美国能力本位教师教育实践的影响

"二战"后，世界发生重大变革，美国成为头号强国，在各领域引领世界发展。就教育而言，"二战"后，美国社会各界提出了要求提高学习者满意度和教师教学效能的要求，并要求对纳税人负责。能力本位理念逐步有了成长的环境。1957年，苏联卫星上天引发了美国各界对教育的反思。1958年，美国国会通过了《国防教育法》，明确提出对教师教育和科学教育进行改革。

虽然美国政府一再颁布法令对教育进行改革，提高教育的绩效，但美国社会和家庭仍然对教育感到不满，这种不满最终转移到了教师身上。大家认为教师只为孩子提供了基本的科学文化知识，其自身能力和教学质量却并没有得到关注。这客观地反映了20世纪60年代以前美国教师教育的实践逻辑，即强调对教师"专业性"的教育与培养，对教师的"学术性"则关注得较少，而专业性教师教育又受制于师范学院陈旧的教学方法和训练方式，因此教师被认为既非"学

者"也非"良师",只是"教书匠"。1963年,科南特(Conant)在《美国师范教育》中阐述了"良师必学者"的思想,提出了教师教育的27条建议,其中包括:要强化教学实习,拓宽通识教育,加强教师临床实践,教师教学实习应该占教育专业训练量的60%—75%;此外,他还提出对师范生智力水平进行测试,录取最优秀的前三分之一的毕业生,从而确保教师队伍的高质量。[①] 1965年,美国联邦教育总署向10所高等院校提供资助,用于开发专门培养小学教师的示范性培训方案,这些方案都明确规定了教师需要学习的能力或行为。

1967年,美国联邦教育总署颁布了初级教师培训方案,同时颁布了《教育职业发展法案》,这是能力本位教师教育开始的标志。1968年,美国联邦教育总署研究局开始大力提倡基于绩效和能力的教师教育。[②] 20世纪70年代后,美国对教师实施业绩工资制度,学校开展基于教师教学效果的结果性评价,这种终结性的教师评价随即在世界各国开展起来。

20世纪90年代,美国校长协会成立了校长胜任力协会,借此开展校长选拔和遴选工作,并把标准拟定为优秀、一般和不合格。

受美国的影响,20世纪80年代,英国开始重视绩效和胜任力的研究,试图以此来管理和评价教师。在这一时期,英国建立了教师教育认证委员会,对教育机构的教师课程进行评价和认证。随后,英国颁布国家职业资格制度等,英国能力本位教育逐步开展起来。

二、20世纪70年代人力资源委员会的青年能力培训

从人力资源的角度而言,能力本位教育产生得更早。有学者认为,20世纪20年代在美国企业产生的"操作本位教育"(performance based education)是能力本位教育的开端,这种教育要求工人在工厂的生产流水线上按照岗位任务的要求开展工作。基于此,许多企业对工人的行为进行研究,所谓的任务分析法就是这一时期企业广泛采用的一种分析工作过程和具体个人任务的方法,其目的是让工作操作规范化,从而提高企业的生产效率。

20世纪70年代后期,西方因中东石油危机引发了世界性经济危机,英国也

[①] 姜蕴.美国能力本位教师教育运动研究[D].福州:福建师范大学,2015:44-45.
[②] 赵康.透析西方能力本位主义教师教育再流行:回溯、趋势和反思[J].外国中小学教育,2016(3):39.

不例外。1973年,英国颁布就业培训法,设立人力服务委员会(MSC),加大对职业教育的干预力度。伴随经济危机而来的是失业人口不断增加,到1976年,大约有80万青年进行了失业登记。于是,MSC设立了一系列的培训计划,包括著名的青年机会项目(YOP)。YOP主要是为16—18岁的青年提供技能培训机会,这种培训被认为是一般技能的培训,也被认为是低水平的技能培训。

1983年,MSC提出青年培训计划(YTS),YTS是一种全新的能力培训项目。由于基于操作能力的教育无法胜任当时技术升级和产业岗位就业的需要,为了确保青年具有较高的就业能力,英国的人力资源委员会在白皮书《新培训试点:行动计划》中提出,能力是"运用知识、生产和过程技能有效地达到某个预期目标的特征"。① 这种能力观也成为后来YTS的指导思想,其本质不是局限于满足企业当前需求的专门技能,而是一种超越狭隘的职业主义的更宽泛的能力。人力资源委员会把职业能力分解为:(1)一定范围的职业技能;(2)一定范围的可迁移的核心技能;(3)将技能与知识迁移到新情境中的能力;(4)个人效用。②

随着1986年英国国家职业资格委员会(NCVQ)的成立,英国的职业教育与培训大部分转移至企业主导的NCVQ。NCVQ对能力进行了界定:(1)在一定范围的与工作有关的活动中发挥作用的能力;(2)作为职业能力之基础的技能、知识和理解力。

三、英国能力本位教育的提出

对英国而言,能力本位教育的实践起源于20世纪70年代的青年就业培训项目。1986年,英国国家职业资格委员会(NCVQ)成立并颁布了国家职业资格(NVQ)框架。1988年的英国国家课程等都是能力本位教育在英国的具体实践和体现。要想深刻理解英国的能力本位教育,我们有必要对其发展过程进行介绍和梳理。

(一)基本假设

英国能力本位课程有几个基本假设。

首先,这是技术和时代变革对教育的要求。这与英国20世纪70代大量青年失业有密切关系,在经济和社会竞争日益激烈的时代,个人为了适应社会

---

① 王雁林.政府和市场的博弈——英国技能短缺问题研究[M].杭州:浙江大学出版社,2013:172.
② 洪光磊.能力本位的职业教育和培训[J].外国教育资料,1995(2):64.

和工作岗位的要求,不断地学习和提升应对岗位的能力是一种必然,传统的文凭主义时代已经过去,必须在实践和工作世界不断学习以提升能力水平,否则将随时面临失业的危险。

其次,这是对一直以来英国教育重知识学术、轻实践应用的反思。20 世纪 80 年代以前,英国的技术教育几乎消亡(1%),整个中等教育被综合中学和文法学校统治。教育中对学术教育的关注远超对学生实践能力的培养,重"应知"和轻"应会"的现象非常严重。20 世纪 70 年代后,随着英国就业部提出的青年就业培训计划等项目的实施,英国各界对能力的培训有了新的认识,基于工作岗位要求和职业能力标准的学习与培训成为社会关注的问题。英国教育界和就业界也达成共识,认为就业导向的职业教育培训应该是"能力本位"和"标准参照"。

最后,教育应该满足各种学习者的需要,而不仅仅局限于教育体系内的学习者。英国提出能力本位教育实际上具有一种教育理想的色彩,试图让所有处于不同学习条件、学习情况和学习水平的人能够在统一的评价体系中平等地获得认同。

(二) 提出背景

1981 年,英国就业部在《一种新的培训革新:行动方案》(*A New Training Initiative: An Agenda for Action*)中提出,英国要应对变化迅速和竞争激烈的经济社会的需求,必须制定达到其标准要求的目标。文件中提出了关于"标准"的新概念,这为英国能力本位教育奠定了基础。

1986 年,英国教育部和就业部联合发布了《共同努力:教育与培训》(*Working Together: Education and Training*)。随后,英国成立国家职业资格委员会(NCVQ)。该机构被教育部和就业部赋予重要使命,包括:(1)确保职业能力标准,确保职业资格以职业能力为基础;(2)设计一种新的职业资格框架并实施;(3)批准符合条件的颁证机构;(4)确保国家资格覆盖所有行业;(5)建立质量保障体系;(6)与职业资格颁证机构建立有效联系;(7)为职业资格建立国家数据库;(8)为履行上述职责,承担或委托其他机构承担相关研究和开发;(9)促进职业教育培训与职业资格的发展。[1]

同年,NCVQ 建立了能力本位的国家职业证书制度——国家职业资格(NVQ)。这一证书制度的建立,改变了长期以来英国混乱的职业证书现状,大

---

[1] 石伟平.英国能力本位的职业教育与培训[J].外国教育资料,1997(2):53.

大推进了英国能力本位教育的实践。

1991年,在《面向21世纪的教育和培训》中,英国国务大臣指出:"我们旨在为青年人建立三条宽广的资格通道——A Level证书制度、NVQ和新的GNVQ……它们以自己特有的优点与学术资格平行。GNVQ将在16—18岁学生的教育中占据核心地位。"1992年,NCVQ正式出台了普通国家职业资格(GNVQ)。1993年,GNVQ在职业学校教育中正式推行,这标志着英国能力本位课程的教育体系基本形成和建立。

第二节 能力本位课程的内涵与特征

一、能力本位课程的内涵

什么是能力本位教育?在众多观点中,比较一致的认识是:能力本位教育是相对于传统的传授学科知识的学科主义教育而言的,其目的不是培养研究者和学者,而是根据产业发展和具体职业岗位提出的具体能力以及所要达到的资格和学习成果提供相应的教育和培训。[①] 能力本位课程也经常被称为"以能力为本位的教育"(CBE),此处"能力"对应的英语是competence,除了指单纯的技能以外,还包括掌握和运用专业技能所必备的知识、技能、态度和职业习惯等胜任工作所需要的所有要素的综合。

职业教育的能力内涵具有历史性,表现在不同的职业教育课程模式之中。20世纪70年代国际劳工组织的MES课程、80至90年代英国和加拿大的能力本位课程和90年代后期德国的学习领域课程,分别代表能力发展的三个阶段。在MES课程中,能力基本上指操作技能,强调完成工作任务所需要的、外显的、标准化的知识学习和技能训练。而德国的学习领域课程指向一种高级的能力,强调在复杂情境下做出判断并采取行动的能力培养,关注问题解决的能力训练。德国的学习领域课程还强调对个人生活背景的考察,认为能力培养必须基于个体生活背景和个体自身经验的结合而得以建构。因此,德国的

---

① 黄福涛.能力本位教育的历史与比较研究:理念、制度与课程[J].中国高教研究,2012(1):27-31.

学习领域课程对能力的理解与英国的资格证书体系很不一样。在德国人的眼里,资格证书体系的能力学习是一种功利主义取向的学习与训练。显然,德国与英国在对职业能力的理解和认识上存在较大的差异。基于上述不同的认识,我国学者提出求同存异的观点,即作为"联系"的职业能力的内涵。①

上述观点的共同点是强调职业能力具有鲜明的实践性和职业性,强调理论和实践相结合,以实践为主线;强调教学内容与工作内容相结合,以工作任务为载体;强调教学环境与生产环境相结合,增强学生的适应能力;强调考核要求与生产、管理标准相结合。因此,能力本位课程不但是一种职业教育的理念化概念,而且是具有实践性、可操作性的要素和结构的课程体系和组合。因此,要定义能力本位课程,还需要对其基本假设、基本要素、基本结构和组合、评价和认证等一系列重要的概念进行全面的解释。

二、典型的能力本位课程:英国的 NVQ

要想了解英国能力本位课程和教育,首先须理解英国国家职业资格(NVQ),因为这是英国能力本位教育理论与实践的依据和指南。NVQ 作为英国的国家资格体系,在英国职业教育和技能培训上发挥了关键作用。长期以来,英国不同资格证书授予机构针对同一行业或职业领域所颁布的资格和证书有着不同的结构及标准,因市场化竞争相互不承认对方的资格证书,这种"证出多门"的混乱局面给英国政府、行业、用人单位和学习者带来了许多困扰,造成英国职业培训的低效。

(一) 英国 NVQ 的基本能力结构

1986 年,NCVQ 颁布了国家职业资格,作为英国整个国家职业领域统一的能力认证标准,具体包括五个层级或水平。

(1) 水平 1(Level 1)——有能力从事日常工作活动。

(2) 水平 2(Level 2)——有能力从事活动,包括一些非日常性的、无须负有个人责任的活动。

(3) 水平 3(Level 3)——有能力在不同条件下从事一系列复杂的、非日常性的、需要对自己和他人负责的活动。

---

① 徐国庆.职业教育原理[M].上海:上海教育出版社,2007:238-243.

(4) 水平 4(Level 4)——有能力在较广范围内、不同条件下从事一系列复杂的、技术性的或专业性的工作活动,并能对自己、他人和资源的分配负较大责任。

(5) 水平 5(Level 5)——有能力从事一份高级的职业或专业,包括在广泛范围内、难以预测的条件下应用大量基本原理和技术,能对他人、资源、分析、诊断、设计、规划和评价负重大责任。①

可以看出,英国 NVQ 针对最基本的职业能力和最高级的专业能力提出了不同水平的具体要求。按照上述能力逻辑,NVQ 最终形成了覆盖英国十一大职业领域的五级水平的职业资格证书体系。

NVQ 的十一大职业领域包括:农牧业、工商行政管理、自然资源开发、建筑、工程、制造业、交通运输业、医疗与社会福利、服务业、通信、知识和技能的开发与拓展。这些职业领域覆盖了英国共 900 个以上职业的要求,劳动力市场的覆盖面达到 87%。可以说,英国的 NVQ 制度几乎涵盖了所有职业,包括从刚工作的新手到高级管理人员的所有技能和知识层次。从目前的五个等级来看,每个等级规定了与其实际岗位相对应的知识、技能及其在实际工作中拥有的责任、权利范围以及行为规范的要求;每个等级标准都按工作岗位的职责划分为能力单元,由若干个单元组成一个等级标准;每一能力单元又分为若干个能力要素,这些能力要素通过对工作中不可分割的行为进行描述,提出明确要求。任何一张国家职业资格证书都包括三方面内容:一是标题,二是能力单元,三是能力要素及其操作标准。② 每个等级由 10 至 15 个能力单元组成,每个能力单元一般由 2 至 5 个能力要素组成。只有通过每一个能力要素的考评,学习者才有可能最终获得相应等级的资格证书。

(二) NVQ 的能力概念与表征方式

NVQ 把"能力"定义为"与工作相关联的能力的陈述,目的是在工作或者未来继续学习中为颁证机构发放给个体证书时的能力表述提供方便",包括规定的标准要求:执行一系列与工作相关事务的能力(ability)和就业中需要的基本技能、知识和理解力。③ NVQ 对能力的描述为个体和课程提供了目标,实际

---

① 石伟平.英国能力本位的职业教育与培训[J].外国教育资料,1997(2):54-55.
② 黄日强,邓志军.英国的 NVQ 制度[J].现代技能开发,2003(9):105-107.
③ Gilbert Jessup. Outcomes:NVQs and the Emerging Model of Education and Training[M]. London:The Falmer Press,1991:15-16.

上 NVQ 证书本身就是对个体所取得能力的一个证明。NVQ 的"能力陈述"是一个格式化的表述。当然,其能力的要求和标准是基于工作和技术要求分析的结果,在英国主要通过功能分析法得出。具体而言,NVQ 的格式化能力陈述包括三个层面,如图 4-1 所示。

(1) NVQ 标题(title)。

(2) 能力单元(unit of competence)。

(3) 能力要素和相关的实施标准。

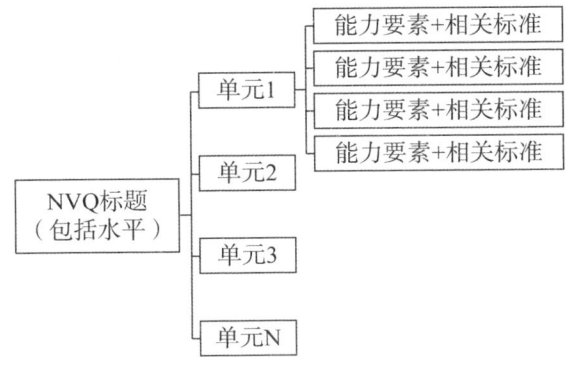

图 4-1 NVQ 的格式化能力陈述

NVQ 的能力模式改变了传统的英国职业教育与培训的文化,具有重要价值。按照 NVQ 现在的能力模式,学习者的能力与学习是相互脱离的,任何学习者在任何地方获得的能力只要符合 NVQ 的能力要求,就可以视作具有其资格水平。这一能力陈述与其说是学习的要求,不如说是一种评价的依据。

下面根据 NVQ 的能力逻辑,以"房地产公司推销地产出售"的一个职业能力案例来帮助大家理解职业能力学习和认可在 NVQ 体系中的操作,如表 4-1 所示。

表 4-1 地产公司某单元职业能力标准示例

单元(unit):通过地产中介推销地产出售
要素(element):与申请人达成财产交易
执行标准(performance criteria):
——礼貌、热情地接待申请者并和对方交流
——鼓励申请者提出需求和相关不清楚的问题
——确认申请者喜欢的类型、地段、价格,并且准确完整地记录
……
应用范围:(包括买方市场和卖方市场等)

(三) 关于能力评价

一般认为,评价就是收集证据做出判断以证明某个体是否达到预期标准的要求的过程。要想获得 NVQ 证书,个体必须展示其已达到相关职业资格水平的能力要素标准。考虑到个体能力应该在工作场所等实践中体现和展示,因此,为了有效开展对职业能力的评价,NVQ 确立了独立开放(open access)的原则:首先,NVQ 适用于任何旨在培养和发展能力的教育和培训;其次,除了法律规定的限制外,NVQ 适用于所有年龄段人员;最后,NVQ 在获取证书的学习和培训的时间方面没有限制,主要由个体根据自身的学习起点、学习机会和态度及动机自主决定。

除了确立原则,NVQ 还为学习者的各种学习认证建立了科学的评价方式,包括单元学分(unit credits)和学分累计(credit accumulation)。由图 4-1 可知,NVQ 的另一特征表现为资格由一系列的能力单元构成,每个单元代表工作中所要求的独立的能力要求范围,它可以单独评定或评分,最终个人通过学分累计获取某种资格。学分累计制度由英国国家职业资格委员会(NCVQ)联合英国 14 个主要颁证机构于 1988 年提出的国家职业成绩档案(The National Record of Vocational Achievement,简称 NRVA)来实施。国家职业成绩档案一出台就得到英国各界的认可和采纳。1990 年,修订后的国家职业成绩档案变得更为具体,包括个人记录(personal record)、行动计划(action plan)、评价记录(assessment record)、单元学分和资格证书(qualifications)。① 通过单元学分和学分累计制度,英国为所有学习者建立了一套获得 NVQ 的制度体系,如图 4-2 所示。

这种学分累计、评价和学习相互开放和独立的设计,可以为学习者在任何时间、任何地点从一种课程延伸至另一种课程,从一个资格衔接到下一个资格的学习提供制度保障,从而为个人的终身学习服务。

三、英国能力本位课程的特征

如果说 NVQ 只是一种对职业资格的统一性制度设计,还不足以科学评价学术教育和其他领域能力的话,1992 年英国国家职业资格委员会颁布的普通

---

① Gilbert Jessup. Outcomes:NVQs and the Emerging Model of Education and Training[M]. London:The Falmer Press,1991:70-71.

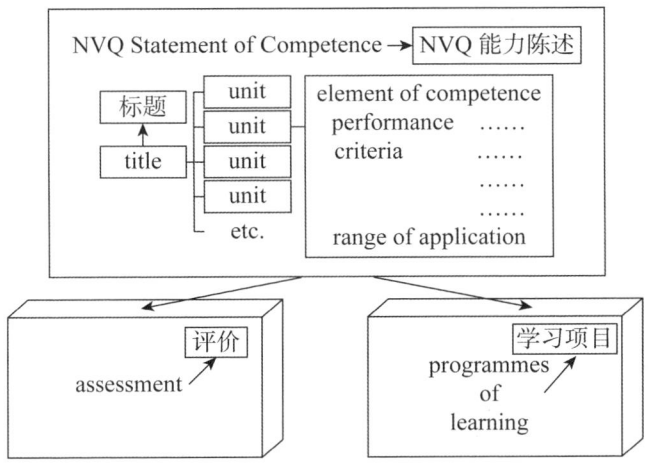

图 4-2　基于 NVQ 的能力陈述、个人学习与评价

国家职业资格(GNVQ)则使英国职业资格和学术资格真正走向融合和一体化。英国能力本位课程是不断发展的课程,不仅是职业课程,也包括学术课程、正式课程及各种教育和学习形式的课程。

1991 年,为了解决职业性与学术性分离的问题,英国教育和科学部在《面向 21 世纪的教育和培训》中提出普通国家职业资格。1992 年,英国国家职业资格委员会正式出台了普通国家职业资格(GNVQ)。1993 年,GNVQ 在职业学校教育中推行,职业教育第一次作为独立体系在英国的学校教育制度中得以反映。

GNVQ 出台之前,英国主要存在两种证书体系——A Level 学术课程与国家职业资格(NVQ)。这两者之间相互独立,相互平行,导致学术和职业之间难以沟通。A Level 证书课程是一种学术课程,面向参加普通中学教育课程(GCSE)一部分成绩较好的学生(年龄在 16—19 岁),这种课程与职业毫不相关,旨在发展与学科相关的知识、理解力和技能,使学生能够升入大学。而 NVQ 课程是一种以工作为本位的职业培训课程,主要面向在职人员,旨在帮助他们发展并掌握与商业或专业相关的熟练技能。GNVQ 的出台有效解决了两者之间的隔阂。它具有双重目的:一是通向就业,二是通向继续教育或高等教育。颁证机构明确强调:引进 GNVQ 的目的在于为学生提供一种宽泛的教育,使他们为就业培训和继续教育或高等教育打好基础。

1997 年,英国国家资格框架正式颁布,并于 2004 年修订完善,实现了国家职业资格、普通国家职业资格、学历资格三者的沟通与衔接。英国能力本位课程具有鲜明的英国特色,主要表现为实用性、包容性、全纳性和终身性,如表4-2所示。

表4-2 英国国家资格框架(NQF)①

证书水平	学历证书		普通国家职业资格证书(GNVQs)	国家职业资格证书(NVQs)
5级	高等教育	学士学位	无	NVQ5级
4级		文凭(副学士)	无	NVQ4级
3级		GCSE A / A Level 普通教育证书 A 级(大学入学水平)(16—18岁)	GNVQ 高级(16—19岁)	NVQ3级
2级		GCSEs A—C 普通中等教育证书(义务教育结束,GCE-O考试通过,获得中学毕业资格水平)(14—16岁)	GNVQ 中级(16—19岁)	NVQ2级
1级		GCSEs D—F 普通中等教育证书(中学在学水平)(14—16岁)	GNVQ 初级(14—16岁)	NVQ1级

首先,实用性是指课程的内容和模块化结构。从英国能力本位课程的内容看,这些职业课程基于对英国各行各业的岗位工作的具体分析,对年轻人就业具有直接的指导价值。在开发这些课程时,英国人采取功能分析法,邀请的企业专家、雇主和颁证机构等人员都在该职业领域有着丰富经验。从结构看,英国能力本位课程采取能力单元的模块化结构,不仅便于学习者选择适合自己学习的内容,也能够最大限度地吸引参与者找到适合自己的课程模块。其次,包容性是指课程的覆盖面和职业领域。英国能力本位课程几乎涵盖了英国所有的职业岗位和职业领域,而且对每个领域的学习水平和要求都有明确具体的规范描述,这能够确保所有人找到自己的位置,具有巨大的包容性。最后,全纳性是指这种课程改变了传统的学习模式,构建了一种对所有学习方式表示认可的机制。当然,英国能力本位课程也存在一些争议和批评,比如有人认为 NVQ 是一种狭隘的能力观,没有考虑到企业未来的需求。② 也正因为这样,21世纪后,英国提出了核心技能等新的能力要求。应该说,英国的能力本位课程是发展的能力课程。

---

① 邵元君,匡瑛.全纳的创新资格框架:英国的 QCF[J].外国教育研究,2011,38(10):70.
② 徐国庆.职业教育项目课程开发指南[M].上海:华东师范大学出版社,2009:274.

第三节　英国职教教师能力本位课程的逻辑

基于能力本位课程的理念,本节主要分析英国职教教师教育课程的逻辑。为研究方便,本书选择伦敦城市行业协会与继续教育学院开设的模块化课程和高等教育机构开设的一体化课程作为案例进行说明,旨在阐明英国职教教师教育课程的逻辑与组织方法等。

一、能力本位课程的逻辑:伦敦城市行业协会"教育与培训3级认证"

我们从前文已经了解到,能力本位课程的核心是能力要素和能力标准,能力要素是让学习者了解需要掌握哪些能力或能力的哪些方面,能力标准则是对能力应该达到的水平和程度进行科学的描述,以确保学习者的学习是有效的。当然,我们还可以看到,能力本位课程的表征方式一般是单元和证书。因此,英国职教教师教育课程大体上也可以按照这些基本要素来分析。

（一）能力本位课程的内容与结构

伦敦城市行业协会"教育与培训3级认证"（Level 3 Award in Education and Training 6502,简称"6502课程"）是针对英国职教教师"教学"学科领域的认证课程。该课程共有12学分,6个单元模块（Unit 301~Unit 306）,分为3个选项组,如图4-3所示,包括:

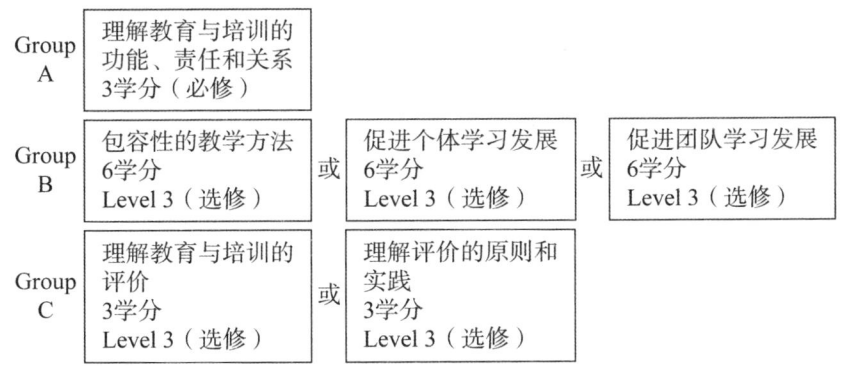

图4-3　教育与培训3级认证（QCF）

（1）Group A（必修）:理解教育与培训的功能、责任和关系;

（2）Group B（选修）:包容性的教学方法,促进个体学习发展,促进团队学习发展；

（3）Group C（选修）：理解教育与培训的评价,理解评价的原则和实践。

伦敦城市行业协会"教育与培训3级认证"共12学分,每个学分从"应知""应会"两个维度对学习者提出具体能力的要求。以"理解教育与培训的功能、责任和关系（必修）"为例,对学习者的要求如表4-3所示。

表4-3 "理解教育与培训的功能、责任和关系"模块的学习

学习结果（learning outcome）：
学习者应（the learner will）： 知道、理解在教育和培训中的教学角色和责任
评价指标（assessment criteria）：
学习者能够（the learner can）： 1. 说明教学的作用和责任是什么 2. 总结自己在教育实践和要求中的作用和责任的核心方面等

其他模块课程共计12学分、120小时的学习任务也按照上述逻辑实施,确保学习者的学习质量。这种课程体系为确保学习者获得相应资格及其资格的修订和完善提供了便利。

（二）能力本位课程的学习策略

关于如何选择"教育与培训3级认证",伦敦城市行业协会的课程指南（*Qualification Handbook*）有明确规定,要求申请人必须19岁以上,需要选择一个学科,并接受英语、数学和ICT的评价和测试。也就是说,在申请该课程时,颁证机构有一个基本的评估和判断,其中包括对申请者的指导,确保模块课程适合学习者的发展。

指南中还专门对"先前学习认证"（Recognition of Prior Learning,简称RPL）作出了说明。指南明确指出,"6502课程"的所有单元都接受先前学习认证,比如学习者当前或过去获得的个人经验或资格,但申请者需要提供先前学习成就证明。在具体学习选择上,该课程还提供了"选修"和"必修"两种类型。

二、能力本位课程的组织：Cert Ed 与"教师专业发展 1"模块化融合

（一）模块化课程

模块化课程就是以程序模块化的构想和编制原则为标志设计的课程。该

课程不同于其他课程概念,关键在于"模块"。"模块"(module)原意是建筑施工的标准砌块,如尺寸一样的砖头等。模块化指的是一个完整程序或系统按照功能分成若干个独立、完整同时又有一定联系的部分,也就是把一个完整的系统分解成若干个部分。[①] 模块化课程最早出现在英国牛津地区、莱斯特城和谢菲尔德教育当局的文献中。

模块化课程具有鲜明特征。首先,模块化课程组成单位小而完整,亦可称为单元。小到什么程度呢?一般而言,每个模块 6—18 周学完,包括 12—36 课时。模块化课程虽然深入短小,但有明确的教学目标和内容。当然,不同的目标对应不同的内容、表达和实现方式。从教学和培养人才的角度来看,每个模块都有独立的教育、学习和评价单位。其次,模块化课程是选修的对象。对学习者特别是曾有学习经历的人而言,模块化课程有利于其选择适合自己的内容和模块,避免浪费时间和重复性学习。最后,模块与模块之间可以形成一个大的课程逻辑体系,构建出更大目标的完整的模块单位。由此可见,一个模块可以是数种模块课程的组成部分,一个完整的课程模块可能由不同学科的模块组成。

如何实施模块化课程呢?一般认为,模块化课程的实施有三个条件:一是学生自主选择,二是有足够的课程模块可供选择,三是有完善、独立的模块认证和评价方法。

(二) 模块化课程的组织设计

针对不同学习者可能存在的多元化学习需求,英国教师教育机构专门提供了灵活、开放的模块化课程。这种课程充分体现了先前学习认证和不同地域、不同机构与不同学习者学习的可能性。下面以一所大学和一所继续教育学院提供的针对职教教师的入职课程为例,说明不同机构的课程是如何相互融合和沟通的。

1. Cert Ed 模块化课程

这是英国沃尔夫汉普顿大学教育学证书课程,该类课程共有 6 个模块,每个模块占 20 学分,如图 4-4 所示。第一年的培训学习有 3 个课程模块,分别是"导论""教师专业发展 1"和"专业学习"。第二年的培训学习也有 3 个课程模块,分别是"课程、政策和实践""教师专业发展 2"和"专业学习与在线学习"。

---

① 张民选.模块课程:现代课程中的新概念、新形态[J].比较教育研究,1993(6):11-12.

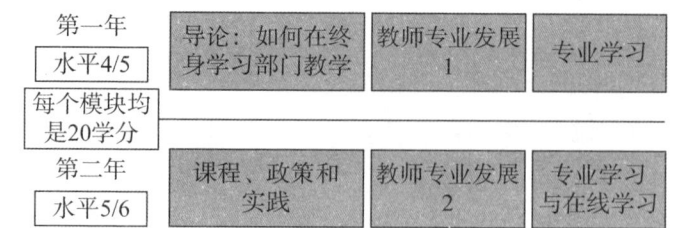

图 4-4　英国沃尔夫汉普顿大学教育学证书/专业教育证书模块课程

其中,"教师专业发展 1"模块又包括:

（1）模块基本信息（模块名称、领导联系方式、地点、学年等）；

（2）模块内容具体信息（内容要求、成果要求和评估、模块评估要求和指标等）。

在"教师专业发展 1"的内容介绍中,特别强调"模块反映了专业标准 ETF 专业标准（2014）"。①

2."教师专业发展与实践 1"模块课程

这是南威尔士大学与继续教育学院为兼职教师准备的一个模块课程,课程共 20 学分,如图 4-5 所示。

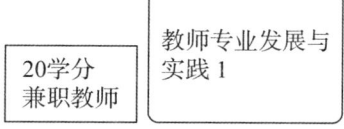

图 4-5　南威尔士大学与继续教育学院伙伴合作课程

该课程模块的主要内容包括 10 个方面:(1)领导联系方式;(2)模块目标和成果;(3)评估任务;(4)分配具体评估标准;(5)阅读列表;(6)作业文档;(7)一般信息;(8)教学实践评估标准;(9)教学实践日志时间表格;(10)教程记录表。

比较发现,该模块内容与图 4-4 中的教育学证书 Cert Ed 模块的第二模块内容一致,学分一致。换言之,该模块不仅是前面大学文凭模块的组成部分,还可以作为独立的课程模块成为证书课程,满足兼职教师的需要。学习者只要有需要,就可以选择某一模块进行学习。

三、能力本位课程的平台:QCF 的学分转换

事实上,英国职教教师教育课程的组织不仅体现在内部课程组织的灵活

---

① 石伟平.国际水平职教师资培养标准、培养方案、核心课程和特色教材开发研究[R].上海:华东师范大学,2015:178-182.

性,更体现在课程模块的独立性与外部沟通性,上述两种课程如果不能对接和转换,其多元化学习就难以在继续教育学院和相关机构得到认可。英国政府在 20 世纪建立的可相互转换沟通的国家资格框架,现在已经被资格学分框架(Qualifications and Credit Framework,简称 QCF)代替。(说明:最近的 RQF 在 2017 年 10 月已经正式取代 QCF。)

(一) 模块的沟通衔接:基于 QCF 转换

英国的模块化课程是一种选修的学分课程,以资格学分框架为逻辑展开。为了实现资格互换转化,英国建立了国家资格框架,2011 年转变为资格学分框架。① 在 QCF 下,英国提供证书、资格和文凭的机构之间可互相转换,以确保对学习者多元化学习选择和学习结果的认可,如图 4-6 所示。

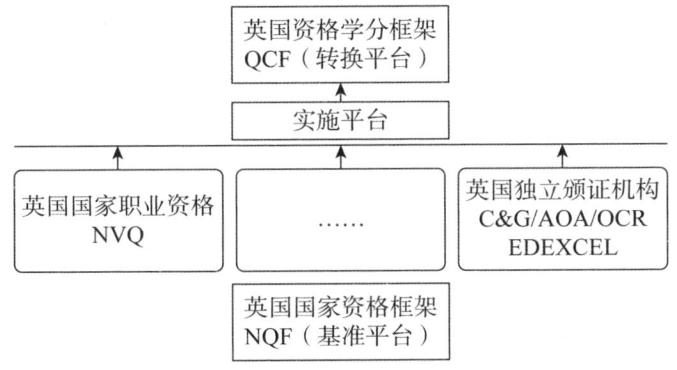

图 4-6 英国职业教育体系的转换平台

英国职教教师的资格证书是和英国资格学分框架紧密对应的。在资格学分框架中,学习模块或单元是基本单位,每个学习模块都有一定的学分和级别。学习量分为三种:认证(1—12 学分)、证书(13—36 学分)和文凭(37 学分及以上);资格级别共分为 9 级,难度上涵盖从入门级到第 8 级。每种资格都有自己的组合规则(rules of combination,简称 ROC),详细规定了获得该资格需要的学习模块。②

---

① 英国资格与考试办公室(The Office of Qualifications and Examinations Regulation,简称 Ofqual)于 2015 年 9 月发布了一个新的资格框架——规范资格框架(Regulated Qualifications Framework,简称 RQF),用于代替延续 7 年之久的资格学分框架(QCF)。RQF 于 2015 年 10 月 1 日开始正式实施,QCF 已在 2015 年 9 月 30 日被终止。新的 RQF 将入门级分为三个水平,包括从入门 1 级到水平 8(Level 8)共 11 个等级,而其他层级则没有变化。

② 石伟平,匡瑛.比较职业教育[M].北京:高等教育出版社,2012:21.

（二）模块结构的整合：部分与整体

南威尔士大学的"教师专业发展与实践1"课程模块与沃尔夫汉普顿大学的教育证书课程之间实际上是部分与整体的关系。学习者选择了南威尔士大学课程模块后获得20个学分,这些学分会记录在QCF专门为学习者提供的个人学分登记簿(Learning Awards Record,简称LAR)上,这样学习者以后学习其他模块时,这个模块可以在整体模块中替换同类模块,确保学习者的学习多元化得到认可,同时在证书、资格和文凭之间实现对接。

实际上,课程不仅是知识的组合,更是结构的组合,只有合理的结构才能适合多元化的需要和选择。如果把人的能力比作对外的功能,按照结构功能主义的观点,结构是决定功能最为重要的变量。① 在提倡自主性学习和教师专业化发展的信息化时代,提供合理的课程结构具有重要价值。英国的课程模块正是按照结构功能主义理念进行组合,使课程目标能够在部分模块与整体模块之间融为一体,为学习者提供更便捷的功能性服务。

本 章 小 结

本章重点讨论了英国职教教师能力本位课程的内涵、结构、组织与逻辑。

英国典型的能力本位课程是怎样的？通过对NVQ的分析可发现,NVQ是英国能力本位课程的集合体,包括能力标题、能力单元、能力要素与能力标准。能力本位课程的表征方式包括标题、能力单元、具体指标及应用范式。英国教师能力本位课程的实践逻辑是怎样的？以伦敦城市行业协会的"教育与培训3级认证"和沃尔夫汉普顿大学的教育证书课程为例,可发现英国职教教师教育课程具有模块化与可选择、部分与整体融合、沟通与衔接等鲜明特征。能力本位课程为英国的具有行业特征、以兼职为主的职教教师的学习提供了便利,但其随意性和自主性的特征让人对其实践产生怀疑。英国职教教师能够边工作边学习,有效地完成能力课程吗？怎样的制度和学习方式能够确保他们做到这些,以及他们如何做到这些呢？我们有必要带着这些问题,进一步考察和分析英国职教教师的学习方式和评价制度。

---

① 徐国庆.职业教育项目课程开发指南[M].上海:华东师范大学出版社,2009:25.

第五章

英国职教教师的教育模式：
工作本位学习

工作本位学习已经成为英国职教教师的主导学习方式。19 世纪以来,英国职教教师基本来自生产实践的工作岗位;"二战"后,英国在选择职教教师培训基地时,最终淘汰了诺丁汉大学,选择了职业技术学院;2012 年,英国把这种学习上升到学校领导(college/school-direct)教师入职教育的高度。英国职教教师的这种学习安排有什么依据?其本质内涵和实践效果如何?目前形成了哪些具体的实践模式?教师学习的制度设计是怎样的?以上问题都有待回答和深入探讨。本章重点分析英国工作本位学习的内在动因、内涵和实践模式、制度保障和设计等,从而帮助大家从整体上理解英国职教教师工作本位学习制度的设计和做法。

第一节　工作本位学习的动因分析

作为英国职教教师专业发展的主导模式,工作本位学习的实践有其深刻的内在动因和外在背景,包括英国职教教师专业发展的历史传统、英国经验主义哲学的深刻影响、情境学习理论的引导等,同时也深受终身学习、能力本位和反思性学习等学习理论的影响。

一、英国经验主义哲学的文化传统

工作本位学习的核心是实践经验的学习。经验主义哲学是工作本位学习的哲学基础,英国经验主义哲学为职教教师的工作本位学习提供了思想基础。经验主义在英国有丰富的土壤,一大批经验主义大师都来自英国,如弗朗西斯·培根(Francis Bacon)、霍布斯(Hobbes)、洛克(Locke)、休谟(Hume)等。那么,工作本位学习是如何与这些传统经验产生千丝万缕的联系的?应该如何看待传统经验主义哲学对英国工作本位学习的影响?笔者认为,必须回到工作本位学习的认识论与知识论的基础上,对知识的产生以及人们如何学习进行深刻的哲学思考。这一思考显然离不开英国传统哲学对知识和实践的认识。

(一) 培根:经验是知识的基础

培根是西方近代经验主义哲学的创始者,他的哲学思想给西方哲学带来了根本转向,也使中世纪抽象思辨神学走向终结。他反对古代权威,反对亚里士多德、希腊哲学和空洞的经院哲学。培根认为,经院哲学脱离自然,反对科学。他特别提出人类心灵固有的导致谬误的癖性就是"假相"(idola mentis),即把人的心灵引入歧途的影像或幻象。在随后的著作中,他提出要区别四种假相:种族假相、洞穴假相、市场假相、剧场假相。① 他认为我们必须抛弃传统的思想体系和大脑中固有的偏见,即上述四种假相。

如何做到抛弃偏见? 必须寻找新的科学方法,在新的认识论和方法论的指导下发展新技术,重建人类科学和知识的新体系。培根认为,新的知识体系的目标不是停留于思辨,而是要用工作征服自然。

首先,感官是一切知识产生的源泉。培根认为:"人作为自然界的臣相和解释者,他所能做、所懂的只是如他在事实中或思想中对自然进程所已观察到的那样多,也仅仅那样多;在此以外,他是既无所知,亦不能有所作为。"② 显然,培根认为科学观念不能脱离自然和经验的实践。理性只能为感官提供材料,其本身不能产生真理。

其次,在方法论方面,培根提出科学要以经验为基础。科学的最好的论证就是经验,西方之所以先前科学不发达,就是因为蔑视和排斥经验。如何获取经验? 培根引入科学实验,认为实验室可以弥补感官的局限,保证认识的真理性。虽然提出了实验的方法论基础,但培根也提醒人们:"在自然研究中,一切先入之见都必须置之不理;我们必须提防仓促的对自然作'预测'的意向,因为'自然的精妙要比论证的精妙胜出许多倍'。"③ 可以看出,在对科学的态度方面,培根显然认为不能只依靠感官经验,还需要依靠理性的实证,同时更应该把两者结合起来。但不得不说,培根对经验的重视远超对理性的可靠性认识。

总之,诉诸经验、依靠经验、以经验为准绳、从经验中寻求普遍规律是培根

---

① 威廉·R. 索利.英国哲学史[M].段德智,译.北京:商务印书馆,2017:22.
② 培根.新工具[M].许宝骙,译.北京:商务印书馆,1997:7.
③ 同①:24.

所倡导的认识论原则。换言之,这是工作本位学习的一种本质的体现。

(二) 洛克:"感觉"与"反省"是全部知识的基础

按照英国哲学史的说法,洛克可被视作英国哲学领域最重要的人物。那么,洛克的哲学思想到底重要在哪里?国内许多学者对洛克进行了研究,主要集中在洛克经验主义认识论方面,包括白板论、观念论和知识论。在白板论中,洛克批判了天赋观念的论调,提出了著名的"白板说",为人的发展和学习成长提供了理念基础。在观念论中,洛克提出了简单观念和复杂观念。在知识论中,洛克提出"感觉"与"反省"是全部知识的来源。这些观点对职教教师的工作本位学习具有重要价值。

首先,洛克肯定了人的主体能力的存在。他在《人类理解论》中提出:"人的理解可以说是心灵中最崇高的一种官能。"这里的"理解"指人的认识能力。洛克最广为人知的论说是"白板说"。他认为,人的心灵如一块白板,上面没有任何标记和观念,"知识是基于经验而源于经验的"。① 这就是欧洲哲学史上著名的"白板说"。

实际上,洛克所说的"白板"是以承认人类主体理解力为前提的,只是人类要形成自我的认识和知识,需要借助经验和外界的接触与实践,因为在他看来,人的心灵好比一块白板,无法自己产生经验和知识。这也就是洛克说的:"人们只要运用自己的天赋能力,则不用天赋印象的帮助,就可以得到他们所有的一切知识。"②

在肯定人的主体能力之后,洛克提出了简单观念与复杂观念。简单观念就是由感觉或反省得来的关于外部事物和心灵活动的直接经验或观念。在他看来,简单观念的主体一般是被动的。但是,人们可以借助主体能力获得外部事物及心灵活动的简单观念,进而构造出复杂观念。复杂观念是主体在对简单观念进行组合和分离时由人心随意造成的观念或命题。现在,我们可以明白为什么教师必须开展反思性实践。按照洛克的观点,简单观念并不可靠,在没有足够的刺激和主体的经济关照下,简单观念难以产生,复杂观念更不可能构造。

其次,洛克认为"感觉"与"反省"是我们获得全部知识的两个来源。知识就是两种观念是否符合的感知,这和他所强调的"我们的一切知识都是建立在

① 洛克.人类理解论[M].关文运,译.北京:商务印书馆,1959:68.
② 同①:6.

经验上,并且最后是来源于经验的"完全对应。我们当然需要获得对经验的感觉,但这样还远远不够,我们人类还具有自我的理解力,还可以反省以至于形成自我的知识。当然,我们并不知道洛克当时说的"反省"是否与我们今天说的"反思"是一个意思,但他至少强调了这是知识的来源。这对我们的学习和实践具有重要的指导意义。

有国内学者对洛克的思想进行了深入的研究,指出洛克还从经验论出发对学习训练进行了指导。"洛克认为干练的事业家,必须先受到身体、道德、智力等多方面的训练。洛克主张不让孩子去记许多规则和教条,他认为正确的方法是叫孩子反复去做,直到做好为止。这样的练习可以在孩子身上形成好的习惯,效果是永久性的。"①教育家顾明远先生对英国经验主义进行了精辟的总结,他认为英国经验主义具有理性的特点:"第一,崇尚经验,注重实证;第二,富于怀疑精神,即不轻易接受新异的理论或方法,因为未经实践验证,其效果是不可知晓的;第三,讲求效用,即凡事注重实际效果,反对空洞的观念;第四,注重审慎的实验,反对激烈的变革。"②

"二战"后,英国在选择职教教师培训场所时,通过实证的方式把诺丁汉大学淘汰出局;当前,英国商业、创新与技能部把教师入职教育的主导权完全交给教师工作所在的学院。结合英国职教教师发展的历史,不难发现,工作本位学习路径的选择基于实践者的工作经验,充分体现了英国近代经验主义哲学的思想。

二、英国职教教师的现实性选择

首先,英国职教教师在构成上具有多样性。1992 年英国继续教育市场化后,大部分教师为兼职教师或临时工。根据相关资料,英国职教教师的身份可以分为 9 类,包括:高级经理,其他经理,行政人员,技术人员,服务人员,文字处理人员、书记和秘书,评估员和鉴定员,教职人员(讲师、导师和培训人员)和其他人员,如表 5-1 所示。③ 可见,英国职教教师的构成人员非常复杂多样。

---

① 吴珠丽.洛克的教育思想及其当代意义[D].武汉:武汉理工大学,2008:7.
② 顾明远.民族文化传统与教育现代化[M].北京:北京师范大学出版社,1998:197.
③ 说明:相关英国职教教师数据是笔者 2013 年 3 月在英国考察期间,由英国学院联盟提供,目前英国职教教师人数因统计过于复杂,没有具体数据。

表 5-1　2013 年英国继续教育学院教师情况

职位群类(occupational group)	数量(number)	比例(percent)
高级经理(senior managers)	977	0.4%
其他经理(other managers)	15256	6.2%
行政人员(administrative & professional staff)	17719	7.1%
技术人员(technical staff)	15248	6.2%
文字处理人员、书记和秘书(word processing, clerical and secretarial staff)	25363	10.2%
服务人员(service staff)	39044	15.8%
评估员和鉴定员(assessors & verifiers)	6617	2.7%
教职人员（讲师、导师和培训人员）[teaching staff (lecturers、tutors & trainers)]	122578	49.5%
不知道和未列举的(not known / not provided)	5057	2.0%
全体人员(total)	247859	100%

这些教师并不是全职教师，大部分是兼职和小时制教师。伦敦大学卓越教师中心调查发现：以大伦敦市（Greater London）为例，2008 年兼职教师的比例为 66%。2293 名教师为全职（45%），916 名教师为部分时间制（fractional，14%），2286 名教师为小时制（hourly paid，34%），482 名教师为代理教师（agency staff，7%）。

目前，许多职教教师是临时工，60% 的教师为兼职教师，他们认为自己与教学关系不大，没有时间去反思、更新学科知识。因此，要想让这些教师成为教学专家，在职的岗位学习是唯一的办法。

其次，作为在其他领域具有经验和资格的群体，英国职教教师天生没有在学校教学的经验，这一直是英国职业教育师资的特征。用劳耐尔（Rauner）的观点看，注重资格证书而不强调大学学术是英国职教教师的一贯传统。做职教教师尤其是专业教师需要优先职业资格，教学资格在英国只是第二职业。事实上，我们发现至今仍有许多专业教师没有取得教师资格证书。我们一直认为，教师教育似乎是一种认知教育，受训的新教师对教学的认识往往是一片空白，他们只能在被动中接受如何教学；我们还认为，教师教育的目的是向受训者提供有关教学的知识和技能的训练，使教师能够自主、有效地把这些知识和技能应用于教学实践。研究表明,上述认识是难以成立的(Marvin Wideen, Jolie Mayer-Smith & Barbara Moon,1998)。① 因此,不能简单地把教师教育理解为由大学提供理论知识和技能,然后再去任教的学校开展教学实习实践。英国人一直秉承的教学是基于实践、通过校本的教师教育和听课制度,它是具有理论思考的实践行为,并不是一种纯粹的经验主义的设想。教师资格证书的获得离不开教师岗位和工作实践。由此可见,如果说教师的教学是一种自我学习和完善,其学习天然就是工作本位学习。②

再次,1992年英国颁布《继续教育与高等教育法》之后,兼职教师就成为学校的核心力量。兼职教师的身份决定了这些教师只能把部分时间用于学校教学。以英国伯顿德比郡继续教育学院为例,体育与健康专业与当地足球联盟合作,酒店管理专业建立了服务社区的自营酒店,学徒制的课程则通过和合作企业采用"4+1"模式联合开展实施。上述课程的实施大部分由行业和企业富有经验的专业人员完成。兼职教师要想获得相关证书,只能通过完成工作来实现。当然,学校内部也提供了多种教师专业发展路径,以促进和提升教师的专业教学水平,如教师日、教师发展周等。

最后,英国面临教师老龄化和专业教师短缺的现实。老龄化不仅是职教教师面临的问题,也涉及各级教育师资。除了英国之外,整个欧洲的其他国家也都面临着教师老龄化的问题。针对老龄化的现实,英国政府已经允许海外获得相应资格的教师进入英国教育体系任教,英国教育部专门为此发布通知和说明。此外,一些专业性学科因无人能教,也成为职业教育发展的瓶颈。在教师难以得到充足供给和合理补充的情况下,工作本位学习是保持教师专业发展的唯一路径。

三、情境学习与模式2理论的本质要求

工作本位学习有着复杂的理论基础。情境学习理论、反思学习理论、默会知识理论和模式2理论都为工作本位学习提供了理论参照。③ 上述理论对职

---

① 白益民.教师的自我更新:背景、机制和建议[J].华东师范大学学报(教育科学版),2002,20(4):31-32.
② S. Bolhuis. Learning in the Workplace: New Theory and Practice in Teacher Education[M]// Jan N. Streumer. Work-Related Learning. London: Springer Press,2006:263-282.
③ 何杨勇.英国高等教育中的工作本位学习研究[M].杭州:浙江大学出版社,2015:170.

教教师的发展具有重要的理论和实践价值。

(一) 情境学习理论

实际上,情境学习理论颇有渊源。作为一种典型的情境学习形式,工作本位学习就是关于在具体实践情境中学习的理论。情境学习理论的基础是认知心理学和文化建构主义。首先,以皮亚杰为首的认知心理学流派强调,学习是一项复杂的活动,其本质在于改变人的内在知识结构。也有人认为学习是个人获取、储存和加工信息的过程。文化建构主义主要是苏联心理学家维果茨基提出的,他认为社会文化对个人心理的形成和发展具有主要影响。有学者认为,情境学习理论超越了传统的心理学的情境观,是基于人类学、批判理论、生态学和政治学的相关学科的发展。但不管怎么说,情境学习理论已经成为职教教师学习的重要理论。

20世纪初,杜威就提出要把情境搬到课堂教学中,他认为:"生活是真正的教育家,而学生求学的地方却成为世界上最难取得实际经验的地方。应该把社会搬到学校课堂中。"[1]显然,杜威在20世纪早期就对情境学习的方法提出了自己的设想。

1929年,怀特海(Whitehead)在《教育的目的》中提出了"惰性知识"的概念。他认为:"在无背景的情境下获得的知识,经常是惰性的和不具备实践作用的。"[2]他对"惰性知识"的批判也在提醒教育工作者要关注情境的学习。

1987年,瑞兹尼克(Resniek)在《学校内外的学习》中提出了"学校内的学习"和"学校外的学习"。她认为学校内的学习一般是有目的、有计划的,通常借助抽象和推理的方式;学校外的学习则是偶然的、具体的,常常要根据情境推理。[3] 随后,1989年,布朗(Brown)和柯林斯(Collins)等在《情境认知与学习文化》中明确指出:"知识与活动不可分割,知识在活动中、在其丰富的情境中不断被运用和发展,知识具有情境性。"[4]言下之意,要获取知识就得参与情境学习。

1991年,莱夫和温格在《情景学习:合法的边缘性参与》一书中提出了三

---

[1] 陈秋怡.情境学习理论文献综述[J].基础教育研究,2016(19):38.
[2] 同上.
[3] 韩玲玲,张康凤.对情境学习理论的几点认知[J].吉林粮食高等专科学校学报,2004,19(3):26.
[4] John Seely Brown, Allan Collins, Paul Duguid. Situated Cognition and the Culture of Learning [J]. Educational Researcher,1989,18(1):32-35.

个核心概念:实践共同体、合法的边缘性参与、学徒制。① 此后,情境学习广泛应用于专业学习的研究和实践之中。

从不同学者对情境学习的关注和解释可以发现,情境学习具有下列特征:一是情境对学习具有重要价值,不管是校内还是校外,凡是离开情境获得的知识,就有可能令人怀疑,甚至变成"惰性知识",因此必须构建适合教师学习的情境;二是参与具有重要性,莱夫和温格告诉我们如何从新手变成专家,我们是合法的学习者,虽然可能是新手(只能边缘性参与),但是一定要参与;三是实践共同体,莱夫和温格把工作界定为基于学习的社会理论,即学习是社会化的情境活动,强调社会和文化过程中的塑造学习,鼓励在广泛的社会和历史文化背景下理解个体的经验。

(二) 模式 2 理论

模式 2 理论是英国学者迈克尔·吉本斯(Michael Gibbons)提出的关于知识分类的理论。他把知识分成模式 1 和模式 2。模式 1 知识的产生过程主要是线性的、因果关联和累积的,是一个封闭体系,被权威科学家所认同,是可以还原的。吉本斯认为,模式 1 等同于科学。而模式 2 知识是在应用情境中产生的,具有跨学科性质(trans-disciplinarity),知识类型和生产场所是多元的,带有高度的反思性。对于两类知识的关系,吉本斯也进行了详细阐述,他强调:模式 1 是模式 2 之基础,是模式 2 的家;同时,模式 2 对模式 1 知识的丰富、发展和理解具有重要的帮助作用。②

吉本斯的上述观点为职业教育专业课教师和理论课教师的学习提供了理论依据。对专业课教师而言,他们可能需要更多地参与理论知识的学习,以提升自己对本专业知识的理解,打好基础,然后适度地参与工作本位学习。而对理论课教师而言,由于他们中的大部分人都属于模式 1 知识的行家,因此必须加强对模式 2 知识的领会与掌握,更多地参与工作实践,丰富视野,拓宽知识面。

(三) 默会知识理论

英国哲学家波兰尼(Polanyi)曾说:"我所懂的永远多于我所能够言表

---

① 莱夫,温格.情景学习:合法的边缘性参与[M].王文静,译.上海:华东师范大学出版社,2004:8.
② 何杨勇.英国高等教育中的工作本位学习研究[M].杭州:浙江大学出版社,2015:170-172.

的。"①这是对默会知识最为经典的阐述。在波兰尼的著作《个人知识》中,他提出:"知识包括两种类型,一种是可以使用书面文字、图表或数学公式表达的知识,另一种是无法系统表述的知识(行动和实践之知识)。前者命名为显性知识(explicit knowledge),后者称为默会知识(tacit knowledge)。"②波兰尼的两类知识论对职业教育工作者而言具有革命性影响,当前职业教育的课程与教学已经被这一理论所深刻影响。按照波兰尼的分类,把职业教育的教学分为理论教学和实践教学是有科学道理的,职业教育大力推行学徒制符合波兰尼有关默会知识理念的实践。许多不明真相的实践者误认为默会知识只是一种程序性知识,实际上默会知识更是一种认知模式。哲学家郁振华就指出:"在波兰尼看来,默会知识本质上是一种理解力(understanding),是一种领会、把握经验,重组经验,以期实现对它的理智控制的能力。"③

郁振华先生的这句话可谓切中要害,有时候我们突然"茅塞顿开"或者说"顿悟",就是一种理解力在实践中的体现。事实上,职教教师只有在工作本位学习中经历更多的"顿悟"和"默会",才能更快地成长。

四、工作本位学习方式的效果

英国是非常重视经验与实证的民族,这一点在英国确定职教教师培训地点,以及培根和洛克的哲学思想上得以充分展示。哲学家波兰尼1967年提出的"默会的知识更应该通过工作岗位的实践来获得"在理论层面早已成为共识。作为实践者,我们可能更喜欢那句"实践才是检验真理的唯一标准"。英国终身学习部门曾对两类学习者的学习进行比较分析,发现基于工作岗位的学习方式的效果的确优于传统的以知识获取为主的学习方式。

英国国家就业技能调查中心对英国劳动力市场专业人员1995—2012年的两种学习方式——获取知识的学习(learning as acquisition)、自主参与和自主建构的学习(learning as participation and construction)——进行调查分析,发现以自主参与为主的学习效果比以知识获取为主的学习效果更好,如图5-1

---

① Michael Polanyi. The Tacit Dimension[M]. London:Routledge & Kegan Paul,1966:4.
② Michael Polanyi. Study of Man[M]. Chicago:The University of Chicago Press,1958:12.
③ 郁振华.波兰尼的默会认识论[J].自然辩证法研究,2001,17(8):6.

所示。① 其中,获取知识的学习方式包括:使用计算机获取相关信息、阅读与工作相关的书籍和资料、使用工作之外获得的技能、自己选择学习某项资格技能,以及参加由雇主或自己付费的培训课程。自主参与和自主建构的学习方式包括:试错法、听别人讲怎样做、反思自己的实践、由别人示范如何做某项工作和任务,以及按照规范的流程工作。

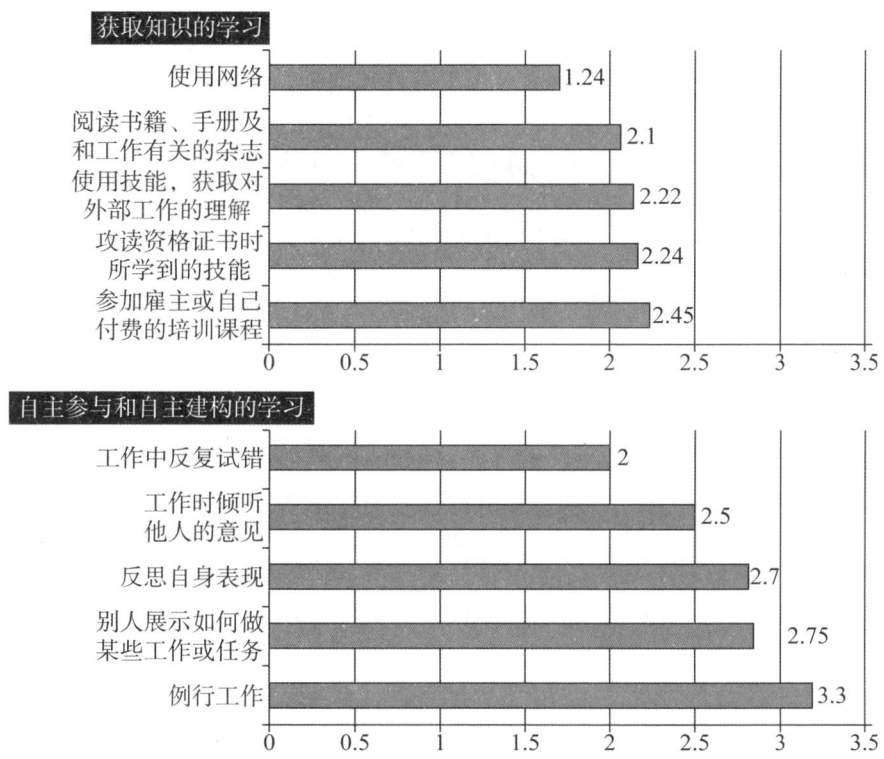

图 5-1 获取知识的学习效果 VS 自主参与和自主建构的学习效果

从图 5-1 可以看出,自主参与和自主建构的学习方式的效果明显好于纯粹的获取知识的学习方式(除了传统的试错法外)。英国国家就业技能调查中心 90000 家雇主机构反映的结果显示,51.8% 的人认为"通过做这项工作来改进工作最有效",49.7% 的人认为通过计算机下载资料和在线学习没有太多帮助。② 虽然英国相关机构对这两种学习方式的调查面向所有就业者(包括教师),但这也足以说明自主参与和自主建构的学习方式具有更大的价值。

---

① Alan Felstead, Lorna Unwin. Learning Outside the Formal System: What Learning Happens in the Workplace, and How Is It Recognized? [M]. London: Government Office for Science, 2017: 12-13.
② 同①: 11.

为什么要把工作岗位作为学习的场所？英国就业与技能部门从 1992—2012 年的调查数据中发现，反馈者对工作场所作为学习机构表示认可，并认为正是由于工作的要求，他们必须不断学习新的东西，如图 5-2 所示。

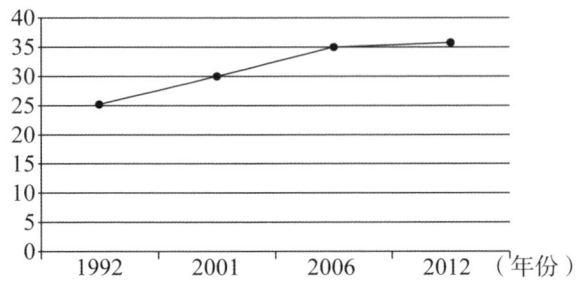

图 5-2　内在需求促使学习（Britain，1992—2012 年）

基于上述结论，英国终身学习与技能部门认为，英国的技能形成政策需要更为开阔的视野。目前英国的基于个体以获取法定的知识与技能（prescribed skill and knowledge）的技能形成政策是不充分的，应该加强对个体学习者的非正式学习和在岗学习的技能认证。或许是出于这方面的考虑，英国政府建立了"先前学习认证"制度，目的是不仅促进学习者更有效地工作，还使其学习能够得到国家的认证和记录。

第二节　工作本位学习的内涵与模式

工作本位学习（work-based learning，简称 WBL）目前没有统一的界定，通常被理解为与工作相关联的学习、在工作场所学习（workplace learning）或为了工作的学习等。国内有学者把它译为"业本学习"。① 需要说明的一点是，工作本位学习是一种学习机制和模式，不是具体的某种工作或学科的学习。关于工作本位学习，有许多不同的理解和认识。本节将重点介绍英国职教教师工作本位学习的四大模式，进而使读者更深刻地理解其内涵。

---

① 托马斯·贝利，等.工作实践出真知：业本学习与教育改革［M］.许竞，等译.北京：中国人民大学出版社，2011.

一、工作本位学习的内涵

厄劳特(Eraut)2004年对工作本位学习提出了自己的观点,认为它有以下三个特征:(1)工作本位学习是一种非正式的学习,而且大部分无法看见,研究者很难了解和意识到学习者到底学到了什么,因此根本无法讨论;(2)在工作场所获得的知识可能是默会的或一般能力的知识,因为学习是发生在正式机构中的;(3)学习由编纂、命题知识所主导,所以受访者经常发现很难描述更复杂的工作领域和专门知识的本质。①

澳大利亚的斯蒂芬·比利特(Stephen Billett)则持完全相反的观点,他认为"工作场所的经验不是非正式的,它们是历史文化实践与实践情境要素结合的产品"。他在《工作本位学习:超越非正式,构建工作本位学习框架》中对工作本位学习进行了全面的论述,认为所谓"工作本位学习",即通过工作进行职业学习或在特定的工作环境中进行特定的职业学习,这是TVET的核心。文章指出,纵观人类历史,在实践中学习(比如对工作所需技能的学习)一直是培养职业能力最重要的一个过程,这既符合社会的需求又满足个人的需要。他指出工作本位学习对初入职场的年轻人,特别是对在职业院校就读且正为他们所选择的职业做准备的年轻人来说至关重要。除此之外,工作本位学习对帮助他们维持就业能力、更换工作以及进行漫长的继续学习也是极为重要的。②

英国学者大卫·艾巴特(David Ebbutt)把英国义务教育后教育(post-compulsory education)的工作本位学习分为四个模式:一是把工作本位学习作为进入高等教育机构的资格,通过之前的学习,学习者累计工作经验和学分,达到高等教育机构的认可要求,从而进入高等教育机构学习;二是把工作本位学习作为专业学习方式,学生参加工业、商业和服务业的实践学习,这些都是学位课程的主要组成部分;三是把工作本位学习作为进入工作世界实现就业的路径,通过工作中的经验学习和积累,更早地掌握未来工作所需要的知识、

---

① Kevin Orr, Robin Simmons. Dual Identities: The In-Service Teacher Trainee Experience in the English Further Education Sector[J]. Journal of Vocational Education and Training,2010(1):80.
② 潘壮杰.斯蒂芬·比利特"做中学"理论研究成果译解[J].青岛职业技术学院学报,2015,28(5):26-29.

技能;四是工作本位学习成为课程的一部分。①

琳恩·布伦南(Lyn Brennan)从四个角度对工作本位学习进行了解读:一是在工作中学习(learning at work),也就是在工作场所学习;二是通过工作学习(learning through work),也就是在参与工作时学习知识与技能;三是为了工作学习(learning for work),也就是为了做好当前的工作或未来获得好的工作;四是从工作经验中学习(learning from work),实际上是强调工作经验对学习的价值。②

林克松从职教教师工作场所学习的角度分析,认为工作本位学习是将"知与行""学与教"有机整合的学习方式,更适用于教师专业实践。职业学校教师的"工作本位学习"实践方式包括听课、研讨、集体备课、校本研修、校本课程开发、行动研究等,教师可根据不同的学习风格、行动项目灵活选择实践方式。在实践中,教师需要注重合作学习,而不能依靠"单打独斗"。③

徐国庆认为,工作本位学习有五大特征:一是在工作现场进行学习,二是一种合作教育计划,三是通过工作过程进行学习,四是强调个体对实践过程的积极参与,五是重点在"学"而非"教"。④ 关于如何开展好工作本位学习,他特别指出,关键在于教师努力开发好"做"的学习功能。在教学过程中,教师应该非常了解知识、思维、判断、职业素养等工作本位学习内容是如何嵌入到"做"的每个环节的。他通过对"工作本位学习"与"学校本位学习"进行比较,总结出两者的不同,如表5-2所示。

表5-2 两种情境学习性质的比较

工作本位学习	学校本位学习
更具实践性,更富有意义	更具理论性,乏味,关注"为什么"
压力更大,有时间限制	很少或没有压力和时间限制
需要快速和有效地工作	有时间思考和提问

---

① David Ebbutt. Universities, Work-Based Learning and Issues about Knowledge[J]. Research in Post-Compulsory Education,1996,1(3):357.

② Lyn Brennan. Integrating Work-Based Learning into Higher Education: A Guide to Good Practice[M]. Bolton: University Vocational Awards Council,2005:16.

③ 林克松.职业学校教师工作场学习策略的结构、现状与机制[J].职业技术教育,2015(1):41-45.

④ 徐国庆.工作本位学习初探[J].教育科学,2005,21(4):53-54.

（续表）

工作本位学习	学校本位学习
重点是观察物件如何组合	重点是解释而不是观察
受生产压力的影响，不够详细	更详细，步骤更慢
由工作现场的指导者"灌输"他们所知道的	由教师传授，教学更正规
需要即时创造和做出判断	完成设计好的任务，工作情境更容易预测
掌握那些更为经济、有效但未必正确的方法	跟着书本学习，有机会学习被漏掉的细节
在一天结束时做出物品，以证明学有所获	有休息时间并有时间会见他人
有更多机会使用新的设备与方法	使用陈旧过时的设备与方法
主要教学方法是观察和模仿	主要教学方法是讲授
个别化学习和试错法	小组定向与合作
重点学习与目前应用有关的知识，而且不得不学	学习未来某天需要用的知识

需要特别指出的是，徐国庆教授提出的两种学习方式在英国职教教师的学习中很难区分。英国职教教师更多来源于行业与企业，在获取教师资格证书的过程中，其工作场所恰恰是其所任教的学校，也就是说学校就是其工作场所。因此，本研究对英国职教教师工作本位学习不作严格区分，也就是说工作本位学习涉及工作与学习场所，英国职教教师的双重身份决定了当其作为行业或企业技术专家时，他们的工作和学习场所是行业和企业，而当其作为职业学院教师时，他们的工作和学习场所是学校。

二、工作本位学习的四大模式

英国职教教师的发展历史上有许多不同的教师学习模式，比较有代表性的是以下四种：学徒制模式、校本教师教育（school-based）模式、学校领导（school-direct）模式、卓越发展中心模式。

（一）学徒制模式

这是一种非常古老的工作本位学习方式，由师傅在工作岗位带领徒弟完成具体的工作任务，进而学习技能和知识。学徒制在英国具有悠久的历史。早在12世纪，英国手工业就以学徒制的方式来传承技艺和方法，并在1562年颁布了《学徒法》，该法对师傅和徒弟提出了具体的要求。18世纪，随着工业革命的开展，学徒制逐渐走向消亡。这也说明，学徒制只适用于手工业生产的学习和工艺传承，难以适应现代机器生产的需要。

1. 现代学徒制的启动

20世纪70年代,英国因经济危机失业率上升,直到90年代,失业问题仍没有得到解决。1994年,为了解决就业的结构性问题,英国提出了现代学徒制的概念,受到广大企业雇主的欢迎。英国政府通过采取国家拨款、建立国家学徒制中心的方式支持现代学徒制的发展,英国学徒制管理体系因此得以完善,目前已经构建了多个利益相关者沟通管理的机制,包括商业、创新与技能部,以及儿童学校与家庭部、行业技能开发署、行业技能委员会、学校与技能委员会(地方委员会)、颁证机构、雇主和培训机构等。在科学的管理体系下,2015年度新增学徒近50万。2013年,英国颁布了《英格兰学徒制标准规范》,对原来的学徒体系进行了升级,新的学徒制对应 NVQ7 级,也就是青年学徒制、前学徒制、学徒制、高级学徒制和高等学徒制以及学位学徒制(基础学位、学士学位和硕士学位)的体系,如图5-3所示。① 应该说,英国的现代学徒制已经走出了传统狭隘的工作本位的技能学习,向更宽泛的能力水平发展。

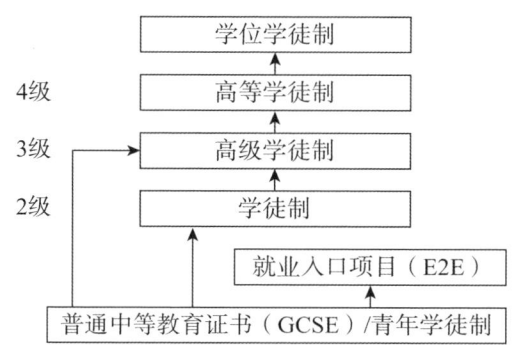

图5-3 英国现代学徒制体系

2. 学徒制的拨款

在经费的保障上,英国政府为所有18岁以下的学徒提供全部培训经费,对19—23岁的成人学徒采取政府和企业共同承担培训经费的策略,对24岁以上的学徒则实施由学徒承担一半培训经费的制度。在具体实践中,英国政府出台了一系列优惠和支持政策,比如为24岁以上具有3级及以上资格的学徒提供贷款服务,为服务学徒的中小企业提供经费资助。这些做法从某种程度上保证了学徒制的完成率。

---

① 孙凤敏,沈亚强.英国现代学徒制的变革动因与最新举措[J].职业技术教育,2017,38(4):70-73.

3. 学徒制的质量保障

为了进一步提高学徒制的质量和声誉,2015年9月,英国通过了《企业法案》,明确了学徒与学生享有同等待遇,并禁止培训机构开展质量不过关的劳动力技能培训。2015年12月,英国发布了《英国学徒制:2020年发展愿景》(*English Apprenticeships: Our 2020 Vision*)并提出:要明确新的雇主主导的学徒制标准,并最终取代目前的学徒制框架;实现宽进严出,提高学徒的技术技能水平和职业素养,增强发展能力,使英国学徒制成为最具有吸引力且迁移能力最强的职业技能培训体系。[①] 由此可见,英国学徒制已成为各类学习者学习的最佳选择。

4. 学徒制作为学习途径的价值

现代学徒制是一种以获取就业资格证书为目标的基于工作场所的学习形式。对学习者和雇主而言,这种学习方式具有重要价值。学习者可以习得与产业对接的最新就业技能,避免了学而无用;雇主则不仅可以获得适合本企业的劳动者,还可以得到国家的拨款,可谓一举两得。学徒制与职教教师的工作本位学习密切相关。英国职教教师大都是来自企业和工厂的专业技术人员,有着丰富的实践经验,他们的学习和教学很多都是基于工作实践开展的。因此,从某种意义上来说,英国职教教师天然的学习方式就是学徒制,只是他们更多以师傅而不是学生的身份出现。但从建构主义理论来看,教学相长,职教教师的教学对其自身而言也是一种学习,因为教会学生是一种需要实践并发展的能力。由此可见,现代学徒制作为英国以就业为导向的人才培养模式,也是英国职教教师自我学习和提升的途径。

(二) 校本教师教育模式

虽然校本教师教育模式早已被大家所熟知,但英国职教教师校本学习与普通教师校本学习并不完全一致。

1. 校本学习的内涵

所谓的教师校本学习是以英国职业学院为基地(school-based)、中心(school-centred)、主导(school-led)等多种模式的教师学习形式;除了学习之外,还可以通过与获得ITE认证的相关高等教育机构合作来培养职教教师。

---

① English Apprenticeships: Our 2020 Vision(Executive Summary)[EB/OL]. (2015-12-07)[2021-06-24]. https://www.gov.uk/government/publications/apprenticeships-in-england-vision-for-2020.

上述模式代表英国不同时代教师本位工作的学习模式,虽然学校在其中的地位有所不同,但从整体上看,都是以学校为工作场所,学习的方式都是以学校为基地、服务学校工作、围绕学校发展。自英国政府正式干预职教教师教育以来,工作本位学习就是教师学习的主要方式。

2. 校本学习的历史发展

英国校本教师教育模式有比较久的历史。1984 年,英国教育部成立教师教育认证委员会,对教师的学习和资格进行认证。随后,大学主导(university-based)教师学习转向校本学习,彼此建立伙伴关系。为了进一步提升教师的教学实践能力,1992 年 6 月,英国政府发布了第九号通告,对英国新入职教师教育提出了新的要求,明确了学校和大学的责任,要求学校在学科教学、教师评价和课堂管理、教学指导与实践等方面发挥主要作用,高等教育机构只提供认证,授予合格资格,保证学术水准。第九号通告被认为是英国校本教师教育的开端。

1998 年,布莱尔政府提出"终身学习"的政策理念,强调知识经济背景下,提高学习能力已成为英国在全世界赢得竞争的根本途径。1998 年 12 月,新工党颁布绿皮书《教师:迎接变化的挑战》,对大学本位的教师教育提出强烈质疑,并提出建立全国的培训学校网络,以推广先进学校培训教师的经验。同年,英国政府颁布了《教学与高等教育法》并成立了普通教学委员会(GTC)。2000 年,英国启动培训学校计划(Training Schools Programme),通过对学校进行认证来加强校本教师教育。在英国,培训学校也被称为卓越教师发展中心(Centres of Excellence)。①

2010 年,英国政府颁布《教学的重要性》,提出要加强对教师实践教学的培养,赋予学校更多自主权和教师发展权。2011 年,为培养杰出的教师队伍,英国教育部颁布了"培养下一代卓越教师"教育战略。英国政府决定由学校来领导和管理新入职教师教育。新的学校领导模式成为英国教师学习的主导,这标志着学校成为真正负责英国教师发展的机构。

3. 校本学习的价值

英国学者按照英国历史发展阶段,将英国职教教师教育总结为四个阶段。

---

① 许明.教师教育伙伴合作模式国际比较[M].北京:人民教育出版社,2012:147-148.

第一阶段：1980 年代至 1990 年代，自愿的合作伙伴关系（voluntary partnership）。1987 年，牛津大学和牛津郡地方教育当局及学校合作，实施为期一年的中学教师"牛津实习教师计划"（Oxford Intership Schemes）。第二阶段：1993 年后，法定的合作伙伴关系（prescribed partnership）。1993 年，英国颁布第十四号文件，规定了 ITE 教师培训的大学与学校的合作伙伴关系。第三阶段：1999 年颁布国家职教标准后，商品化的合作伙伴关系（commodified partnership）。1999 年后，英国 FENTO 颁布国家职教教师标准，通过对整个英国合作伙伴关系进行评估，发现教师入职教育与大学的分离反映了英国教师在英国文化语境中的地位低下。实际上，这种分离和合格教师标准的发展也导致了英国人在"师范性"与"学术性"上的分歧，直接结果是大部分教师通过非学术性的道路进入教师岗位，这也被称为就业本位的路径（employment-based routes）。第四阶段：2012 年至 2015 年，市场主导模式的合作伙伴关系（market-led partnership），实际上就是学校领导模式。①

应该说，上述划分基于英国普通教育教师教育发展的逻辑而言。不管怎样，英国的学校本位实践模式为在职学习者提供了实践教学和提升自我的平台，这种模式在我国学校的教师专业发展中也被广泛应用。

（三）学校领导模式

学校领导的 ITE 模式是在学校领导模式基础上的进一步强化，这是英国教育标准办公室颁布 2009—2010 年度的 ITE 检查报告后英国政府做出的决定。

1. 学校领导模式的背景

2011 年，为培养杰出的教师队伍，英国教育部颁布了"培养下一代卓越教师"教育战略。英国教育大臣戈夫在序言中明确表示，英国要建成世界最佳的教育体系，必须吸引最优秀的人才来从教，并给予他们最好的培训。他同时指出了英国教师培训的问题："英国有许多杰出的教师，英国的教师在世界上最好的机构进行培训，但雇佣教师的学校却没有多少话语权。目前英国的教师培训对教师的教学方法关注不够（比如行为管理和有效教学）。英国的拨款制

---

① Olwen McNamara, Jean Murray, Marion Jones. Workplace Learning in Teacher Education: International Practice and Policy[M]. New York, Heidelberg, Dordrecht and London: Springer Press, 2013: 194-195.

度没有起到最好的激励作用,拨款机制必须改革。"①在最后的方案中,英国政府针对上述问题列出了一系列改革的清单,其中特别提出由学校具体负责教师入职教育与培训,加强对教师实践教学的听课和指导等。

2012年7月15日,英国教学处(Teaching Agency)正式做出决定,从2013年开始把教师培训的管理权由高等教育机构移交给学校。②

2. 学校领导模式的特征

关于学校领导的ITE模式,是指一所学校或一组学校向新成立的教学处申请成为能够提供教师培训的单位。教学处批准申请后,学校可以和某所通过ITE认证的机构建立合作伙伴关系(这些机构可以是高等教育机构、学校或区域性联盟),也可以单独实施,前提条件是该学校是得到认证的提供教师培训的单位。学校发布培训的职位通知和主要的培训清单,然后选择受训学员。如果受训学员获得政府补贴或奖学金,教学处将把这笔款项直接发放给通过认证的培训机构,由培训机构为受训学员发放奖学金。对于没有奖学金或补贴的受训学员,培训机构也可能向其收取学费。根据协议,培训机构还需要向学校支付一定的费用,以体现学校在招聘和遴选学员过程中的投入。一旦受训学员完成培训并获得合格教师证书,学校原则上应该雇佣该学员。

这种新的模式主要有两种类型:一种是带薪的培训,主要针对已经被学校雇佣而未取得合格教师证书的专职教师;另外一种是不带薪的培训,受训学员通常需要交纳每年9000英镑的学费(当然,学员如果申报的是优先职位或短缺的学科教学职位,就可以得到政府的资助金和奖学金)。学校领导模式的目标规划可谓宏大——2012—2015年将规划培训1年制的新教师10000人。这种大胆的设想为大学提供的PGCE等课程的招生带来空前挑战。按照预期,2013—2014学年大学提供PGCE英语学科人数将减半(从54人减至28人)。③ 幸运的是,由于后来参加的人数不如预期的那么多,大学的名额并未受太大影响。有英国学者认为,如果政府不采取措施,这种教师培训的转变最终伤害的还是大学等提供高质量培训的ITE机构。

---

① Department for Education. Training Our Next Generation of Outstanding Teachers:An Improvement Strategy for Discussion[M]. London:Department for Education,2011.
② John Hodgson. Surveying the Wreckage:The Professional Response to Changes to Initial Teacher Training in the UK[J]. English in Education,2014(1):8.
③ 同②:8-9.

3. 对学校领导模式的评价

对英国当前实施的学校领导的教师培训,英国学界褒贬不一。有观点认为,学校领导的 ITE 是典型的市场主导模式。在教师培训前,英国继续教育机构得向教学处竞争位置和名额,由学校招聘、筛选受训学员,并选择一家获得 ITE 认证的机构合作等。在实施过程中,学校需要和合作机构对政府提供的培训资金分成,一般先与大学等获得 ITE 认证的机构签订协议,然后按照协议来分学员的学费。从这些环节看,该模式的确具有鲜明的市场主义色彩。

也有学者认为,这种模式将导致英国职业学院更为紧张和不协调,从而使各界变得撕裂。首先,学校或学校联盟很难提前两年(一年用于招聘和遴选教师,另外一年用于教师培训)预测教师的需求。其次,对学校职前教师培训进行监控,以及对学校最终是否雇佣受训学员进行追踪的做法也显得不切实际,很难操作。最后,缺乏质量控制措施和质量保障过程,这也被认为是该模式最大的问题。因此,英国教师教育大学委员会办公室执行总裁评论道:"证据使我们毫不怀疑,学校和大学之间的合作伙伴关系可能提供高质量的初级教师教育,其内容将涉及重要的学校经验,包括理论和研究要素……""我们相信,大学的作用在教师培训中的减少可能会带来相当大的问题……"[1]

2012 年 7 月至 2013 年 4 月,英国国家英语教学协会(National Association for the Teaching of English)对全国各级各类教师 730 人进行调查后发现,82.7%的人认为学校领导会导致教师培训质量下降,52.6%的人认为课堂教学准备质量会下降,75.1%的人认为学科知识会减少,87.7%的人认为教育经验会减少,82.7%的人认为教育理解会下降。只有 2.6%的人认为学校有时间,56%的人认为学校没有足够的资源,36%的人认为学校可以提供导师。[2] 从这个调查结果来看,学校领导的教师培训模式显然无法长久。

(四) 卓越教师发展中心

1999 年 12 月,英国教育与就业部邀请学校通过竞标的方式申请获得培训学校的资格。2000 年,培训学校计划正式启动。英国所谓的培训学校,实际上

---

[1] Olwen McNamara, Jean Murray, Marion Jones. Workplace Learning in Teacher Education: International Practice and Policy[M]. New York, Heidelberg, Dordrecht and London: Springer Press, 2013: 195–196.

[2] John Hodgson. Surveying the Wreckage: The Professional Response to Changes to Initial Teacher Training in the UK[J]. English in Education, 2014(1): 12–16.

就是卓越教师发展中心,其主要职能有三个:一是发展与推广职前教师教育好的做法,二是对英国各级学校的辅导教师进行培训,三是从事研究。①

伦敦大学卓越教师发展中心成立于2007年9月,主要针对建筑类、美容美发和酒店管理专业背景,并有意愿获得继续教育领域新入职教师教育资格的学习者,特色实践内容包括如何开展专业学科教学、如何系统开展工作岗位实践教学指导。该卓越发展中心主要是为了解决教师教学实践和教学指导不足等方面的问题而设立的。

在实践中,工作本位学习作为教师的一种学习方式,在英国学校的地位越来越突出,学校已经成为教师发展自我、提升自我的主阵地。英国2012年启动的学校领导模式,让基于学校的职教教师工作本位学习发展到了顶峰。1992年前,大学与学校建立合作伙伴关系实施教师培训时,英国政府通过教师培训署把钱拨给大学,再由大学拨款给学校购买实践岗位,从而让新教师获得实践机会,并确保其三分之二的实践时间在学校进行。但今天,这种主导权已完全改变。英国学者把"大学与学校"和"理论与实践"主导权的变更总结为一种令人不安的"双轨制"。② 或许这就是英国学者所担忧的大学的减少会让我们对教育质量产生怀疑。2017年的检查评估结果显示,大学主导的新入职教师教育结果明显优于其他相关机构。

第三节 反思性实践:一种典型的工作本位学习模式

20世纪80年代,美国哲学家唐纳德·舍恩提出反思性实践。此后,反思性实践成为专业人员成长发展的主导方式。但是,关于反思性实践的内涵及教师如何开展反思实践等问题,学者们在理论与实践层面依旧存在较大争议。本书仅从英国职教教师的学习出发对反思性实践进行简要分析,包括三个具体问题:一是为什么要进行反思性实践,二是如何有效开展反思性实践,三是

---

① 许明.教师教育伙伴合作模式国际比较[M].北京:人民教育出版社,2012:148.
② Alison Jackson, James Burch. School Direct, a Policy for Initial Teacher Training in England: Plotting a Principled Pedagogical Path Through a Changing Landscape[J]. Professional Development in Education, 2015,42(4):1-16.

能否超越反思性实践的局限和不足。

一、反思性实践:英国职教教师专业标准的要求

教师应该成为反思性实践者,英国教育家早就对此进行了相关研究并提出相关理念。20世纪70年代,英国的课程专家斯腾豪斯就明确提出"教师要成为研究者"。对于这一点,大家更愿意理解为"教师是实践的研究者,通过实践研究改变传统教学与研究两张皮的现象,还教师以主体教学的地位"。① 教师如何能够成为实践的研究者? 从某种意义上来说,这是在强调一线教师的研究离不开对实践的思考。大量的教师教育专家直接把反思作为教师研究的根本学习方式,因此在教师专业活动或教师培训实践中,反思性实践作为重要的任务之一被列入教师专业成长的路径和方式。

从英国教师专业标准看,反思性实践一直是教师专业发展的重要内容之一。2014年的标准中,反思性实践者作为教师发展的目标被写入标准文本:"教师和培训者是在当前变化的教育环境下对他们自身的教育假设、价值和实践进行批判性思考和反向询问的实践者。"②不仅如此,在英国教育与培训基金会的平台上,反思教学、激励学习者、创造新的教学策略、构建合作文化和促进和谐的专业共同体被置于网站首页。这些似乎都在强调反思性实践对教师专业发展的价值,如表5-3所示。

表5-3 关于反思性实践的具体要求

政策文件	"反思性实践"内容表述
FENTO标准	● 关键领域"学习过程管理" 教学关键领域:反思和评价个人的表现并规划未来的需求 个人技能和品质:自我反思
LLUK标准	● 专业价值 作为教师反思评价自己的实践和专业发展
教师和教育培训者的专业标准	● 专业理念与态度 反思如何在教学中最大化地满足学习者的多样化需求 ● 专业知识与理解 教师能够挖掘理论与实践中具有深度影响力的批判性的知识

---

① 黄树生.教师要成为自觉的研究者[J].上海教育科研,2012(7):1.
② Professional Standards for Teachers and Trainers in Education and Training[EB/OL].[2021-06-24]. http://www.et-foundation.co.uk/supporting/support-practitioners/professional-standards/.

二、反思性实践：教师成长的哲学和方法论

反思性实践何以如此受到关注和重视？笔者以为，关键是它已成为教师成长的哲学和方法论。作为一种哲学，它是专业人员成长的根本理念；作为一种方法论，教师的成长和发展离不开反思性实践。

（一）反思性实践是教师构建自我身份的一种哲学

为什么我们应当对日常生活实践进行批判性反思？不进行反思性实践，我们会怎样？

舍恩提出反思性实践并不是针对英国的职教教师，也不是针对中国的职教教师，甚至可以说，他提出的关于反思的认识还有很多缺陷和不足，比如反思性实践需要合适的时间，需要考虑到个体的情感，需要合理的机制（对话、语言、意义和叙述等）。舍恩针对的是专业技术人员如何思考，提出了在行动中认知（knowing-in-action）、在行动中反思（reflection-in-action）和对行动进行反思（reflection-on-action）三种方式，把专业人员对隐性知识和技术的理解和认识表达得恰到好处。正如他所强调的："通常我们说不上来我们知道什么，当我们尝试去描述时，我们发现不知如何描述，发现自己也困惑了。"[①]这和波兰尼所讲的默会知识其实是一个道理。这就为专业人员提出一道难题：当我们遇到行动困难该怎么办？因为我们无法表达，只能在内心中自己去解决。舍恩给出的答案是在行动中认知、在行动中反思和对行动进行反思。他提出上述三个概念，实际上是在谈专业人员在行动的不同阶段如何思考和解决问题，这对作为专业人员的职教教师而言可谓是一剂良药。

进入 21 世纪后，专业化成为英国职教教师的追求和目标。作为专业人员的教师是否能够自成"专家"？对没有教学经验的新教师而言，如何通过新入职教师教育获得法定的身份？这些都是英国职教教师面临的问题。它们要求教师不仅在教学实践中学习与反思，还要与同伴和导师进行对话和反思。应该说，对话、研究型活动、教学评价与听课等都是职教教师成长的有效途径。

就对话而言，新入职教师与导师如何交流和对话是确立互信合作学习关系的关键。对话不是顺从导师的价值观和意见，而是以理性、和平的方式表达

---

① 唐纳德·A. 舍恩.反映的实践者：专业工作者如何在行动中思考[M].夏林清，译.北京：教育科学出版社，2007：32-55.

自己对教学的核心价值的思考。在这个过程中,学员要有自己的观点和思考。比如:我为什么那样教?为什么会出现那样的问题?我采取了哪些方法及其是否有效?这些都是基于教师自我实践中形成的认识与反思。如果没有这些思考和认识,或者说如果没有行动的产生,教师不仅难以建立自我的学习,更无法与导师建立互信合作学习关系。

研究型活动(专题学习)是教师入职教育的重要学习方式。备课、设计教学、应用ICT、管理学生等都是开展实践共同体的重要载体。在这些活动中,学员应该主动提出问题、分析问题并得出有价值的方法和建议。当然,对于新手教师到底应该如何反思,依旧存在许多不同的观点。不少学者提出,反思不仅是行动中的反思,更是广泛的社会环境下的深入思考,包括信仰、思想、知识和目标等不同角度。但毋庸置疑的是,我们需要通过反思这种方法来进行自我的学习和专业身份的建构。从这个意义上讲,我们离不开它。

在入职教师培训的实践中,听课是考察学员教学实践能力的重要活动。但是,听课不仅指新入职教师作为听课者去观摩老教师的课,还包括分享同行的教学展示,这也是英国职教教师成长的重要路径之一。听课意味着如何思考、如何行动和思维。在接受听课(开课)的实践中,学员首先要有能力设计出一份结构完美的教学计划,然后要在真实的环境中思考如何执行,这需要教师构建自己的教学理念和哲学,在长期的实践中形成自我的教学机智。用舍恩的话讲,这是在"用心智行动",[①]而要达到这个境界并不容易。

显然,职教教师身份的构建远超上述实践环节。对于那些没有企业实践经验的专业教师而言,反思性实践以及从经验中学习可能更具有现实价值。从这个意义上讲,英国职教教师的专业化之路依旧漫长,反思性实践的路径将始终是其科学的方法论。

(二) 反思性实践是教师确保有效教学的本质要求

反思性实践是一种心智和思维状态,是一种持续的行为模式。反思性实践者需要对自己的教学和实践工作进行持续的、批判性的评价。这不仅可以促使教师对自己的教学实践和理念进行新的思考和研究,也是教师自我学习的有效方式。通过反思,教师可以进一步拓展和深化对专业知识和理念的理

---

① 唐纳德·A.舍恩.反映的实践者:专业工作者如何在行动中思考[M].夏林清,译.北京:教育科学出版社,2007:41.

解和认识。从教学实践而言,英国继续教育的教学离不开教师的实践反思。但是,要想真正做到有效教学,不仅需要教师反思,更需要教师进一步拓展反思的广度和深度,不能只停留于教学的具体环境中,而需要从社会、人类学等多种视角考察教学是否关注到学习者的存在和价值诉求。

因此,教学工作者首先应该对自我的教学理念和实践进行深入反思,要基于先前的经验、环境和认知条件等,对自己所开展的教学和相关实践提出设问。开展反思的实践过程离不开反思性的存在,用通俗的话说,就是照镜子,对自我进行分析(self-analysis)。一般而言,教师通过开展反思性实践可以明确:(1)使用的专业知识技术是否具备且充分;(2)自身的行动是否与专业价值具有一致性;(3)是否存在学习与发展的机会。有学者把这描述为"这是把我们自己作为玩家放置于我们实践的情境中"。①

20世纪90年代以来,英国职业教育一直处于剧烈的变革之中;21世纪之后,职教教师更是成为国家政策的中心议题。每个人都是复杂社会的产物,我们所在的环境影响着我们的行动和实践。显然,教师有必要了解社会的真实背景,了解学校和学生的真实情况。在英国,教育体系的设计掌握在教育部等专业机构手里,这些受益人重视对他们有价值的教育和资格,相应的体系也不断生产着他们所需要的文化和教育产品。② 实际上,国家教育体系一直在强化哪些是重要的、有价值的,哪些是可以忽略的。这一点在英国历史上有过多次实践,1988年的教育改革法是最为大胆的一次。对英国职教教师而言,认识到这些首先需要有自我的分析和判断力,否则无论怎样都很难达到预期的目标。

从职业学校教学本身看,当前强调的"学习者中心"教学,如果仅仅从字面理解,很容易把满足学习者的需要看成一切的中心。实际上,这并不意味着我们总是要以学生的需求为出发点去行动。考虑到学生是多元化群体,学生的需求也未必都是合理的,教师必须有自我的判断力,并能对教学目标进行设计和规划。在职业教育人才培养方面,关于到底应该教给学生知识技能,使其获得相应资格,还是应该让学生自信地生活,获得生命的尊严和良好的品格,一

---

① Neil Thompson, Jan Pascal. Developing Critically Reflective Practice[J]. Reflective Practice, 2012, 13(2):319.

② Margaret Gregson, Yvonne Hillier. Reflective Teaching in Further, Adult and Vocational Education [M].4th Edition. London:Bloomsbury Publishing,2015:63.

直是争论的焦点问题。有人认为,获得资格和证书可以让一个人获得自尊和好的工作,有人则持相反的观点。如何平衡诸如"升学与就业""知识学习与个人发展""国家标准与学校现实"等,离不开教师的教学能力。这种能力不是凭空产生的,而是教师通过在实践中体验并反思获得的。除了要面对上述问题之外,我们还需要保持一种理性的认识,这都离不开反思性实践。英国职业教育发展的历史向我们展示了职业教育和教师在不同时代的定位和功能,包括边缘化、市场化、标准化等;英国职业教育从20世纪70年代前狭隘的职业能力转变为后期的新职业主义,再转变为今天强调的学术职业资格和通用职业资格制度等,这些都是值得反思的课题。

总之,从教师作为一种专业身份的角度而言,反思就是其自我专业存在的价值体现和展示,教师反思的关键在于其对教学目的、人才培养目标等根本问题要有清醒的自我认知和立场,不能停留在形式化和工具主义层面,否则就可能导致教学处于"真空"局面。

三、成为反思性实践者:批判与超越

英国职教教师的反思性实践存在很多问题,这在第二章"教师资格与职业资格的冲突"中已经有充分的阐述和论证。它也向教师提出了挑战:如何做一个合格的反思性实践者?笔者以为,首先需要对反思性实践者进行批判性反思,其次要超越目前舍恩的认识论和方法论现状,走向对话和建构的反思状态。

(一) 对"反思性实践者"的批判

虽然英国各界要求教师成为反思性实践者,把反思性实践作为新教师培养的目标与要求,但大家对反思性实践的认识依旧存在不同观点和争议。玛丽·瑞恩(Mary Ryan)和特里·布克(Terri Bourke)通过把英国和澳大利亚教师标准嵌入指导教师发展文件中的实践考察发现,反思性作为教师专业发展的首要和必需已经被排除在教师工作蓝图之外。[1] 苏格兰地区对继续教育学院60名职前教师开展的反思实践学习进行调查后发现,没有必要将反思性实

---

[1] Mary Ryan, Terri Bourke. The Teacher as Reflexive Professional: Making Visible the Excluded Discourse in Teacher Standards[J]. Discourse Studies in the Cultural Politics of Education, 2013, 34(3): 1-13.

践思想作为教师教育的学习策略优先看待,其他集体性专业实践和专业实践的话语对新手教师来说同样重要。[1] 英国职教学者厄劳特、贾维斯(Jarvis)和图蒙斯(Tummons)对反思性实践提出了以下批评和质疑。

首先,关于反思性实践的本质依旧存在争议。当我们在谈论教师应该成为反思性实践者时,我们既不能确定谁是真正的反思性实践者,也不能确定谁不是。舍恩提出了专业人员科学成长的两种方式:在行动中反思和对行动进行反思。在实践应用中,人们根据舍恩的理论提出了技术反思(technical reflection)、批判反思(critical reflection)等。但是,我们只知道反思很重要,并不清楚其含义。实际上,许多学者和专家已经认识到,反思性实践远远超出了行动与实践范畴,在深度和广度上都已超越了传统的认识和思维。

其次,在通过反思性实践学习上也存在争议。反思性实践作为教师的一种学习方式得到大家的一致认同。这是否意味着作为一种学习机制,反思性实践理应产生或创造新的知识?一些反思性实践模式提出让教师通过反思来形成和建立自己的理论。但是,在以正式编码形态的技术知识为主导的教育体系中,试图改变这类固化的知识只能作为一种改革理想;而默会和非正式的实践知识也只能用于反思而已,即便有更深刻的顿悟,也只能存在于心底。因此,试图靠反思去获得新的知识似乎有点不可靠。此外,在市场化竞争的背景下,教师不仅要忙着应对繁重的教学与管理,还要面对各种考核和评估,真正的反思性实践成为现实的难题。

最后,如何评价反思性实践成为实践层面的难题。对英国职教教师教育而言,反思性实践已经成为重要的专业发展手段。基于反思性实践的教师教育包括听课(observing)、分析(analysing)和反馈(feedback)等基本的环节。学员到底有没有反思,反思到了什么,是否比原来有更深刻的理解?实际上,这些只有教师自身了解,旁观者很难知晓。当然,我们可以让教师写日志或参加对话研讨等,不过反思本质上仍是个人内在的思想活动。导师有没有对学员进行听课和指导、有没有提出具体的问题等,固然是左右和影响学员反思性实践的重要指标,但对于如何量化导师的指导和提问,目前并没有合理的标准,更多是建立在彼此的信任与合作的基础上。实际上,在反思尚未有明确的概

---

[1] Roy Canning. Reflecting on the Reflective Practitioner: Vocational Initial Teacher Education in Scotland[J]. Journal of Vocational Education and Training,2011(4):659.

念界定的情况下,很难用一个标准来界定反思的好坏与多少。因此,评价反思根本是不可能的事情。如果无法评价教师是否进行了反思,以及反思的质量高低,那么反思存在的价值就会受到质疑。

英国职教教师标准中提出的"反思性实践者"本身也没有明确的界定。虽然我们知道它应该是什么意思,但是一旦让我们对它进行解读,我们就不知道该怎么办了。

(二) 超越舍恩:"反思性实践者"的可能性思考

理论界和实践者对舍恩的"反思性实践"概念提出批判显然是有一定道理的,但关键问题是:难道我们要放弃做反思性实践者吗？有没有超越舍恩的可能？汤普森(Thompson)和帕斯卡(Pascal)通过对"反思性实践"再反思,提出了科学理解"反思性实践者"的建议。[1]

首先,对"反思性实践"概念的理解需要进一步反思。一方面,众人对舍恩的"反思性实践"存在简单化理解倾向。实际上,有许多对该概念的误解,包括从字面上把它理解为暂停一下、思考一下。显然,反思性实践并不是简单地以一般的、松散的方式来思考实践。[2] 另一方面,舍恩提出了两种反思方式,却没有对"为行动的反思"(reflection-for-action)进行讨论分析。反思为什么行动相当于规划和预先思考(forethought or plan),可以为指引、规划未来做准备。当然,这可能与护理专业的关系更为紧密。

实际上,笔者以为,或许正是因为教育这种不关乎生死的东西难以真正成为人们内心的"痛痒",导致许多人对反思的存在表示怀疑。正如杜威所言,真正的教育信念是通过经验形成的,但这并不意味着所有的经验都具有教育作用,经验不能等同于教育,因为很多经验是没有教育作用的,没有教育意义的经验会影响和阻碍经验的进一步发展。杜威在《我们如何思维》一书中论证了纯粹的经验思维是有种种缺陷的。在他看来,这些缺陷表现为:误认因果、常规惯例的遵循、使教条永世长存。[3] 所以,教师的反思性实践应该是对教育日常的超越,而不是对一些常规惯例不经思考的信奉。

---

[1] Neil Thompson, Jan Pascal. Developing Critically Reflective Practice[J]. Reflective Practice, 2012, 13(2):311-323.
[2] 同①:316.
[3] 约翰·杜威.我们如何思维[M].伍中友,译.北京:新华出版社,2010:116-119.

其次,舍恩忽视了语言、意义和叙述在反思中的重要性,这反映出他对反思性实践解释过程的处理过于简单。① 这是反思性实践的方法论问题,是关于如何表述我们进行反思的问题。在笔者看来,反思性实践既是一套思维哲学,又是一种专业的方法论。对这样一个具有双重价值的概念来说,找到有效的方法来充分展示其价值是非常重要的。语言、意义、对话、叙述等都可以基于不同情境作为反思的手段和载体。

再次,对反思学习的认识需要超越传统认知。许多关于反思性实践的研究把反思学习局限于具体的个人经验或具体的学习机构,这导致我们忽视了对社会和政治背景的分析、对个人学习过程中情感的关照,以及对学习组织中权力关系的考量。② 实际上,这些我们看不见的因素往往是导致反思性实践无法产生的理由。就职教教师反思而言,当教师面临绩效评价、重大工作压力和管理任务时,试图让教师理性表达并深刻思考其专业发展显然非常困难。

最后,和实践者的反思时间有关。汤普森和帕斯卡认为,每个人都可以找出没有时间进行反思的许多理由,这正是我们需要反思之处。他们认为:"为什么忙碌? 我们面临的压力越大,我们就更应该清楚自己正在做什么,应该寻找有没有什么知识可以让我们做得更好、更有效。"他们特别指出:"客观地说,时间本身是不短缺的,而是因为没有形成一种优先考虑反思的文化……;管理人员和其他领导应该有明确的义务制定和维护支持批判性反思实践的文化和措施。"③

汤普森和帕斯卡的观点对于我们正确认识反思性实践具有重要参考价值。笔者以为,职教教师需要对反思性实践进行全面、深刻的反思,诸如反思有哪些价值(为什么反思)、使用什么合适的方法(日志、叙事、行动研究)、如何理解反思学习(个人与社会、理性与情感、权力与关系、公平与伦理等)等,都是教育工作者需要在实践中注意的问题,否则所谓的反思性实践可能真的只是"停下来思考一下"。

---

① Neil Thompson, Jan Pascal. Developing Critically Reflective Practice[J]. Reflective Practice,2012,13(2):317.
② 同②:318.
③ 同②:320.

第四节 工作本位学习的制度保障

工作本位学习作为教师的一种专业成长方式,可以是正式学习,也可以是非正式学习。如何让非正式学习获得和正式学习同等的待遇?英国采取了制定国家资格框架(National Qualification Framework,简称 NQF)的办法。① 当然,除了作为顶层设计的国家资格框架外,英国政府还设计了"先前学习认证"和学分累计与转换制度,这不仅为其能力本位学习提供了便捷,也为世界各国提供了样板。

一、英国国家资格框架(NQF—QCF)

什么是职业资格?根据英国职业资格改革工作委员会 2007 年的定义,职业资格的首要目的是为学习者提供在某一领域工作或就业所需的相关知识、技能或能力,为当前正在工作或已经就业的人群增加劳动力市场机会。NQF 是一套资格框架标准和制度组织体系,具有高度的渗透性(permeability),通过资格学分转换,使不同类型的教育互相渗透。NQF 覆盖了英国所有类型的学习模式,包括中等教育、继续教育、职业教育与培训、高等教育,分为不同技能层级(1997 年为 5 级,2004 年为 9 级)。在 NQF 中,各级各类教育的学习者都能找到对应的学习技能和证书水平,从而实现自由流动和成长。

为什么要制定国家资格框架呢?一是人力资源部门的用人制度标准和教育培养人标准分离,二是职业资格证书与教育学历证书分离。② 当然,从内部而言,这与英国资格种类繁多、要求和获取方式不尽相同有关,建立国家资格框架可避免资格多样性给人们带来混淆,为构建资格之间的相互衔接提供依据。

(一) 国家资格框架

1997 年,英国政府推出 NQF 5 级框架。2004 年,为对接高等教育资格框

---

① 说明:2011 年英国正式启用 QCF,后来被 RQF 取代,笔者以为不管启用什么框架,本质上都是国家资格框架,只是其技术架构变化了,作用与原理并没有变。

② 姜大源.现代职业教育与国家资格框架构建[J].中国职业技术教育,2014(21):23-24.

架(Framework for Higher Education Qualifications in England, Wales and Northern Ireland,简称 FHEQ),NQF 改为 9 级,实现了中等教育、职业教育和高等教育之间的衔接与沟通,如表 5-4 所示。

表 5-4 英国国家资格框架(NQF)与高等教育资格框架(FHEQ)的对比①

国家资格框架(NQF)		高等教育资格框架(FHEQ)
旧体系等级及资格范例	新体系等级及资格范例	
5 级 建筑 5 级 NVQ 翻译 5 级文凭	8 级 专业认证	博士学位
	7 级 翻译 7 级文凭	硕士学位、研究生证书及文凭
4 级 专业生产技能 4 级国家文凭 4 级 BETC:3D 设计高等国家文凭 幼儿教育 4 级证书	6 级 专业生产技能 6 级国家文凭	学士学位、本科证书及文凭
	5 级 5 级 BETC:3D 设计高等国家文凭	高等教育及继续教育文凭、基础学位和高等国家文凭
	4 级 幼儿教育 4 级证书	高等教育证书
3 级 小动物护理 3 级证书、航天工程 3 级 NVQ A Level		
2 级 美容专业 2 级文凭、农作物生产 2 级 NVQ 等级为 A*—C 的普通中等教育资格证书(GCSEs)		
1 级 面包制作 1 级 NVQ 等级为 D—G 的普通中等教育资格证书(GCSEs)		
入门级 成人文字入门级证书		

(二) 资格学分框架

2004 年的 NQF 改革虽然对英国各类证书之间的对接有一定作用,但是 NQF 中繁杂的名目使雇主、学习者很难理解 NQF 各类资格证书的水平和等级。随着经济社会的不断发展,职业资格在培养技能型人才方面逐渐出现了一些问题,职业资格的制定没有充分体现行业企业的需求、资格的获取方式不灵活且不利于在职人员申请等问题尤为突出。调查发现,随着市场结构的变

---

① 邵元君,匡瑛.全纳的创新资格框架:英国的 QCF[J].外国教育研究,2011,38(10):69-74.

化、经济发展速度的增快,企业选聘人才以及劳动力的流动迫切需要更清晰的资格框架。

2003年,《技术战略》的颁布标志着英国开始推动更加灵活的资格框架体系。2006年,英国国家就业委员会发布了《引导英国到2020年成为世界级技能强国的路线图》研究报告。随后,英国政府开启了职业资格改革工程(UKVQRP),提出了资格学分框架的实践设想(图5-4),旨在建立一个更简明、更具融通性的职业资格体系,①以体现学习者和企业的需求,提高技能水平及资格效益,加强英国的经济竞争力,帮助学习者充分发挥个人潜力。

图5-4 资格学分框架的结构

资格学分框架突出灵活性与针对性。框架内的资格分解成若干学习模块或学习单元,每一单元规定学分值,学习者一般通过学习相关模块或单元取得相应的学分。从图5-4中可以看出,QCF包括三类资格:认证(Award)为1—12学分的学习,证书(Certificate)为13—36学分的学习,文凭(Diploma)为37学分及以上的学习。而每个资格都对从入门级(entry level)到8级的具体差异进行了明确的界定。要全面理解QCF,需要从其结构要素和运行机制来进行说明。

一是QCF的结构和要素。学分制是对学习量的衡量,1学分代表10小时学习时间,而不管在哪里学习或什么时候学习。

二是QCF的运行机制。主要包括两个重要的机制:一个是基于网络的学习者成就记录,这是一个专门用于记录在QCF下获得学分和资格的工具;另一

---

① 白玲.从QCF到RQF:英国资格框架改革的新取向及其启示[J].外国教育研究,2016,43(11):31-43.

个是学习者编号,学习者可通过申请获得属于自己的终身可使用的编号,一旦完成学习并在评估中获得"合格",就可以获得相应学分。

总之,英国基于 NQF 发展而来的 QCF 为英国不同情况的学习者在任何时候、任何地点的学习提供了获得合法学分的可能。这种具有全纳性的国家资格框架确保了公平和有效地评估每一个参与学习的人。对英国职教教师而言,要在工作本位学习中获得教师资格证书,离不开 QCF。

二、先前经验学习认证(APEL)

对"先前经验学习认证"(assessment/accreditation of prior experiential learning,简称 APEL)的普遍理解是对先前经验的学习进行评价并授予学分。1979 年,英国教育部的报告中首次提及 APEL:"APEL 是为了让不同学习者在学习中避免经历不必要的重复学习,实现课程学分之间的相互转换,在不浪费时间的情况下,获得更多的学习经验和资格认证,最大限度地积累经验资本。"①

英国高等教育质量标准局认为:"APEL 是对一系列没有证书但符合高等教育质量要求和学分授予规则的学习进行认证的过程,学分由英国权威认证机构授予,能够证明已经习得的单元学习。"②20 世纪 80 年代,英国高等教育正经历新的变革和制度调整。1982—1983 年,伦敦金史密斯学院(Goldsmiths College)等开始了"经验学习记分"的实践。③

目前,对于先前学习认证并没有严格统一的叫法。有的叫先前学习认定(accreditation of prior learning,简称 APL),有的称为非正式学习认定(validation of informal learning)。虽然称谓不同,但基本理念是一致的,都是旨在建立一个系统、有效地评价学习的过程,通过给予学分的方式正式认证个体已有的经验、技能和知识,而不考虑是以何种方式在何地何时习得的。本书基于 QCF 对英国职教教师资格证书学分的认证采用 RPL 的叫法。

(一) 经验学习的理论基础

对英国而言,先前学习认证是舶来品。这一学习制度最早产生于美国,美

---

① Quality Assurance Agency for Higher Education. The Access to Higher Education Diploma and Credit Specifications[R]. London:Quality Assurance Agency for Higher Education,2006:6.
② 何杨勇.英国高等教育中的工作本位学习研究[M].杭州:浙江大学出版社,2015:91.
③ 同上.

国建立这一制度的理论基础是经验学习。20世纪30年代,美国学者杜威提出了"经验学习"的理论。杜威提出,"教育即对经验的不断改造和改组","教育是属于经验、由于经验和为着经验的"。① 更为重要的是,杜威还提出了经验的两条重要原则,即连续性和交互作用。杜威说:"人的生死是不由自主的,经验的生死也是不由自主的,每种经验都在未来的种种经验中获取生命力。"② 经验的连续性意味着,每种经验既从过去的经验中采纳某些东西,又对过去的经验进行改造。显然,杜威的经验论为后面的经验学习提供了重要的理论基础。

在杜威的基础上,1984年,美国组织行为学家库伯(David Kolb)在其著作《经验学习——让经验成为学习和发展的源泉》中特别强调:学习是一个过程而不是结果。经验学习注重学习的过程而非结果;知识是一个经过持续改造构成和再构成的过程,而不是传递或获得一个独立实体的过程;学习既是主观经验的改造过程,也是客观经验的改造过程,经验学习的目的是个体通过思维、感受、理解与行为适应世界的过程;理解知识本质和理解学习二者互为前提,密不可分。由此库伯提出了著名的经验学习圈模式(四阶段),即具体经验、反思观察、抽象概念和主动实践,四个阶段循环往复,呈螺旋上升趋势。③ 库伯的理论使经验成为学习可持续的必要要素和关键环节。

经验的哲学和相关理论让我们对学习有了更充分的理解和认识,教育实践者越来越重视经验学习和体验式参与,特别是库伯的四阶段学习中提出的"反思实践"和"主动实践",对成人学习和教师教育产生了重要影响。不过,经验学习的价值如何能够以正式身份体现并得到法定认可?这引起了各界的关注和重视。

(二) 英国的引进与实践

关于经验的认证最先被美国所关注。美国的实践者认为,人的生活或工作经验都可以作为鉴定的对象。于是,美国教育考试服务中心(Education Test Service,简称ETS)专门建立分支机构研究先前学习评估。1974年,美国成立承认和经验学习委员会。在这个机构的大力支持下,英国从美国引入了经验

---

① 苗曼.经验:杜威的教育坐标[J].徐州师范大学学报(哲学社会科学版),2004,30(3):107-109.
② 同上.
③ 陈醒,赵彦彬.库伯经验学习理论及其对成人教师专业发展的启示[J].河北大学成人教育学院学报,2014,16(3):41-42.

学习认证的理念,并开始在本土实践。

1986年,在英国政策研究学会的联系下,在英国继续教育司(The Further Education Unit)和英国全国学位授予委员会(Council for National Academic Awards,简称 CNAA)的共同推动下,英国成立了经验学习信托基金会(Learning from Experience Trust),专门从事先前学习认证和先前经验学习认证。1988—1996年,为了推动先前认证制度全面融入英国,政策研究学会组织160多人的高级代表团去美国学习如何实施先前学习认证,最终促成了先前学习认证实践的师资队伍发展。①

QCF 中使用了"先前学习认证"的提法。QCF 将其定义为一种评价方法,这一方法旨在认证学习者是否达到评价要求,是否已经拥有某种知识和能力且无须再重复学习相关资格所需的课程。先前学习认证包括五大原则:一是先前学习是一种有效的方法,可使个人学习者通过学习在 QCF 的单元中申请到学分;二是政策、程序和实践秉持透明、严格、可靠、公平和方便操作的宗旨,以确保利益相关者对其结果充满信心;三是以学习者为中心,当个人学习者通过先前学习认证申请学分需要支持申请的证据时,相关方应予以支持和帮助;四是评估过程与其他形式的评估一样,受制于质量保证和检测标准;五是与其他评价方法一样严格。②

英国的资格框架之所以能够成为全世界学习借鉴的样板,先前学习认证制度功不可没。没有先前学习认证机制,英国职教教师的工作本位学习和兼职就难以实现。

三、学分累计与转换

在关于能力本位的 NVQ 课程中,本书已介绍过如何评价个人学习的相关情况。学分累计与转换涉及"学分""累计""转换"三个关键词。

学分一般是指学习一段时间后成功达成学习目标和成效,并经过相关合法机构评定的一个结果。因此,学分的获得需要通过具有信度、效度的评价方式,并且应该有一定的基本标准。在英国,教师资格证书有五种,认证、资格、

---

① 刘育锋.中高职课程衔接的理论与实践:英国的经验与我国的借鉴[M].北京:北京理工大学出版社,2012:76.

② 同①:77.

文凭和学位等对学分的要求都不一样,最低的3级认证总学分要求是120分。至于如何达到上述要求,在实践中又分为不同课程,比如实践实习课程的学分一般占比较大,理论和专业课程占比较小。正如第三章中所介绍的,不同课程领域的学分也不相同。课程又分具体单元和课程模块,教师通过单元能力的完成最终取得课程的学分认证。目前,英国QCF已明确规定每学分一般为10小时学习。

1986年,英国全国学位授予委员会建立了学分累计与转换制度(Credit Accumulation and Transfer,简称CAT),为所有学习者的学习提供了制度保障。在英国,高等教育、继续教育等不同教育阶段有不同的制度设计和安排。由于本书主要从教师学习的角度来研究如何确保教师基于工作的学习能够得到认可,因此本节仅从学习者学习的角度来思考该制度的操作模式和可能性。

如图5-5所示,新的学习模式包括先前评价和先前学习认证(initial assessment/accreditation of prior learning)、指导(guidance)、行动计划(action planning)、学习项目(programmes of learning)、继续评价(continuous assessment)、单元学分(unit credits)、行动计划完成(completion of action plan)。①

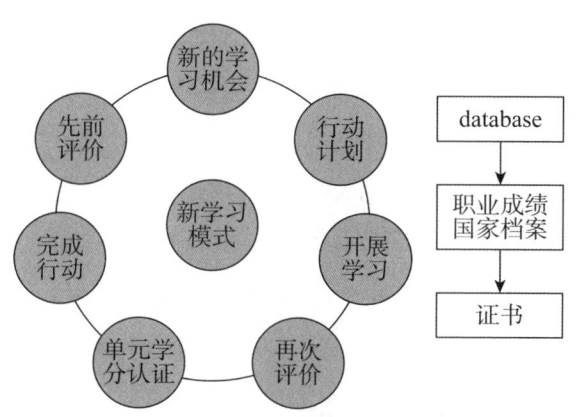

图5-5 新的学习模式的构建

在这个学习模式中,学习者在学习之初将首先接受对自我能力、知识等的一个初步评价,以确定合适的学习起点,发现新的学习需求。然后学习者在相关咨询专家的建议与指导下,制订新的学习行动计划。需要指出的是:新的学

---

① Gilbert Jessup. Outcomes:NVQs and the Emerging Model of Education and Training[M]. London:The Falmer Press,1991:89-94.

习行动计划是基于 NVQ 的能力单元目标、国家课程目标或其他任何资格的目标而设计的,也包括正式学习体制之外的各种学习;行动计划需要包括达成目标的相关课程,以及学习方式、地点、环境和时间计划等;必要的时候,学习者需要对行动学习进行修订和调整;行动计划完成后,学习者将接受相关机构的认证,结果记录到"国家职业成绩档案"(NRVA)。在这个过程中,学习在持续进行,对学习的评价和认证也随着学习单元的完成不断跟进,最终学习者达到个人预期的目标并获得生涯发展。

本 章 小 结

  本章共四节,主要阐述了英国工作本位学习的实施原因、主要内涵与模式、反思性实践的可能性以及工作本位学习的制度保障。

  首先,从原因之"为何"看:培根和洛克的经验主义哲学为工作本位学习提供了哲学基础,这符合以来自行业的兼职教师为主的英国职教教师工作本位学习的现实;情境学习、默会知识等理论为工作本位学习提供了学习论基础;此外,事实证明工作本位学习效果更佳。其次,从内涵之"是何"看:工作本位学习是一种基于英国教师自身特点,围绕教学实践工作和企业工作场所,以反思性实践为主,旨在促进教学实践能力提升的学习方式,包括各种促进教师专业发展的学习模式;英国形成了学徒制、校本教师教育、学校领导教育和卓越发展中心四大教师学习模式。再次,从范例之"如何"看:本章分析了反思性实践在英国教师发展上的应用模式,基于现代教师要积极成为反思性实践者,从理论、方法和实践层面对反思性实践进行了创新反思和批判。最后,从工作本位学习的制度保障看,英国国家资格框架制度、学分累计与转换制度和先前学习认证制度的存在,确保了英国职教教师在任何学习场所的学习都具有同等的价值和认同效果。

第六章

英国职教教师的评价制度：
结果导向评价

从英国教师评价的角度看,普教教师评价和职教教师评价的起始时间和实践机制都大不一样。英国教师评价最早于 1987 年在 6 个 LEA 管理的地方学校进行试点,1992 年在教育大臣克拉克(Clarke)的强制要求下正式实施。对于国家推动的新入职教师教育(ITE)的评价则从 2003 年正式启动,包括对整个 ITE 质量进行检查和评估,主要通过对新入职教师的听课(observation of teaching and learning,简称 OTL)展开。实际上,英国自 1993 年在继续教育领域正式成立教育标准办公室以来,就开始对英国教师的教学进行检查,只是当时的检查还停留在从继续教育学院整体办学水平的角度来看教师的课堂教学水平。ITE 的 OTL 检查评估与英国政府对继续教育学院办学水平的检查评估密切关联,涉及学院内部自我评估和教育标准办公室外部评估。为了说明英国政府具体如何开展职教教师 ITE 的评估,本章将全面阐述英国职教教师的评价制度。

第一节 结果导向评价的背景分析

一、追求 3E 的新公共管理理念

20 世纪 70 年代后,西方国家提出新公共管理理念,这种理念本质上是提倡绩效和善治。波利特(Pollitt)认为新公共管理提出的"善治"理念有七大特征,①包括严格的财政控制、强调资源的使用和产出的效益、使用绩效指标、促进消费和建立市场化、建立顾客至上的问责制、构建严格灵活的人力资源管理与薪酬评价体系、强化管理控制与管理权力的管理理念等。此外,这种管理建

---

① Keith Randle, Norman Brady. Managerialism and Professionalism in the "Cinderella Service" [J]. Journal of Vocational Education and Training, 1997, 49(1): 125-126.

立在两大假设的基础上:一是公共部门要实现"善治",必须做到3E,即"效率""效益"与"效能",这样才能确保纳税人的价值并避免浪费;二是真正意义上的"善治"不可能出现在1979年前的公共部门,而只是出现在以前的私人部门。他认为,要实现公共部门的"善治",必须让公共部门借鉴私人部门的治理模板,也就是让公共部门市场化、私有化。

新公共管理理念在英国公共部门的实践,对英国继续教育学院和其教师的治理产生了重大影响。一方面,职业学院管理模式由过去地方教育当局部门管理转变为准公司化董事会经营,如图6-1所示,职业学院采取董事会下的治理样态,院长向董事会负责,学院领导决策层由结构化的管理团队组成。[①]在这样的管理理念下,职业学院必须自谋出路,结果与成败成为最重要的考核指标。另一方面,这种管理理念直接影响了学院的发展和人力资源的管理。

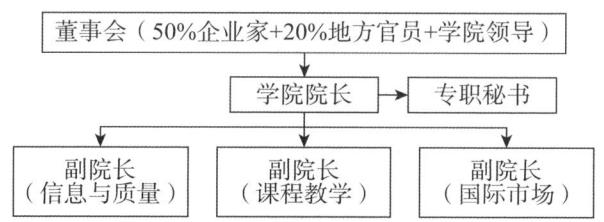

图6-1　1992年后英国继续教育学院的治理样态

二、价值取代价值观的管理制度

新的管理理念提出后,英国职教教师的身份由国家雇员转变为公司雇员。由于职业院校的治理理念由过去国家统一治理转变为院校自主的市场化竞争治理,因此英国职教教师专业发展面临新的冲击和挑战,英国学者把这称为专业者范式与管理者范式的冲突,如表6-1所示。[②]

---

① 王立,涂三广.对话与分享:中英职业教育"影子校长"项目[J].中国职业技术教育,2013(13):59-70.

② Keith Randle, Norman Brady. Managerialism and Professionalism in the "Cinderella Service"[J]. Journal of Vocational Education and Training, 1997, 49(1):128-129.

表 6-1　FE 管理范式:专业者范式 VS 管理者范式

专业者范式(professional paradigm)	管理者范式(managerialist paradigm)
1. 目标与价值观	
• 学生学习与教学过程居首位 • 忠诚于学生与同事 • 关注学术标准	• 通过投入学生而获取的利益居首位 • 忠诚于组织 • 关注效率与效益的平衡
2. 关键假设	
• 教师作为专业资源 • 基于教育需要部署资源 • 基于资源投入的质量	• 教师作为灵活的辅导员和评估员 • 基于市场需要和纳税人的钱部署资源 • 基于结果和产出的质量评价
3. 管理思想与哲学	
• 合议/实践共同体 • 专业自治/信任原则/平等责任/隐性知识 • 多元化	• 经理与市场控制 • 绩效管理,指标与监控 • 一元(unitarism)

　　教师变为人力资源后,其身份改变背后的话语和管理理念的转变对教师的教学产生了重大影响。相关学者把教师这种专业化称为"新自由主义的专业化",原本是希望以市场化的方式使职业学院获得更多自主权,为学院发展提供灵活性和多样化可能,但结果是由"弃行政化"(de-regulation)转变为"再行政化"(re-regulation),政府不但没有放权,而且建立了一套新的隐性的管理模式。学者伯恩斯坦将其总结为:合同取代立约(contract replaces convenant),价值取代价值观(value replaces values),承诺和服务被认为值得怀疑。所谓的价值取代价值观,就是唯一标准取代不同观点,实际上就是结果取代多元。在这种理念下,整个职业教育体系的教师教学与专业发展的文化和话语发生了根本性的改变,英国学者斯蒂芬·博尔把这种干预总结为"市场、管理与绩效模式下的学科与价值选择",如表 6-2 所示。①

　　在上述技术框架下,英国继续教育内部的教师、教学和学生等都发生了革命性变化,一套新的话语体系应运而生。首先,教师成为人力资源,意味着需要管理;其次,学习被认为是投资和收益的政策结果;最后,成就变成了一套生产力目标指标。大量的继续教育教师认为,在新的绩效目标模式下,教学发生了根本性的变化,成为迎合检查和绩效的工具和表演,教师甚至产生了"我是

---

① Stephen J. Ball. The Teacher's Soul and the Terrors of Performativity[J]. Journal of Educational Policy,2003,18(3):215-228.

谁"(Who am I?)的疑问。虽然英国政府随后对评估过程进行了人性化的改进,将对话和协商引入评估机制,但英国职教教师评价的绩效结果的文化深入人心。

表6-2 公共部门的干预措施(政策技术)

	市场	管理	绩效
主体位置	消费者 生产者 企业家	经理 管理 团队	鉴定人 比较 竞争
纪律(学科)	竞争 生存 收入 最大化收益	效率—efficiency 有效性—effectiveness 企业文化	生产力 目标 成就 比较
价值	竞争 制度化 利益	什么有效—what works	表现 值得 个人 制造(捏造)

三、第四代评价理念的响应

从教育评价的角度看,结果导向是介于第三代评价和第四代评价转型过程的中间阶段,这是一种既强调结果又关注过程,同时采用对话和协商的评估模式。这种模式反映了英国政府在治理职业教育实践理念上的转型,即把绩效的考核和员工的发展融为一体,不偏重任何一方。这不仅与英国新工党布莱尔政府所倡导的"第三条道路"相吻合,也与英国新联合政府所倡导的"大社会和小政府"理念相一致。

第四代评价是在前三代评价的基础上发展而来的。第一代评价是20世纪20年代,以比奈量表为标志的评价测量时代,强调评价者的技术分析师角色,要求教师掌握一套测试的技术和操作方法。第二代评价是20世纪30年代后,在泰勒"八年研究"的影响下,对基于目标的程序进行系统评价的过程,强调评价者是描述者,是领路人和历史学者,不能只掌握测量的工具。第三代评价强调要基于事实做出判断并提出建议,但是这种评价存在明显的管理主义、忽略价值多元以及过分强调科学范式的倾向。第四代评价与前三代评价完全不同,它的基本假设是:事实并非客观地摆在那里,而是依据认识的建构而存在,并常常受到各种各样的社会和文化因素的影响。① 这种新的评价理念要求综合前三代评价的技术和方法重新定义,并把它们融合成为比以前更有技巧性的评价实践。

第四代评价的主要特征包括以下几点。第一,评价者从控制者的角色转变为合作者。在参与过程中,评价者负责为大家获取参与的条件,是一种政治角色。第二,评价者所呈现的不是调查者的形象,而是教与学的形象。也就是说,评价者是教师,也是学习者。第三,评价者的角色不是发明家,而是给现实定型的人。这强调评价者本身要有责任担当,要以共享责任的精神参与整个过程。因此,第四代评估重视利益相关者的主张,听取和关注各方意见,通过协商和合作的方式处理评估结果。如果用几个关键词表述,就是"责任共享""授权""理解欣赏"和"行动实践"。②

从英国政党关于职业教育发展的理念来看,自 2009 年以来,政府提倡发展中要责任共担,并要求社会、雇主、个人和家庭等协商合作解决问题,这与第四代评价所强调的合作协商完全一致。

第二节　结果导向评价范式

"范式"的英文为 paradigm,源自希腊词 paradeigma,指模范或模型,最早由美国哲学家托马斯·库恩(Thomas Kuhn)于 1962 年在《科学革命的结构》中提出。库恩对科学发展持"历史阶段论",认为每一个科学发展阶段都有特殊的内在结构,而体现这种结构的模型即范式,它包括共有的世界观、基本理论、范例、方法、手段、标准等与科学研究有关的所有内容。科学研究需要遵循和建立一套范式,即研究的世界观、方法论和工具,这已成为共识,理解结果导向评价需要从其基本范式来分析和思考。

一、什么是结果导向评价

要理解结果导向评价,首先要对结果和评价进行深入的剖析。

---

① 埃贡·G.古贝,伊冯娜·S.林肯.第四代评估[M].秦霖,蒋燕玲,等译.北京:中国人民大学出版社,2003:1-18.
② 同①:189-193.

(一) 关于评价

从学术和科学的角度看,评价是收集信息和证据,根据绩效标准对某项工作或者某个行动等是否达到预期目标的一种价值判断。[①] 由此可见,对任何一项评价来说,数据和信息的收集是重要的基础,只有获得足够全面的数据,才有可能做出科学的判断和评价。因此,也有人直接把评价理解为事实判断和价值判断的过程。所谓事实判断,就是收集具体的证据和材料,以这些事实为依据来评断"是什么、不是什么以及怎么样";事实判断一般不掺和任何价值性的内容。价值判断则是基于事实证据,以事前确定的目标和标准为参照的一种评价;价值判断需要表明一种价值态度。由于事先有明确的参照标准,价值判断虽然带有评估者的个体主观性,但一般也被看作科学的评价方式。

教育评价一般是对学校或教师等培养人才的过程是否达到预期教育目标的一种价值判断。在这一过程中,需要对学生的成就、教师的教学情况、学校的设施设备等各方面进行了解和掌握,并基于事实和目标得到一个科学客观的结论。

(二) 关于结果导向评价

21世纪后,英国面向职教教师颁布了一系列教师能力标准。由于教师的专业发展更多是以英国相关能力标准为基准开展的,因此教师是否达到相关能力被认为是发展的关键。结果导向评价是基于能力本位教育和学习的一种评价,其本质是评价依赖于学习者的成就结果或教师的能力标准的达成。结果导向评价用英语表达就是 outcome-based assessment/appraisal,即以结果为导向的评价。具体而言,强调学习者能力和结果达成的评价必须基于我们希望学习者学习什么,准确地说就是通过学习要达到什么程度,以及确认是否达到预期结果。这个结果并不体现在单一的测试,而是体现在综合能力、知识和价值观等。[②] 由此可见,结果导向评价是持续的过程,是一种综合性评价。

事实上,20世纪80年代英国的绩效表现评价(performance assessment)就是典型的结果导向评价,其基本流程包括:[③]

——初期会议安排(initial planning meeting);

[①] Gilbert Jessup. Outcomes: NVQs and the Emerging Model of Education and Training[M]. London: The Falmer Press,1991:48.

[②] 同上。

[③] Brian Fidler. Staff Appraisal and the Statutory Scheme in England[J]. School Organization,1995(2):95-107.

——课堂听课和反馈(classroom observation and feedback);

——收集证据(collection of evidence);

——自我评价(self-appraisal);

——面谈(interview);

——书面评价报告(written statement);

——下一步行动(follow-up action);

——总结会议(review meeting);

——新一轮评价开始。

上述顺序是20世纪90年代英国开展教师评价的基本模式,且直到今天依旧是开展教师评价的实践依据。其中有几个重要的部分,包括会议计划、实施听课、数据收集(如课堂、面谈、教师自我反思和书面报告等)、作出判断并反馈。在评价过程中,对教师工作的描述,尤其是把教师的教学表现作为样本进行观摩成为评价的重心。不过,这也曾引起教师的恐惧和不满,有学者认为即便是最自信的教师,在面对这样的检查和评价时也会感到不安和有压力。

英国政府认为,这种集听课、交流对话、自我评价、问题反馈和改进建议于一体的评价过程建立在尊重教师和基于教师发展的理念上,是一种综合教师教学各方面对教师进行全面评价,具有科学的信度和效度的评价。[①] 结果导向评价与绩效评价在过程中并没有明显区别,只是对结论的认识有所不同。

二、结果导向评价体系的模型

科学、系统的评价过程是确保评价效度和信度的关键。虽然不同国家对结果导向评价的认识并不完全一致,但结果导向评价有其基本规律可循,一般包括评价结果、具体内容、评价方法和工具、评价模式等基本元素。

第一,以英国NVQ的职业能力评价为例,如图6-2所示。[②] 整个评价过程的核心是数据收集,包括现场数据的收集、过去成就的收集、开放性数据等,学习者是否达到预期结果要基于对所有数据的整体判断,而不是基于某一个

---

① 车伟艳.英国绩效管理教师评价制度:内容、特点与启示[J].外国中小学教育,2010(10):12-13.

② Gilbert Jessup. Outcomes:NVQs and the Emerging Model of Education and Training[M]. London:The Falmer Press,1991:52-58.

测试的结论。因此,结果导向评价是对 20 世纪初测量评价的超越,也是对 20 世纪 30 年代描述评价的升级,它实际上有点类似于第三代评价,试图通过测量、描述等方式来全面考察基于 NVQ 标准的判断。需要特别指出的是,基于目标的判断并不都是可靠、科学的评价。斯克里文(Scriven)特别指出,首先应该把目标本身看成是问题性的,目标与过程本身都应该服从评价。其次,判断要求的标准违背了判断形成的过程,而对于是否达到标准提出的要求,评估者做出一个判断本身就带有主体的价值观,这要求评估者必须是评判员。① 当然,对教师的评价不能完全等同于对 NVQ 的能力本位结果的评价。因为在教师评价的实践中,对话和沟通是其主要的一项,而这就体现了第四代评估所倡导的协商建构原则,对被评估者来说也是一种非常人性化的设计。

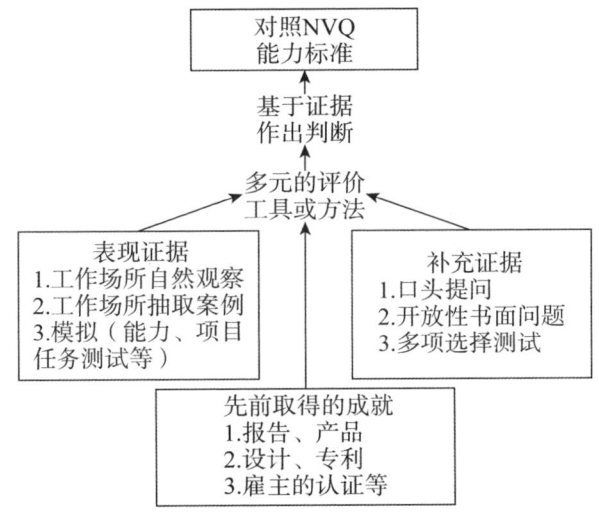

图 6-2 基于 NVQ 的结果评价模型

第二,有学者从课程实施的角度对结果导向评价体系进行研究,提出了结果导向评价的四阶段模式,如图 6-3 所示。包括:(1)评价计划模块(assessment plan module);(2)课程实施和证据收集模块(instruction and evidence collection module);(3)分析证据模块(evidence analysis module);(4)报告结果模块(reporting results module)。从图中不难发现,结果导向评价具有非常严格的过程体系,其结果只是过程的外在表现,过程才是结果的关键

---

① 埃贡·G.古贝,伊冯娜·S.林肯.第四代评估[M].秦霖,蒋燕玲,等译.北京:中国人民大学出版社,2008:2-8.

所在。而且,结果是动态的、可持续的、可改进的,最终所有的结果都将反馈到学校和外部课程监管机构。这样的反馈和沟通正是确保结果导向评价透明、科学和有效的根本。

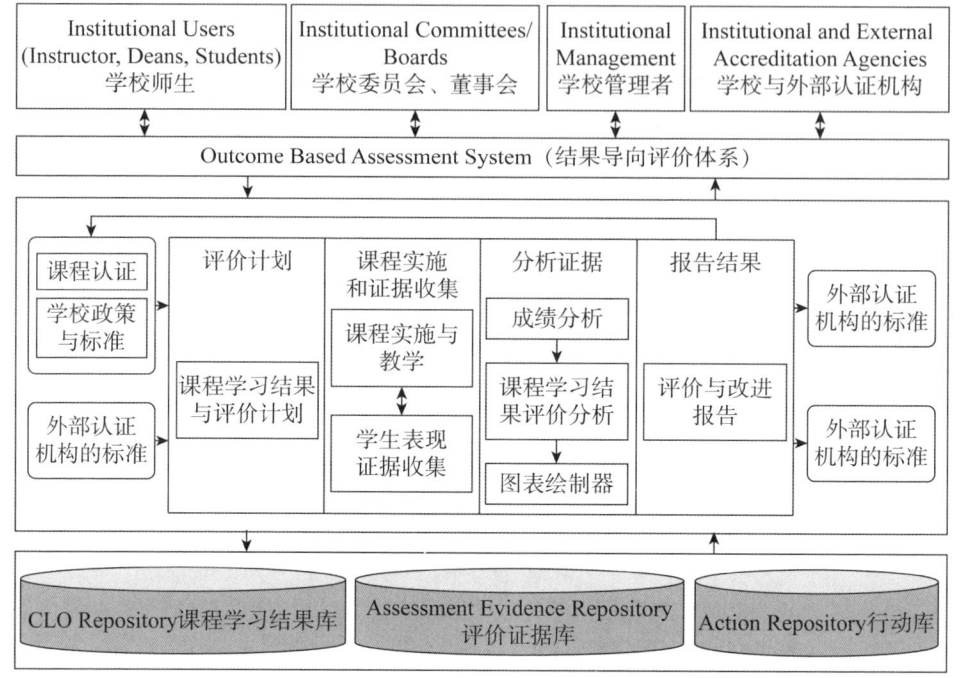

图 6-3　结果导向评价的体系构架

实际上,无论是 NVQ 模式还是四阶段模式,所谓的结果都是基于过程的一种表达形式,强调结果是一种目标导向。如果我们看到英国的资格证书体系一直在变化和调整,那么完善基于结果的过程就是其直接原因。同样,四阶段模式实际上是一个循环体系,从最终的"报告结果"回到"课程认证"不是简单的结果反馈,而是基于结果的新的一轮评价的开始。

第三,结果导向评价已在教育评价实践中广泛应用,特别是在目标达成情况的评估被社会各界所关注的背景下,许多国家和教育行政部门都开展了类似的评价。美国相关学者就"如何构建系统的结果导向评价过程"对美国海岸社会服务学习中心和西部社区学习服务项目进行调查,发现两个机构都没有提供一套系统化的评价过程。他们提出了一些有价值的建议,比如:(1)必须接纳反馈建议,包括学生、社区和相关者;(2)服务学习者的管理人员必须和教师进行单独的接触,对课程和相关服务进行审查;(3)提供培训机会;(4)加强沟通,分享想法。上述建议得到两所学习中心的认同,结果导向评价必须重视反馈和沟通,也需要征求反馈意见。① 为了探究如何使更多的教师和教育行政管理者参与结果导向评价,有学者专门进行了调查研究,问题包括:

(1) 您的老师和管理人员如何深入参与结果导向评价计划的审核?

(2) 在参与过程中是否遇到挑战?

(3) 如何处理参与过程中遇到的挑战?

调查结果显示,大部分教师参与过相关的评价,但时间、资源和对评价的理解是当前最大的难题。② 调查还发现,许多学者和官员认为结果导向评价不可能存在系统的评价过程,在越来越强调问责、标准化测试和其他绩效指标的评价文化中,课堂上发生的真实情况往往与上述内容没有多大关系。因此,真正的结果评价很容易造成理解的混乱。③ 笔者以为,结果导向评价作为一种有效反映教师是否达到目标结果的评价方式,众人对此持不同看法也很正常,这本身也是评价的应有之义。

三、结果导向评价的基本特征

结果导向评价需要明确结果,制定科学的方法,深入参与实践过程。

1. 基于结果达成的评价目标

评价目标是指通过评价要达到的目的,结果导向评价的目标指向教师能力的最终结果。关于职教教师评价的目标,可以从两个方面来看,一是把教师作为一种职业,二是把教师作为一种专业。作为一种职业,职教教师首先需要达到国家职业资格的等级要求,获取NVQ的职业资格证书。作为一种专业,职教教师的评价一般通过教育标准办公室实施,评价目标分为4个等级:杰出、良好、合格和不合格。这是对教师教学能力是否达到国家要求的一种结果导向评价。

2. 基于职业能力表现的评价内容

评价内容可以从不同维度进行考察,包括教师自身的角度、学生发展的成

---

① Lauren Weiner, Marilee J. Bresciani. Can Institutions Have Quality Programming Without Utilizing a Systematic Outcomes-Based Assessment Progress? [J]. Research and Practical Assessment, 2011, 6a: 31 - 33.

② Marilee J. Bresciani. Identifying Barriers in Implementing Outcomes-Based Assessment Program Review: A Grounded Theory Analysis[J]. Research and Practical Assessment, 2011, 6: 5 - 12.

③ 同②: 7.

就、社会和其他同行的反映等。但是,结果导向的教师评价最终视教师职业为一种专业,以教师能力的具体维度作为评价内容,包括专业知识、专业能力和专业品德(价值观)。

3. 多元、综合的评价工具和方法

结果导向评价的工具有多种形式,基本上可以分为书面、实践和口头交流三方面。具体流程包括数据收集、观摩、记录、对话交流、反思性总结等。在工具的选择上,结果导向评价充分考虑到可量化、整体性、透明化和保密性原则。结果导向评价并不是眼里只有结果,而是通过关注过程追求达到理想的结果。因此,它强调评价就是证据收集(evidence collection),评价就是关注教师表现(focus on performance)。当然,教师档案袋(teacher portfolios)也是一种科学的有助于解释结果的评价方法。首先,评价要基于事实和证据。其次,评价要关注教师的课堂表现。再次,评价要基于学生的成就。最后,相关因素(比如教师参与社会服务和企业指导等)都被认为是有效的能力表现。

4. 行动导向的评价实施过程

结果导向评价的实施强调行动导向,就是大家一起行动和参与评价,强调评价的循环性和可持续性。

实际上,教师能否达到预期结果取决于很多因素,需要全面考察和综合评价。因此,评价的结论虽然分为几个等级,但其内容和过程却超出简单的结果,这也是为什么是"结果导向"而不是"结果"之所在。总之,结果导向评价是导向结果、注重过程、对话协商、反馈改进的循环往复的过程。

第三节　结果导向外部评价:基于 Ofsted 的实践

1992 年后,英国教育标准办公室(Ofsted)定期对职业学校的办学质量开展绩效拨款评估,这是英国职业教育市场化后最大的变革。2003 年,Ofsted 正式对新入职教师培训实施听课评估,至今已有近 20 年的历程。在此期间,英国的 ITE 检查积累了许多经验,形成了通用检查框架,同时也引来了各方质疑。

一、英国职业教育外部质量框架体系分析

本书将使用 2015 年 8 月后通用检查框架中的新 4 级标准来介绍英国 Ofsted

对 ITE 教师的评价。需要说明的是,要理解 Ofsted 对职业学校教师的评价,就需要整体了解 Ofsted 在英国职业学院的运作机制和方式。仅对教师 ITE 的听课评估进行分析缺乏背景性,也难以客观科学地评价和认识 OTL。从外部质量环境看,英国 Ofsted、SFA、AO 等机构联合构成了一个质量保障环,我们将在下文逐一介绍。

(一) FE 外部质量保障机构

1. 颁证机构(Awarding Organisation,简称 AO)和高等教育机构

颁证机构和高等教育机构负责认证并颁发职教教师资格证书。目前,英格兰地区共有约 37 家颁证机构和 39 家高等教育机构负责颁发上千种职教教师资格证书。颁证机构主要颁发认证和证书,而高等教育机构主要颁发文凭、高级文凭和专门文凭。颁证机构负责各证书的高质量开发,确保证书资格得以认证和审批;一旦颁证机构所提供的证书没有得到认可,就意味着学习者将没有证书可申报和学习。当然,这只是一种假设。伦敦城市行业协会作为目前最大的颁证组织,其证书的质量直接影响着学习者的参与和选择程度。当然,资格与考试办公室承担着监管责任。

2. 资格与考试办公室(Ofqual)

资格与考试办公室是资格、考试与测验的管理机构,正式成立于 2009 年 11 月,2010 年 4 月 1 日起直接向议会负责。Ofqual 要保证颁证机构所提供的资格证书是公平的,并与其他资格证书有可比性;同时,监测资格、考试和测试标准,并报告其发现;保证所有人员都有获得资格证书的机会;保证考试、测验和其他评估分数的质量,保证学习者得到应得的成绩等。因此,规范资格框架(RQF,其前身是资格学分框架 QCF,2017 年 10 月取代 QCF,成为英国正式实施的新的资格框架)由 Ofqual 制定和审查,颁证机构也由它管辖。为什么要提及这些机构?因为这些资格证书都来自颁证机构,它们是否达到预期的要求与提供的教师培训的质量有着密切关系。

3. 教育标准办公室(Ofsted)

1992 年颁布《继续教育与高等教育法》后,英国成立了专门的教育标准办公室作为继续教育领域的第三方独立督察机构,对继续教育的办学质量和教师教育与专业发展定期开展质量检查和审核,并递交审核报告。这既是学院发展和改进的依据,也是相应机构进行绩效拨款的依据。直到今天,Ofsted 依旧在英国教育质量中扮演着重要的角色,始终是维持高质量的英国职业教育

和职教教师的最后一道"防火墙"。

4. 雇主和继续教育学院

1992年后,继续教育学院脱离地方教育当局,成为公司化运营主体法人机构。如何确保市场化的运营具有高质量？英国政府决定建立外审机制,让所有机构在公平的环境下竞争。学院与教师之间形成一种聘用关系,继续教育学院为了保持教师的高质量,在内部建立了人力资源部,专门负责教师的招聘、考核和发展机制。

5. 拨款机构(SFA)

1992年后,为加强对继续教育部门办学绩效的管理,英国成立了专门的技能拨款机构(Skills Funding Agency,简称SFA),但如何拨款需要相应的依据。用我国的职业教育拨款逻辑解释,这个依据是国家政府有专门的"人头费",即每一位学生的经费是多少。不过,英国采取市场化竞争的方式来管理继续教育学院等机构,招生数量和额度要根据英国外部评审机构的结果来定。负责外部评审的具体机构就是Ofsted。因此,从严格意义上讲,Ofsted和SFA才是英国质量评估的两个关键部门。

6. 政府部门

政府作为重要的管理机构,负责政策和标准的制定以及财政拨款。英国重大的职业教育发展决策最终由政府发出,由相关组织执行和实施。虽然政府在英国教育发展中一直是关键性角色,但它一般不直接参与具体的专业化事务,而是通过第三方和专业评估团队来执行,并为政策提供服务。在继续教育领域的评估方面,英国技能部门(现在是商业、能源与工业战略部)一般根据国家技能情况制定相关政策,并委托第三方或教育标准办公室开展相关的评估检查,为政策的制定和工作的开展提供支持。

在英国,并不是所有的学校、机构都接受教育标准办公室的外审和评估。比如根据1996年的《教育法》第463节,相关独立学校可以不接受外审。[①] 由此可见,英国在各领域的质量评价实践大不一样。理解上述背景,对正确认识英国教育标准办公室的外审和评估具有重要价值。

---

① The Common Inspection Framework：Education，Skills and Early Years [EB/OL]. (2015－08－28)[2021－06－25]. https://www.gov.uk/government/publications/common-inspection-framework-education-skills-and-early-years-from-september-2015.

(二) FE 外部质量运作逻辑

上述机构如何成为利益相关者,需要遵循一定的逻辑。本书把这个逻辑命名为英国 FE 外部质量运作机制(体系)。该体系的建立要满足几个基本假设:第一,学习者需要获得社会需要的资格证书,必须去颁证机构申请相关证书的学习;第二,颁证机构作为市场的经营主体,为了赢得市场份额,当然非常愿意为顾客提供相应的证书,但是这些证书必须得到政府的认可和批准;第三,资格证书的管理和审批由资格与考试办公室负责,只有最终被审批通过后才能在英国各学校实施,这些证书中不仅包括5—19岁学生的学历和资格证书,还包括社会上各种职业资格证书,教师资格证书就是一种主要的职业资格证书;第四,目前英国职教教师 ITE 主要在继续教育学院实施,其质量与学习者数量和拨款直接相关;第五,英国教育标准办公室(Ofsted)负责审查和评估,它虽然没有权力直接拨款,但其审查评估的结果就是拨款的依据;第六,技能拨款机构为提供相关培训的机构拨款。英国外部质量保障框架如图 6-4 所示。

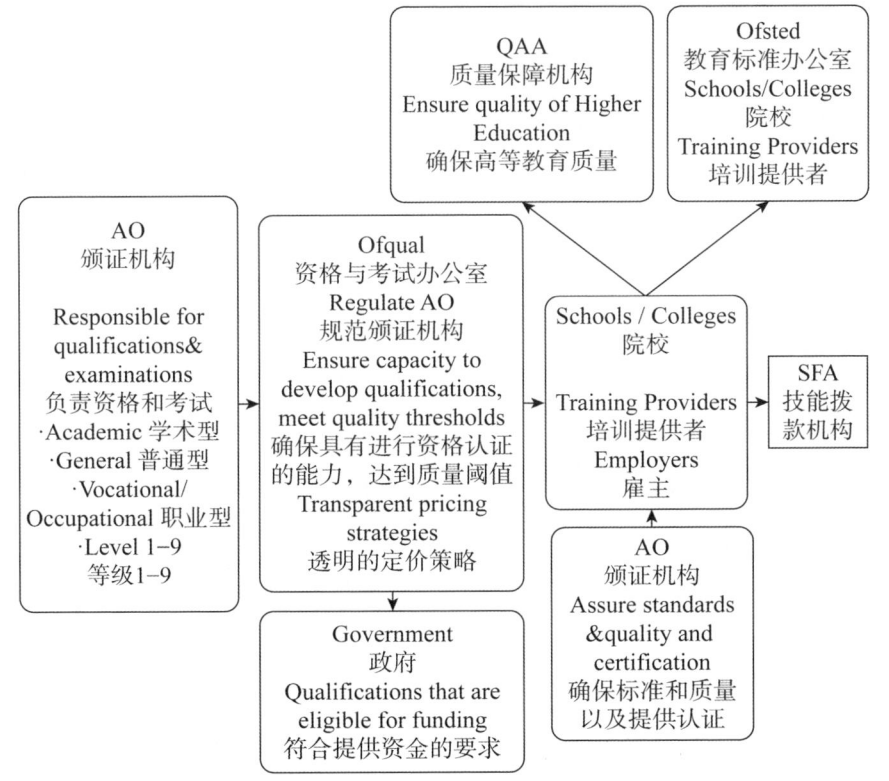

图 6-4 英国外部质量保障框架

从英国职业教育外部质量保障框架来看,正是上述机构的连接才确保了英国职业教育高质量的保障体系。因此,在理解英国的质量保障之前,必须全面了解各相关机构的价值和功能,并建立整体的质量保障体系概念。

二、关注结果:教育标准办公室对 ITE 评价的追求

什么是结果?对教育标准办公室而言,通用检查框架的四阶段标准就是结果,是否达到以及达到的程度将是检查的重点。Ofsted 对 ITE 的检查一般分为以下流程:首先,公布新的通用标准框架;其次,实施评估,包括自评和外部评估两部分;再次,公布评估结果,将其作为绩效拨款的依据;最后,跟进服务和应对,特别是发现问题之后如何改进不足。

目前,英国新入职教师教育(ITE)的检查分为两个阶段。第一阶段发生在夏季,允许督察在学员训练期间听课。第二阶段在下一个秋季进行,主要是在教室里听新合格的教师或职前培训者上课。检查结果仅在第二阶段公布。① 本书主要介绍对课堂教学的评估实践(第二阶段)。

(一) 通用检查框架②

英国于 2002 年起在继续教育领域实施通用检查框架。2015 年 8 月,英国政府制定并颁布新的《通用检查框架:教育、技能和幼儿》(简称《通用框架》)。通用框架是对整体质量的评估框架,包括教师教学效果。这个框架是根据英国 2005 年《教育法》的第 5 部分、2008 年《教育与技能法》的第 109 部分、2006 年《教育与督察法案》以及 2006 年《儿童法案》制定的覆盖英国各年龄段和教育体系的检查框架。继续教育与技能教育从 2015 年 9 月起采纳该框架,对教师实施教育教学的检查。

新框架明确提出,检查是独立的、外部的评估,将依据大量的信息和数据,全面考察政策和相关因素,做出诊断性评估,并提出改进建议。如何来评估?首先,关注学习者的结果。新框架提出将重点关注学习者的结果(pay

① Initial Teacher Education:Inspections and Outcomes as at 30 June 2016[EB/OL].(2016-11-24)[2021-06-25]. https://www.gov.uk/government/publications/initial-teacher-education-inspections-and-outcomes-as-at-30-june-2016/initial-teacher-education-inspections-and-outcomes-as-at-30-june-2016-main-messages.
② The Common Inspection Framework:Education, Skills and Early Years [EB/OL].(2015-08-28)[2021-06-25]. https://www.gov.uk/government/publications/common-inspection-framework-education-skills-and-early-years-from-september-2015.

particular attention to the outcomes),并全面考察平等性、多元性、安全性等方面。2010年,英国政府颁布了《平等法案》,要求确保每个人机会平等,并采取具体措施避免出现歧视等。其次,以教师专业标准为最高原则,对被检查对象持公平和尊重的态度。

评估结果分为4个等级,分别是1级(杰出)、2级(良好)、3级(需要改进)和4级(不充分)。那么,如何得出上述结论呢?Ofsted制定了一套以"总体效果"为中心的包括4级评估的具体指标,如表6-3所示,分别是:领导和管理效能,教学与评价质量,个体发展、行为与幸福,以及学习者的结果。

表6-3 通用检查框架标准(2015年8月)[①]

4级标准	具体指标维度
1. 领导和管理效能	略
2. 教学与评价质量	1. 教师和实践者对学习者有高的期望值,包括弱势群体。 2. 教师与实践者对这一年龄段孩子具有良好的理解和认识,具有相关学科知识,能够充分地和孩子交流。 3. 评价信息的收集来源于听课,并通过学习者的家庭和以前的学习机构等,了解他们学会了什么、懂得了什么、能够做什么事。 4. 评价信息作为规划合适的教学的策略,包括确认孩子们为什么掉队了,谁需要更多支持和帮助等,以促使学习者取得更大进步。 5. 教师通过有效的信息反馈,让家长和利益相关者理解学习者应该如何提升自我,以及了解自己应该做什么。 6. 和家长、雇主交流,帮助他们理解如何让孩子们达到预期的标准,以及如何才能做得更好。 7. 教学在平等机会和多元化发展方面的可能。
3. 个体发展、行为与幸福	略
4. 学习者的结果	略

(二) 听课的实施

一般而言,Ofsted都是直接对继续教育学院教师进行评价。但实际上Ofsted对继续教育领域的评价具有组合性,包括对继续教育学院的总体审查和单项评价。总体审查中包括对教师教学情况的检查,由两方面组成,一是建立在学院自评基础上的相关记录审核,二是进入教室直接观摩。对入职教师的

[①] The Common Inspection Framework: Education, Skills and Early Years [EB/OL]. (2015-08-28) [2021-06-25]. https://www.gov.uk/government/publications/common-inspection-framework-education-skills-and-early-years-from-september-2015.

单项评价则是就 ITE 在继续教育学院开展情况的质量进行检查。

第一,学院自评。学校内部专家根据 Ofsted 的标准,对每个教职工的课堂教学进行每年两次的评估与等级评定,分别为杰出、良好、需要改进和不合格(解雇)4 个等级。此外,学院自评还包括学院某方面的资源是否充足、员工的相关学历和经历、与地方企业及其他教育机构的合作关系、过去几年中取得的进步,以及未来的改进建议。学院的自评报告实际上是其对自身办学质量和未来发展思路的综合评估报告。学院自评是外部正式教育督导检查的基础。

第二,外部评估。外部评估是在自我评估的基础上进行的,英国的外部评估机构一般提前三天通知被评估学院。评估前,Ofsted 首先组建由 10—14 名专家组成的评估团队,专家为来自行业企业、有相关专业的其他职业院校的管理者。评估一般为期 5 天,内容包括学习表现、服务质量、领导力以及学生的出勤率和成功率等。评估期间,评估团队将与教职工、学生、政府官员和相关人员进行访谈,进入课堂听课(主要看学生的学习效果),查看设备等教学资源,了解学院自身理念、自我评价过程、专业设置、服务总体效益等。

(三) 评估结果反馈

第一,评级反馈。根据评估的 4 级标准对评估结果进行评级,并给予综合反馈。根据英国相关政策要求,评估结果分为杰出、良好、需要改进和不合格。对于评估结果优秀的学院,下次评估可推迟到 6 年后进行。至于需要改进和不合格的学院,则要求其在规定的时间内进行整改。

第二,绩效拨款。绩效拨款是评估结果的一种反映。英国继续教育学院作为市场运营的主体,其经费中的 70% 一般来自政府的绩效拨款,30% 通过市场竞争获得。可见,政府的绩效拨款具有重要影响,是英国继续教育学院的主要收入来源。由于这只是评估后的一种附带行为,本书不再作深入的讨论。

(四) 评估应对

英国政府认为评价并不只是指向评级和结果,更应该基于促进学习者发展和进步。为此,英国政府专门成立了服务教师专业发展的机构——学习与技能服务中心(LSIS),为需要改进的教师提供各种专业的帮助和服务。

三、ITE 检查评级的争议与完善

近 20 年来,英国在 ITE 的听课方面取得大量成就,已成为新入职教师教

育的主要环节,但这种通过绩效打分形式的评估也带来了一定的争议。因此,围绕英国 ITE 教师的 OTL 评价标准发生了一系列调整,相关英国专家也提出了许多建议和报告。

例如,2003 年的 Ofsted 检查从培训质量、管理质量和学员质量三个方面来开展。随后,英国对 ITE 的检查标准一直定在 4 级,分别是"杰出或卓越"(outstanding)、"良好"(good)、"满意"(satisfactory)和"不满意"(unsatisfactory)。这个 4 级标准一直沿用到 2011 年,2012 年被 Ofsted 改为 3 级,分别是"杰出或卓越""良好"和"需要改进"。在新的评级框架下,所有学校被定级为 1—2 级,3 级被认为是不可接受的。2014 年,英国大学与学院联盟(University and College Union,简称 UCU)在一份报告中抨击 OTL 的评级行为,认为"这是一种'拳击赛',只会给选手增加紧张和恐惧"。2014 年 7 月,Ofsted 对 ITE 的标准又进行了调整,变为新的 4 级标准,包括总体效果、学员结果、培训质量、领导和管理质量,如表 6-4 所示。① 虽然在如何使用合适的标准上一直存在争议,但是 ITE 评价的实践依旧在深入推进。

表 6-4　2014 年英国 ITE 评价标准

总体效果	ITE 伙伴持续确保高质量培训结果的水平
受训者的结果	目标达成、受训者教学怎样、完成率、就业率
伙伴关系的培训质量	培训一致性、持续性的整体质量 高质量的培训和服务,以确保学员获得所需要的技能 学科和分阶段检查 评价的准确性
伙伴关系的领导与管理	追求卓越的愿景 密切的伙伴关系 灵活的招聘和筛选过程 有效的监控和评价 遵循 ITE 标准和要求 不断改进的能力

---

① Initial Teacher Education Inspection Handbook: For Use from June 2014[M]. Manchester: Ofsted, 2014:28.

第四节　结果导向内部评价:伯顿德比郡学院实践

针对职教教师的评价问题,除了英国政府建立了一套质量保障体系之外,职业学院自身基于外审和内部管理的需要也建立了一套内部教师评价机制。本节主要讨论英国继续教育学院内部如何开展入职教师评价的实践。

一、伯顿德比郡学院(Burton and Derbyshire College)质量管理体系

伯顿德比郡继续教育学院是被英国 Ofsted 评估为"杰出"的院校之一。2013 年 12 月,笔者作为项目协调员赴学院考察教师的发展情况。需要指出的是 1992 年后,英国职业院校都是独立的法人实体,不仅对财务、人事、规划发展具有独立的经营权,还需要面临市场化的竞争和外部英国教育行政部门的考核。

英国职教教师的评价主要涉及学院院长、人力资源部主任(经理)和质量提升部门等机构。人力资源部门对教师招聘、入职培训、相关考核发展和薪酬绩效进行统一管理。但教师发展依赖于其在教学过程中的表现,离不开学院信息管理系统对相关数据的收集、统计和分析,由此可见系统与信息中心在评价方面发挥了重要作用。

1992 年后,新成立的英国教育标准办公室定期对职业学院的办学质量进行外审,以确定拨款的绩效分配和招生的批准。自此,英国各职业学院对质量的重视和管理提升到前所未有的高度,绩效管理与评估成为英国继续教育学院最主要的文化。正因为如此,学校建立了一套基于结果达成的教育质量管理体系,具体包括政策与法规、绩效管理、质量改进程序、自我评估规程和教学管理规程,如表 6-5 所示。据悉,这些质量改进的工具和政策会根据英国政府相关政策的变化而进行相应的调整。

表 6-5 英国伯顿德比郡学院的质量管理体系

质量管理体系	相关二级指标
政策与法规	学术违纪政策 学习与能力评价政策 奖励与投诉政策 课程战略 机会均等政策 高等教育颁证认证程序 内部认证政策 质量改进框架图表 质量改进策略
绩效管理	课程绩效改进计划 学生入校满意度评价 学生课程满意度反馈 学生离校满意度反馈 改进通知
质量改进程序	学院质量委员会成员 学院内部年度视导报告 学院幼儿园视导报告 学院战略框架 外部对学院的评估报告 同行互评 年度质量规划 教师平等计划(取代种族平等) 培训质量标准报告
自我评估规程	自我评价记录信息 自我评价报告 课程审核过程 课程评估模板 内部质量评估报告 内部质量评估计划表 质量改进计划
教学管理规程	年度听课报告 听课报告摘要 听课报告模板 教学计划模板 听课评估记录 听课打分等级 导师听课指导报告模板 听课支持学习报告模板 工作场所听课评估报告模板 年度听课政策 同行听课评估模板 支持手册 工作计划模板

在英国教育标准办公室定期开展的外审评估中,继续教育学院内部的自评将作为重要的参考依据,因此学院内部的绩效管理和教学管理实践越来越受到关注。更为重要的是,英国新入职教师教育(ITE)更多是在继续教育院校内部开展,这说明对 ITE 的检查实际上被教育标准办公室以另外一种方式纳入了继续教育学院。

二、学院人力资源部对教师的规划

英国的职业院校都设置了人力资源部门,负责教师的招聘、管理和专业发展。其中,对教师的专业发展规划一般包括入职试用期、教师需求确认、支持教师专业发展、工业和企业知识更新、教师发展日、教师学习支持服务平台。① 所有教师都在上述平台成长并接受考核,最终成为合格员工。

1. 入职试用期(introduction and initial engagement)

新教师入职试用期一般是一年。试用期间,学校为教师个人发展提供帮助,系部专业主任对教师的表现进行评价,一般 3 个月一次(一年 4 次),反馈结果录入人力资源部的个人档案。其间,学校会针对新员工遇到的各种问题提供专业的帮助。比如某位教师工作表现不好,学校系部会通过谈话交流的形式了解到底是什么原因,是家庭问题、学校问题还是个人问题,以提供合适的解决方案。当然,也有部分教师没有遇到任何问题,但依旧难以在教学和工作中有所提升,这时人力资源部门会警告并要求其必须改进,否则只能解雇。

2. 确定需求(identifying needs)

教师必须掌握和了解教学实践中有什么需求,以及技术的更新换代如何快速传递到课堂教学一线。人力资源部和系主任要求专业教师定期汇报相关专业的技术更新信息,并专门设计了表格对各专业进行调查,教师根据教学需要和自身需求上报。

3. 支持教师发展(supporting development)

当人力资源部门调查、了解了教师的需求后,教师可向人力资源部和系主任申请去企业或相关技术部门学习并提升专业水平。在英国职业院校,这是教师

---

① 涂三广.英国继续教育学院的师资队伍建设:经验与启示[J].中国职业技术教育,2013(21):58−60.

发展的一项基本制度。

4. 工业、企业知识更新(industry updating)

英国职业院校的专业教师须定期去企业进行专业和技术知识的更新。教师每年有30个小时的学习时间,学习形式包括去企业体验、参加国际会议或听报告等。这里涉及中国职业院校经常遇到的几个问题:(1)我们如何知道技术已经更新了或出现了新的技术?(2)教师去哪里学习,企业会不会接受?(3)教师的学习情况如何得到有效反馈和评估?第一个问题在确定需求的环节已经表述得很清楚,这是学校和专业教师自身必须去了解的,重要的是去哪里学习,以及如何保证学习是有效的。据学院人力资源部主任介绍,英国专业教师通常都是行业的会员,他们和相关行业企业联系密切,因此去企业学习很容易;另外,学校和行业企业签订了相关的合同,企业有义务接受教师前去学习。至于如何反馈和评价教师的学习效果,英国职业院校一般要求所有去学习的专业教师回来后必须向同行汇报,让所有教师了解相关信息。

5. 教师发展日(staff development days)

英国的学校每年有三次专门的教师发展日活动,所有教师必须参加(可以选择与自己相关的专业和感兴趣的内容)。活动形式多样,内容丰富,人力资源部每年设计一个课程列表,内容涉及健康、职业发展等方面,主讲教师来自行业企业、社区外部管理者或专业人员(如激励大师、管理大师等)、学校内部管理者和员工。

6. 支持教学(developing teaching and learning)

英国有专门的教师专业发展服务机构——学习与技能服务中心,英国政府对该中心有专项拨款,以支持相关项目的实施和开展。教师可根据需要填写项目申报书,由专门的专家组审核评估,可行则同意项目执行。通过这个平台,教师可得到支持和专业提升服务。

三、学院对ITE教师教学的评估实践

对听课的评估是学院质量管理的重要环节,由学院信息中心记录、反馈和存储。因此学院从政策规划到具体实践,形成了一套科学的程序,其出发点和落脚点都是基于标准化结果的评价。

(一)对新入职教师的听课

实施听课政策是开展高质量听课工作的前提。听课政策包括听课原则、

评级打分(谁评价、评价谁、何时、如何开展等)、听课程序(第一步是接触被听课者,第二步是开课教师准备,第三步是实施听课,第四步是口头和书面反馈)、听课后的行动计划(个人行动计划、"满意"或"不满意"评级)。

1. 听课原则

听课原则主要是说明听课的意义及其与教师发展之间的关系,一般都强调听课对个人和学校治理的重要性。从个体而言,结论可作为评价个人是否合适的依据。

2. 评级打分

对新教师的评级听课一般由一线经理负责。听课评估者需要满足三个条件:一是具有教师资格,二是具有三年及以上教学评估经验,三是接受过学院的评估培训标准认证。项目质量负责人提前安排好听谁的课、由谁听、在哪一周实施等,并通知相关者。通知发出后,负责人需要和开课者进行访谈,并提前两周通过邮件通知对方相关事项。新教师的听课评级只有两级:满意与不满意。

3. 听课程序

听课程序是最重要的一环,包括四个步骤。第一步,评估者和被评者进行初步接触,告知对方相关要求,同时接受开课教师的相关咨询和提问。第二步,开课者把教学计划(表6-6)、工作计划、学生背景情况、课堂学习计划和讲义等资料发给听课者,当然上述资料都是依据相关政策和评级标准的要求来准备的,听课者自身须准备好听课记录表。

表6-6 伯顿德比郡学院教师2012年度教学计划

教师姓名		地点		学生数量		周几	
学科/主题		课程		日期			
目标			目的				
教学策略							
教学层次	教学步骤和活动		团队工作/小组/个体工作		不同学生的活动和扩展的机会		资源使用
导入							
发展							
结论							

第三步,评估者准备好听课评估记录表(表6-7),一般听课时间为45分钟,评估者必须提前进入课堂,选择一个合适的位置,便于和学生自然交流,也

可以在课外与教师进行 10 分钟的沟通。此外,听课者可以对课堂安全和卫生等情况作出干预,甚至取消课堂听课。第四步,听课者要在 7 天内把听课相关表格复印反馈给开课者、一线经理和质量改进负责单位,并在 5 天内把口头和书面的报告交给开课者,写清其优势、不足和需要改进之处。

表 6-7 听课评估记录表

被听课教师姓名: 　　　　　　　听课日期:
课程名称:
听课时长: 　　　　　　　　　　听课教程:

具体内容	评价
课程准备情况(6 条指标)	
课题环境营造(8 条指标)	
长期目标和短期任务达成(4 条指标)	
结束(5 条指标)	
优势	
改进空间	
推进行动	
评级	满意/不满意

听课导师签名: 　　　　　　　听课者签名:
日期: 　　　　　　　　　　　日期:

4. 听课后的行动计划

听课后的行动计划包括两个方面:一是教师根据听课者的口头反馈和个人反思作出改进和思考,二是对听课的结果进行打分和评级。所有教师在接受听课后都会得到一个评级,这个评级一般以保密的方式留存在人力资源部,既作为外审机构参考的样本,也供人力资源发展规划时参考,更作为教师自身发展情况的记录和档案。

对新入职教师的听课一般在两年内进行三次,第一次必须在 8 周内开展,第二次在 16 周内开展,第三次在 24 周内完成,第一次和第二次的听课由一线经理完成,第三次则由学习机构的负责人实施。第一次听课不评级,后面两次将进行评级打分并记录在案。

（二）对其他教师的教学评估

对教师实施听课是英国教师评价的重要形式。为了提高教学质量，英国的职业院校以标准为依据，使用了一系列策略：(1) 正式的等级教学听课诊断，即每位教师必须在一年内接受一次标准化的课程教学活动评估；(2) 同行听课，即为教师提供听同行上课的机会，共同研讨什么是好的教学；(3) 课程健康检查，其目的是通过跨学院的课程诊断，确保整体教学科学有效；(4) 促进反思实践，通过使用一系列策略来实施；(5) 同行评议与发展，即教师和经理开展教学讨论，并和其他院校教师一起反思；(6) 主题性考察，即对某个院系进行一天以上的主题性考察，探究特定主题，比如网上学习、膳食质量等；(7) 一天的学生生活体验，即扮演一天影子学生，使管理者能够体会到学生的感受，包括对教学的感受；(8) 合作评估，即管理者互相合作对教学进行听课评估，确保不同学院之间的教师标准一致准确，并为听课者提供教学实践的好机会。

（三）对评估的不满和投诉处理

关于被评估者不满的问题，英国教育标准办公室有专门的投诉政策，[①]并能积极公开地处理。他们会派相关负责人进行沟通和澄清，如果问题仍然没有解决，被评估者可正式向相关机构申诉。具体而言，处理方式有以下三种：

第一，如果 ITE 合作伙伴在检查过程中表示不满，领导督察必须尽一切力量来弥补问题。投诉程序鼓励 ITE 合作伙伴与领导督察交谈，因为现场解决问题往往更容易，这有助于避免以后的正式投诉。

第二，如果 ITE 合作伙伴对领导督察的回应不满意，或者希望进一步投诉，可根据相关要求把情况写下来进行申诉。具体投诉流程见 Ofsted 网站。

第三，如果在 ITE 检查的第一阶段期间或之后提出正式投诉，则无法展开调查，因为在此阶段不会做出判断。在投诉流程中规定的关注事件的 10 个工作日内，如果向 Ofsted 提交关于行为或管理检查的投诉，将予以考虑。

如果还是不满意，申请者可以要求对投诉进行内部审查和评估，这需要在最初申诉后的 15 个工作日内提出，由相关负责人对前期的材料和信息进行分析和了解。当然，如果最终的解释和反馈都不能让投诉者满意，那么投诉者也可以在 3 个月内提出外部审核评估，不过这样的情况非常少见。

---

① Complaints about Ofsted[EB/OL].［2021－06－25］. https://www.ofsted.gov.uk/contact-us/how-complain.

（四）对英国 ITE 评价的争议与改进

对 ITE 的教学检查评估,英国各界评价不一。英国诺顿学院(Norton College)的科克布恩(Cockburn)认为:"政府的听课不仅有利于培养教师的专业诚信,而且有利于提升学习者的经验,这两者都将提升课堂的标准。"他同时指出,听课的实施应该更具有建设性和发展性。听课不应该仅限于检查、评价和考核的角度,这样容易造成教师的恐惧和不安,有效的听课应该处于开放的思维环境,以合作和非防御性的精神来开展,这对教师和教学质量提升将大有裨益。为此,诺顿学院建立了一个 5 人组的教学共同体,开展基于合作发展的评价。

科克布恩的观点显然是一针见血的。20 世纪 90 年代以来,英国的实践界和理论界对该政策展开了广泛的讨论,甚至在 1987 年选取了 6 个地方学校进行试点。英国的职业院校和政府机构也在不断地完善相关政策。根据新的 OTL 实施细则,相关政策已经关注到性别、发展性和尊重被听课者的心理等,比如:如果对象是女性学习者,建议选择女性的教学评估者;对新教师而言,教学诊断前的会议非常重要,可对诊断目的和相关流程进行必要的说明;听课前应该把上一年的优秀教学评估与诊断情况发给相关教师;如果教学诊断是多人参与,听课者需要向被诊断者说明并征得其同意;反馈的基本原则是建设性的和激励教师发展。由此可见,英国教育标准办公室对 ITE 教师的教学评价不但形成了一套制度化的程序,而且具有人性化的服务机制。

本 章 小 结

本章主要探讨了以结果为导向的英国职教教师评价的产生背景、基本要素、实践现状与存在争议,特别围绕国家和院校两个评价主体的具体实践进行了深入分析。

首先,结果导向评价缘起于 20 世纪 80 年代西方国家的新公共管理理念,起始于 20 世纪 90 年代英国教师由专业主义向管理主义转型,第四代评估理念的价值追求则推动了这种评价的实践。其次,结果导向评价旨在推进教师和学习者发展的评价方式。总体而言,结果导向评价是导向结果、注重过程、对话协商、反馈改进的循环往复的过程。基于上述逻辑，英国构建了内外结合的教师质量保障体系。从外部机构看，Ofsted 共同框架下的教师评价实践确保了外部管理质量；从职业学院内部看，OTL 教学评估实践成为院校系统教育质量管理体系的核心。最后，评价本身就是一种价值的判断，其本质不是鉴别和证明，而是改进和价值重建。

综上所述，如何看待英国职教教师教育的目标、课程、模式和评价，需要我们从实际问题出发，进行价值重建和实践反思。

第七章

英国职教教师教育发展对我国职教教师发展的启示

贝雷迪(Bereday)在《教育中的比较方法》中指出:"从认识别人而得到的自我认识,是比较教育所能提供的最有价值的教育。"① 加拿大比较教育专家许美德教授在谈到为什么研究中国教育时,讲到了解"他者"也是了解自我的基本维度之一。② 基于对我国职教教师教育现状的调查分析,英国职教教师教育为我国职教教师发展带来了不少启示。从认识论角度看,技术的发展是推动职教教师专业自主化的内在动力,英国职教教师"双专业专家"的定位不是原来就有的,而是时代发展的要求,"双专业专家"符号的存在与价值离不开产业发展的支撑,更离不开政府(尤其是地市级政府)积极的政策作为。从方法论角度看,英国"双专业专家"职教教师的教育模式为我国科学构建"双师型"职教教师提供了方案和路径:(1)把好教师入口,建立基于"行业或企业资格优先"的专业资格准入制度;(2)严格教师入职教育,强制教师入职教育;(3)加强教师在职能力提升教育,促进教师职业与教学资格升级;(4)彰显教师成果,推行结果导向评价。中国"双师型"教师培养范式如图7-1所示。

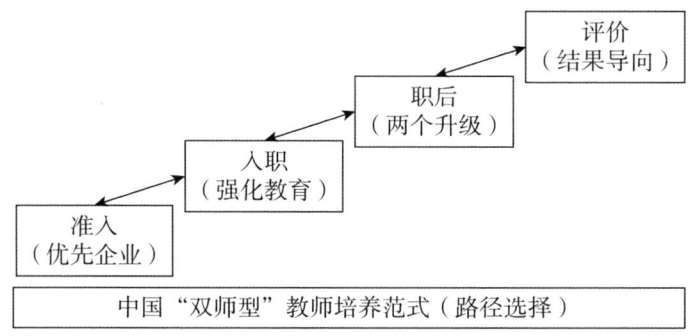

图7-1 英国职教教师教育对中国"双师型"队伍建设的启示

---

① 王承绪,顾明远.比较教育[M].3版.北京:人民教育出版社,1999:23.
② 许美德.为什么研究中国教育?[M]//丁钢.中国教育:研究与评论(第3辑).北京:教育科学出版社,2002:9.

第一节 重构"双师型":"弃儿"到"宠儿"蜕变之思

对中国职教教师来说,"双师型"就是一个时代的符号。但是今天如果我们去追问何谓"双师型"教师,却很少有人能说清楚。实际上,"职教20条"关于专业教师必须首先具有3年以上企业经验等的规定,才是我国"双师型"教师接轨国际的应有之义。

一、认识论:从技术史、知识论和教师教育等多角度认识职教教师

怎样认识职教教师?从技术史的维度看,教师历经工业革命前手工业时代、工业革命、工业4.0的今天以及未来。从知识论的维度看,作为专业人士的职教教师应具备何种知识基础?这些知识获取的途径是怎样的?从实践路径看,如何培养适合不同时代的职教教师?英国的历史经验呈现了何种价值借鉴?这一切都需要重新思考。

(一)技术演变与发展:职教教师要求和身份的转变

技术是什么?技术与科学有何不同联系?在"职教20条"类型教育论的背景下,技术与科学再次走向前台,成为区分职业教育与普通教育的本质因素。从一般意义上讲,科学是创造知识的研究活动,主要解决认识世界的问题,要回答"是什么"和"为什么";技术则是发明和创造的操作办法、技巧以及相应的物质手段,回答的是"做什么"和"怎样做"。科学的表征与载体是知识,技术的表征与载体则不仅仅是知识,还有工具和其他物质形态符号。此外,技术对经济有比较直接的影响,科学对经济的影响则比较隐性。在技术日新月异的今天,由技术进步带来的制造业和服务业的转型深刻地改变着我们的日常生活,也对职业教育人才培养和教师提出了不同要求。因此,在信息化时代,有学者指出:"如果你的工作符合以下特征'不需要天赋,经由训练即可掌握的技能;大量的重复性劳动,每天上班无须过脑,但手熟尔',那么被机器人取代的可能性就非常大。"教师的工作一般具有以下三类要求:社交能力、协商能力以及人情练达的艺术,同情心以及对他人真心实意的扶助和关切,创意和审美。

对职教教师下定义，必须站在对技术与科学进行系统思考的立场，否则我们就很难科学理解"双师型"并找到科学构建"双师型"的路径。如果把历史笼统地分为古代、近代和现代，基于技术史与现实的思考，职业院校教师在历史长河中有哪些形态呢？

近代前，技术与科学处于分离状态，技术主导科学。典型的实例是手工业时期，职教教师就是有经验的工匠，经验是其成为教师的唯一条件。这一时期，人与制造物同在，教师没有科学知识也没有接受过任何正规的教育，他们只是在某一领域具有丰富经验的长者。因此，在人类社会历史或职业教育史中，经验丰富的师傅和长者就成为教师的代名词。这时的技术与科学处于分离状态，人类在使用石刀与自然界作斗争的过程中，并不知道石刀作为一种技术工具呈现时，其背后有着深刻的科学原理。他们不会去思考如何运用科学思维更好地改进技术，即便有一些技术改进，也只是基于实际的应用。"得之于心，应之于手，不可言传，只能意会。"经验成为人类走向今天的法宝。

近代后，技术与科学联姻，技术的科学化和科学的技术化逐步演进。典型的实例是工业革命后，机器大生产代替手工业生产，一方面手工业瓦解，师傅带徒弟的传统逐渐消亡，另一方面工作组织方式发生变革，工作任务按照组织程序分解，技能分解成工作有技能与工作无技能。从教育角度看，工业革命带来了现代学校教育，个体生存与社会发展要求人类接受正规教育，掌握生存发展技能，同时掌握更多的科学知识以改造和推进社会发展，否则就可能成为技术的工具和奴隶（因为技术转化为机器形态后，人与产品处于分离状态，人有可能沦为工具）。因此，要想摆脱工具人的角色和宿命，人类必须"知其然，更知其所以然"。

在以智能化为特征的今天，技术与科学走向融合，呈现一体化发展。典型的实例是工业 4.0 时代，信息技术成为时代发展的"脚手架"，没有信息化思维和能力的教师很难适应现实教育教学的需要。因此，英国提出教师的计算机能力必须达到一定的等级水平，德国要求教师具有应用信息化手段有效整合知识开展教学的能力。随着产业转型加速推进，职教教师的教学如何有效对接产业发展成为新时代的主题。2004 年，欧盟在卢森堡发布了《未来 VET 教师专业化报告》，认为未来 VET 教师将面临技术革命、学习者变化、教学范式的学生中心、国家政策转型和经济全球化等挑战，提出职教教师必须"职业升级""教学论升级"①,否则将难以适应变化的形势。随着人工智能时代的到来,我国学者提出自动化时代技能应更凸显其思维之智,工程设计师、研究工作者和文化生产者都将是以"思"为生的职业群体。② 鉴于此,新时代的职教教师除了要像传统工匠那样认真、细致、敢于创新,还要具有前瞻问题分析视野、多元认知思维、善用盈余时间等品质,要做"以'思'为生"的技能传承者与新时代工匠精神的传递者。

从技术发展史中不难发现,职教教师形态呈多样化,身份与要求很不相同,需要从技术的视角来考察职教教师身份的演变和能力的可能。

（二）知识论分析:职教教师是谁以及何以成为自身

谁可以成为教师？教师既然是一种专业,那一定有一个共同的、公认的知识论基础。为何不同时代的教师角色不同？知识社会学的观点认为,社会存在决定社会意识,而人作为社会存在的价值表征,其一切知识、思想的形成均受制于社会结构与文化存在。由于客体向主体展示的方式随环境的变化而变化,因此主体认识的过程并不受思维方式、逻辑法则和辩证法等内在条件的影响,而主要受社会文化这类"非理论制约因素"的影响;一旦离开了历史文化和社会背景,任何思想、观念、知识、意识都无法被正确理解。正如曼海姆（Mannheim）所指出的,"人的意识不可避免地依赖于人的社会地位",③英国职教教师身份从"弃儿"到"孤儿"形态的演变就深刻地展示了这一点。从教师作为一个知识人这一社会角色分析,有必要对不同社会历史背景下教师应该具备哪类知识、如何建构其知识体系,以及这些知识如何合理化和合法化进行讨论。在这一过程中,我们需要理解作为知识人的教师角色是如何演化以及为何如此演化等。

1. 知识人:教师角色专业化的先决条件

所谓知识人,按照兹纳涅茨基（Znaniecki）的说法,是指某些个体在其生命历程中或长或短地致力于知识的耕耘。知识人是怎样一类人呢？他们是一群专业化的人,在社会生活中具体扮演什么角色取决于他们依赖于什么样的

---

① Pia Cort, Auli Härkönen, Kristiina Volmari. PROFF — Professionalisation of VET Teachers for the Future[R]. Luxembourg: Office for Official Publications of the European Communities, 2004: 13 - 15.

② 叶龙,王蕊,唐伟. 以"思"为生:技能的本质与新时代工匠精神的重构[J]. 清华大学学报（哲学社会科学版）,2019(4):125 - 131.

③ 王寿林,王磊,徐祥生. 当代西方社会科学名著导读[M]. 北京:北京大学出版社,2001:305.

知识系统,而且他们的社会行为也取决于其参与知识系统的方式。兹纳涅茨基认为:"每一位执行某项社会角色的个体都被他的社会圈子认为具有或者他坚信自己具有正常的角色执行所必不可少的知识,如果缺乏这些知识,就认为他在心理上不适合担任这一角色。"①

教师是知识人,并不等同于教师是有知识的人。知识人依赖于一定的知识系统并以某种方式参与知识系统,所以是一群专业化的社会人。那么,教师依赖于何种知识?舒尔曼(Shulman)提出了教师知识的概念,他通过对教学进行研究,认为教师知识包括学科内容知识、一般教学法知识、课程知识、学科教学法知识、有关学习者及其特征的知识、情境知识等七种知识。舒尔曼关于教师知识的分析框架得到广泛认同,一度成为教师知识论最权威的解释。但是随着近年来波兰尼的"个人知识"和康纳利(Connally)的"个人实践知识"的提出,传统意义上对教师公共知识的关注逐渐转向现代意义上对教师个人知识的关注。尤其对职业教育而言,在强化"产教融合、校企合作、工学结合"的人才培养视域下,个体的经验性和现场性知识得到空前强化。这种基于专家和学者等权威人士建构的对传统技术理性教师知识的认识,在美国教育学者唐纳德·舍恩《反映的实践者:专业工作者如何在行动中思考》和《培养反映的实践者》中被深度批判,因为教师作为专业人员在知识生产过程中具有鲜明的主体性。

2. 成为角色的途径:构建与"社会圈子"关联的"自我"

"知识人"概念是确认教师专业地位的一个工具。教师知识,即教师所依赖的知识,是教师的专业基础。那么教师又是如何成为一个合格的知识人的呢?传统相关观点一直认为教师参与知识的方式有教、学、研三种,三种方式的同期互动是教师专业发展的基础。②但这种观点是否也适用于职业院校教师?职业院校教师和一般意义上的教师参与知识的方式有什么不同?按照兹纳涅茨基的观点,知识人社会角色的形成依赖于其"社会圈子","知识系统"不同,"社会圈子"就不同,角色与行为规范的"自我"就不同,可见"社会圈子"是知识人构建"自我""地位"和"功能"的核心和关键。这也是兹纳涅茨基在《知识人的社会角色》一书中的方法论基础。严格地说,不同专业的教师都有

---

① 弗洛里安·兹纳涅茨基.知识人的社会角色[M].郏斌祥,译.南京:译林出版社,2000:15.
② 金美福.知识人:教师角色的知识社会学研究视角[J].外国教育研究,2003,30(4):19-23.

其专门的圈子,早期叫行会和门派,现代意义上的专业称呼是"专业委员会"或"行业技能委员会",不同国家的称呼也有所不同。那么,"社会圈子"是什么?即参与社会角色执行的或大或小的一群人。在社会圈子与社会角色之间有一种由价值复合体所构成的凝聚力,人人都受这种凝聚力的约束。职业院校教师的"自我"在哪里?其本质的"自我"在"社会圈子",而不是教、学、研。这不禁让笔者想起了几年前与一位出访德国的职业院校专业教师的对话。

问:"你去德国3个月,你发现德国职教教师和我们中国职教教师有什么不同吗?"

答:"这没办法比,人家德国教师都非常专业,他们大部分来自行业机构,拥有丰富的企业经验,有专门的工作服和一套系统配置……"

实际上,德国一直都强调首先解决企业经验问题,职业院校教师在接受师范教育之前必须要有1年企业经验或从职业院校毕业。笔者发现英国各专业领域教师的那种专业范儿是由内而外的,哪怕是穿着和外在形象都带有其圈子的色彩,比如焊工教师身上的工服和娴熟的动作、艺术设计教师那种惊讶的眼神(似乎始终保持着萌生创意的可能性)和满脸艺术味的胡子等。显然,每个具体的自我都离不开其特有的圈子。在中国职业教育发展中,我们已经形成了56个教学指导委员会,遴选了首批24家产教融合型企业、三批"1+X"证书培训评价组织。那么,职教教师能否对号入座进入相应的"X圈子"?从目前来看,我国职教教师的"自我"与"社会圈子"还有一定距离。

3. "自我"构建的本质:依附于技术水平和社会发展的现实基础

"自我"必须依附于特定的"社会圈子",否则很难形成特定的知识系统。那么,为什么我国不建立这样的"社会圈子"?从英国职教教师发展的历史转型看,类似的社会圈子不是想建就建的,而是受不同时代的技术发展水平制约的。按照马克思的观点,社会存在决定社会意识,社会意识离不开现实的社会存在。作为知识人,职教教师如果没有客观的现实存在,基于社会现实的知识体系也就缺乏客观的物质基础,无法找到构建自我的空间和载体。英国职教教师从"弃儿"到"宠儿"的转型已证明了这一点。目前,我国"职教20条"明确关于企业经验优先的要求,符合国际通行做法。但是,中国幅员辽阔,各地产业技术发展水平参差不齐,职教教师自我身份构建所依托的现实社会基础差距巨大,企业经验优先的职教"双师型"可在东部发达地区落地,却难以在西部落后地区见效。

（三）"教师教育"学理应然：技术性（职业性）或学术性+师范性

关于职教教师应该掌握哪些知识领域，我国在实践中早已形成了"三性知识"的基本判断，只是尚未确定相关知识的逻辑先后顺序。如何培养新时代的职教教师？按照"职教20条"，企业里的人先去大学接受知识学习，再去职业院校接受教学训练，这样是否就可以成为教师？显然没有那么简单。从知识论的角度看，需要构建具有技术性知识、学术性知识和师范性知识的代言人。要基于"职教20条"关于类型教育论的理念，从技术与学术两个不同维度来构建职教教师的培养之道。基于英国经验，职教教师教育应该形成"技术性（职业性）+师范性"和"学术性+师范性"的路径。

首先，技术性与学术性是两类不同的知识体系，需要构建不同的认证制度、教育体系和教师教育体系。众所周知，职业教育强调的是技术体系，其内在逻辑是基于工作过程与实践应用。而普通教育则是典型的学术体系，其内在逻辑是基于学科知识逻辑与理论认知。这两类教育细分到课程、教学、评价等方面，彼此之间的差异更为鲜明。在课程上，职业教育课程强调基于工作岗位任务的职业能力分析，普通教育则强调基于学科知识概念的体系构建；在教学上，职业教育教学强调"工学结合"，在做中学、做中教，普通教育则强调知识传授，基于认知性教学讲授；在评价上，职业教育指向现实产品和作品，普通教育则强调分数获取。两者在教育上的表征截然不同，又有着各自的逻辑。为了实现技术与科学人才的发展，英国构建了技术教育与科学教育"双轨并行"的教育体系，并基于技术性与学术性的内在衔接关系构建了"纵向独立、横向沟通"的国家资格框架制度。在教师体系中，学术型教师与专业型教师各自有一条成长道路。按照知识论的要求，学术型教师首先需要掌握一定的学术知识，专业型教师则首先需要进入专业机构接受专业训练并获取专业资格。因此，技术性人才与学术性人才理应成为未来我国教育现代化的必然选择，这是人类社会存在之于教育的表达与反映。

其次，学科教学知识（Pedagogical Content Knowledge，简称PCK）视域下"技术性""学术性"与"师范性"的关系应进行重构。如果说"自知"是学科内容知识，对应学科专家；"他知"（如何让他人知晓你心中的知识或PCK）则是使用合适的教学法对专业的教学内容知识进行有效整合，使他人明白你心中

所知。

如何理解和认识"自知"与"他知"之间的关系？

1986年,舒尔曼为了证明教师转换内容知识的复杂性,回答内容知识与普通教育学知识如何产生联系等问题,提出了考察"教学中的内容知识"(content knowledge in teaching)理论框架,主要分为三类:内容知识、PCK和课程知识。① 1987年,舒尔曼提出了教师教学所需要的七类知识基础——内容知识,普通教育学知识,课程知识,PCK,学习者及具有其特征的知识,教育情境知识,教育目的、目标、价值观及其哲学、历史基础的知识。② 按照舒尔曼的观点,PCK是一类独立的教师知识,是教师专业理解的特殊形式,可用于区分教师与学科专家对学科的理解。具体来说,教师不仅要自己掌握学科知识,还要将它们转换为学生容易理解的形式,这样才能开展有效的教学实践,而学科专家则不需要这种转换。舒尔曼认为,PCK主要包括关于教学策略与表征的知识和关于学生理解的知识。前者是指"对某一学科领域中经常出现的主题最有用的表征形式或最有力的类比、图解、示例、解释和示范——总之是那些使学科知识对他人来说变得更容易理解的表征和阐释方式",后者是指对"什么使得某一特定主题的学习变得简单或困难,不同年龄和不同生活背景的孩子会将哪些概念和前概念带到那些特定主题和课程学习中来"的理解。关于舒尔曼定义的PCK的争论一直存在,本文不作过多讨论。

重提舒尔曼关于PCK的论述,目的在于从中寻找职业院校教师教学实践的逻辑。舒尔曼指出,教师获得上述知识主要有四个来源:(1)学科领域的学术研究;(2)教育材料和机构(教科书、学科组织等);(3)正规的教育学术研究;(4)教学实践智慧。③ 显然,这里的教师只能是普通文化课教师。如果从技术和科学的维度来分析其知识构成,不难发现技术性与学术性都属于CK的范畴,师范性则属于PCK的范畴,即舒尔曼所指的"教学实践智慧"。技术性与学术性的内容知识是前提,而"教学实践智慧"则是独立的作为教师知识的存在。

---

① Lee S. Shulman. Knowledge and Teaching: Foundations of the New Reform[J]. Harvard Educational Review,1987,57(1):1-22.
② 同上.
③ 王艳玲.教师应该具备哪些知识:近20年来美国教学"知识基础"研究述评[J].外国中小学教育,2009(8):7-11.

最后,"自知"与"他知"的融合共生是教师成长的应然路径。过去我们常讲要给学生一滴水,自身必须要有一桶水,强调的就是"自知"的前提性和基础性。"自知"需要自身不断开展实践性学习。在研究领域,广义的学科和普通教育理论的科研一片繁荣,而具体学科、内容、学段教学的研究则被搁置甚至冷落;在具体的教育领域,学科专业和教育专业常常处于分离的状态。现在我们强调"教师即研究者"(英国:斯腾豪斯)、"行动中的反思实践者"(美国:唐纳德·舍恩)和"终身学习者"(日本:佐藤学)等,实际上就是要摆脱过去教师教育理论研究与实践应用脱节的状态。

职教教师如何做行动中的反思实践者?我们强调教师必须在行动中反思成长,否则很难适应时代的要求。职教教师需要构建基于理论应用与职业(职场)情境整合的教师教育知识学习体系,这是解决教师专业发展的根本途径。随着技术的变革,传统的基于知识叠加的学习和教育方式无法培养真正的"双师型"教师,因此要结合工作情境和实践开展基于岗位任务的各类知识有效整合的教育实践。比如制造业的一线技工仅仅了解钢、铝、铜等加工材料的理化特征,并不能有效解决加工参数设定的问题,必须结合客户需求及一系列外在条件进行理论学习并实现相关知识的整合,再通过合适的教学方法在课堂教学实践中有效地传递给学习者。在技术转型的今天,基于知识整合的职教教师专业教学已成为当前世界各国职教师资的挑战。因为对职教教师而言,所有理论知识的学习都潜在地指向某一工作任务的完成,需要结合不断变化的工作情境进行合理的组织和重构,这需要打破学科知识体系的构建逻辑,根据工作任务的逻辑主线重新定义和组织。有学者认为,这时候的理论知识已经不再是一种"普遍性的知识",而是一种受情境知识影响、在情境中迁移和应用的知识,是一种与情境相连的知识。[1] 难怪有学者指出,它形成于实践,又被实践所形成。

从英国职教教师教育实践角度看,英国职教教师培养始终秉持实践导向和情境融合的路径。1946年,英国通过实验最终选择了与产业部门紧密合作的技术大学而非著名的诺丁汉大学作为教师培养基地。20世纪80年代后,英国在教师培养实践中首先构建"校本培训"的教师教育模式。2010年,英国前

---

[1] 李政.技术技能人才知识结构的变迁及其培养:基于产业转型升级的背景[J].江苏教育,2019(4):34-39.

教育大臣戈夫明确提出"教学是一种技艺"的理念。虽然时代变迁,但教师基于实践成长的路径不曾改变。

二、解构"双师型":既懂理论又懂实践的操作性问题

"双师型"概念提出以来,无论是政策文件还是研究观点,最终都落到对专业教师理论和实践层面论述的理解。简单地认为拥有企业经验者接受一定教育后就可以成为教师或大学毕业生去企业实习就可以掌握实践完全是一种误导,不仅对职业教育发展无益,在现实中也缺乏可操作性。我们不能用一些普遍性知识和制度性安排来尝试回应和解决在实践中遇到的问题,而应该在实践中找到基于科学认识的行之有效的路径和方法。从这个意义上讲,"既懂理论又懂实践(有实践经验)"没有实践意义,我们需要找到具有可操作性的路径和方案。

首先,如何理解理论与实践?"既"与"又"是指理论与实践是可以分开习得且有先后之分的吗?这个问题听起来似是而非。需要指出的是,当前学界在提出对职教教师"双师型"的认识时,并没有很好地厘清上述问题。不少学者把教师懂实践理解为具有在企业实践操作的经历,没有从职教教师的实践本质来思考其特殊性和多元性。

职教教师要从事两种实践:一种是企业或职业性实践,一种是教育性实践。对职业院校专业教师而言,这两种实践是相融相生、紧密联系、不可分割的。教育性实践依赖于职业性实践,职业性实践是确保、推动教育性实践有效进行的前提和基础;同时,教育性实践将深化职教教师对职业的认识,帮助他们构建具有职业特色的教学实践智慧。与企业实践不同,职业教育领域的教师实践实际上是对教师企业实践的教育性进行再造或重构,需要基于对教育理论的基本认知,并以合适的教育方式开展起来,因此我们很难保证企业实践杰出者在教育性实践上同样表现优异。这就解释了为什么当我们去教学现场观摩实践教学时企业实践者往往无法有效开展高质量教学。在这一点上,普通教育教师更为单纯,他们开展的更多是基于知识传授的教育教学实践,而不必达到"三百六十行"(中职19类专业)中那么多实践形态和要求。

其次,懂理论者与懂实践者是谁?如何表达可操作性?很多人把"双师

型"表达为既懂理论又懂实践者,至于具体是什么理论、什么实践往往没有下文。实际上,这里不仅涉及如何界定懂理论与懂实践的问题,还涉及懂多少理论和懂多少实践的问题,关键是要在职教教师身上找到可操作的路径,而不能笼统地表述。律师以律师资格执照为表征,医生以医师资格证为表征,工匠以工匠经验和作品为表征……这些人的相关理论与实践都融合在各自的身份里。从中等职业教育19类(高职18类)来看,各类专业教师应该找到适合他们的表征符号,以证明他们的确是既懂理论又懂实践者。回到技术与科学的逻辑看,职业资格与学术文凭就是其表征符号。目前,英国要求专业教师必须具有相应的职业资格证书,德国提出职业性专业与学科性专业,即"双专业"。在"职教20条"中,我国已经提出建立国家职业资格框架,要求教师具有3年企业经验等。但不同专业教师的企业经验如何确定?"1+X"证书制度作为一种试点方案,可能为下一步教师培养找到落地路径。从某种意义上讲,除了某些领域的某些成熟专业,目前的职业教育体系中确实还没有一套科学的可以支撑懂理论与懂实践的完整方案。

最后,职业教育的理论教学应如何实施?它是一种基于实践应用的理论,不是断裂的理论知识灌输和演绎。虽然我们所看见的理论以及理论本身所呈现的意义和内涵与普通教育并没有什么不同,但对职教教师而言,大部分理论并不是显露出来的与学生对话的工具和知识体系,而是蕴藏在冰山下面。我们知道标准的专业课程首先表现于相关的基础科学,其次是相关的应用科学,最后才是实践课。人们也已经认定,学生应该在实践课上学会将研究性知识应用到日常实践中。① 这与普通教育完全不一样,普通教育教师更强调理论讲授,往往直接呈现理论,并通过逻辑推理来阐述和论证理论为何物、在哪里、是怎样的,以及如何形成。普通教育本身就是科学知识的演绎与归纳,但职教教师只需告诉学生如何基于理论演绎工作过程,以及如何开展相关实践拿出合格产品,至于背后隐含什么科学原理则不管,解释的也只是基于实践工作中问题的解决。因此,职教教师要始终牢记理论更多只是实践的应用和演绎的工具,不是直接对话的工具和载体。

由此可见,不懂得操作和实践的教师,或者说没有丰富的企业经验的教师

---

① 唐纳德·A.舍恩.培养反映的实践者:专业领域中关于教与学的一项全新设计[M].郝彩虹,张玉荣,雷月梅,等译.北京:教育科学出版社,2008:9.

很难胜任专业教师的岗位。因为这些理论在实践中到底是怎样的,他们从来不知道,也没有真正体验过。这就好比拥有一身教育学、心理学理论知识的师范生进入课堂教学现场后不知道如何应对活生生的学生,他们所要做的是观摩老教师教学,向老教师请教"为何如此""如何可能"以及"怎样更好"等实践方法及其背后的逻辑。

三、重构"双师型":一种可能的解释维度

我国学者对"双师型"的认识一直停留在已有框架,因此无法从学理上解释,也不能从根本上提供有效的路径(当然,也有学者认为"双师型"本身没有问题,问题是没有在政策上严格贯彻落实)。何谓"双师型"? 目前只能说这是一种表达方式,指既要有理论又要有实践,或既要有职业资格证书又要有教师资格证书等。对职业院校教师而言,这些说法的确太模糊,因此有必要从对象、标准和方法论等维度重新定义"双师型"。

首先,"双师型"指的是专业教师而不是所有教师。众所周知,职教教师具有复杂多样性。职业院校一般有三类教师:专业课教师、公共文化课教师和实习指导教师。在对这些教师的要求上,我们本质上并没有一个严格的标准,这也是造成当前难以就"双师型"在表达上达成共识的重要原因之一。自"双师型"概念提出以来,所有政策中关于"双师型"的表述实际上都指向专业课教师,而不是公共文化课教师。2013年,教育部颁布《中等职业学校教师专业标准》,明确"双师型"为我国职业学校教师发展的目标定位,针对"双师型"包括哪些人这一问题,最后也以比较模糊的形式认定为所有教师。① 这次"职教20条"明确了专业教师必须具有企业经验,实际上这才是"双师型"的真正意图。为什么要明确对象指向? 笔者以为,这有利于我们严格区分职业教育作为一种类型教育所存在的价值和教师的应然要求,有利于我们对标国际来统一我国职教教师的发展,更有利于我们思考和解决当前职教教师面临的实际问题。

其次,"双专业"与"双实践"是"双师型"的底线标准。所谓"双专业",是指教师职业作为一种专业,但在此之前教师还要获取一种学科(职业)的

---

① 说明:在制定该标准的过程中,笔者作为参与者深入了解了全过程,实际上这种含糊的界定会在无形中弱化职教教师政策效力。

专业,这样教师才是一种"双专业"的职业。对职教教师而言,关键在于如何获取"双专业",这需要建立成熟的国家职业资格标准制度。例如:英国通过国家职业资格标准制度对相关人员进行专业的认证,并以此为顶层逻辑在全国设计25个行业标准委员会,制定各类行业标准,最终实现职教教师"双专业专家"的目标;德国则是通过职业科学的构建来实现。在这方面,中国的"1+X"证书制度值得期待。所谓"双实践",是指职教教师不仅要开展教育教学实践,还要开展职业性的企业实践,更重要的是要基于职业性的企业实践经验开展教学实践。这对职教教师的教学能力提出了很高的要求,因为仅仅了解新技术、新工艺和新材料而不懂得用科学的方法让学习者掌握知识,是无法成为一名合格的专业教师的。因此"双实践"意味着仅仅拥有企业实践经验还远远不够,只有形成基于企业经验的教学实践智慧,教师才有可能走向"双师型"。这要求拥有企业经验的教师进行专业化的课程教学实践训练,国际上通用的做法是专业教学法培训。比较而言,我国的"双师型"由于在学理上无法形成一种解释框架,因此难以基于理论逻辑形成底线标准。

最后,"行业(企业)经验优先"是构建"双师型"的前提条件。如何落实"双师型"? 我们对此一直缺乏科学的方法论,即便提出了各种对策与举措,但从某种意义上讲,这些都是错误的。"职教20条"明确提出职教教师要具备3年企业经验,这不仅是对之前所有政策的纠正,也是对标国际从而让"双师型"实践可能落地的唯一路径。它的意义在于:一是明确了"行业(企业)经验优先"的原则,统一了认识,让大家认识到"双师型"的前提条件必须是企业经验优先;二是为进一步科学完善"双师型"教师教育体系提供了方法论基础,从而能够重构我国职业教育师资政策;三是能够与国际对话并相衔接,借鉴国外的经验,真正形成具有可操作性的"双师型"教师教育路径。目前,德国已经形成了一套基于"企业背景优先"的"职业性+学术性+师范性"的职业教育教师教育体系,如表7-1所示,①英国也是如此(见第三章)。

---

① 谢莉花.德国职业教育师资培养的三性融合课程及启示[J].外国教育研究,2014(5):24-31.

表 7-1　德国职教教师教育"三性融合"体系设计

职业性(企业背景)	学术性	师范性
文理中学毕业或专科大学入学资格	学士:6 学期,180 学分,论文	预备期:18—24 个月
企业实践(1 年或进入大学学习前 6 个月)或职业教育培训证书	硕士:4 学期,120 学分,论文	第二次国家考试 课程内容:理论导入—课程试讲—反思 学习形式:导入课—听课—伴随上课—独立上课和研讨课

虽然"职教 20 条"关于专业教师 3 年企业经验的要求符合世界基本做法,但还远远不够,也无法操作,需要配套相关制度让人进得来、愿意来,更需要基于不同专业与企业经验年限或所达到的资格标准做出进一步的明确和规范。

第二节　把好教师准入:优先行业(企业)资格

一、为什么:我国职教教师缺乏企业经验且兼职渠道不畅

从职教教师来源看,我国职教教师主要为大学毕业生,来自行业企业的兼职教师很少,渠道不够畅通是目前最大的问题。

(一) 兼职教师严重短缺,质量亟待提高

澳大利亚职教专家斯蒂芬·比利特从实践学习论(practice-based learning)的角度探讨了职业教育教师的定位,指出实践学习是职业教育教学的核心。基于实践学习的教师教学与教育环境下的教师教学完全不同,教师必须是具有行业背景的人,能够在广义概念下充分理解这样的工作环境;同时,他们懂得如何开发基于实践学习的课程,懂得什么样的教育实践最适合这样的环境,以及如何评估和认证实践学习。[1] 上文提及的兼职教师就是指来自行业和企业的具有丰富经验的教师,这是优化职教师资队伍结构的重要举措。

---

[1] Stephen Billett. Learning Through Practice: Beyond Informal and Towards a Framework for Learning Through Practice[M]// UNESCO-UNEVOC. Revisiting Global Trends in TVET: Reflections on Theory and Practice. Bonn: UNESCO-UNEVOC International Centre for Technical and Vocational Education and Training, 2013:144-151.

虽然我国政府已经出台了一系列政策加强兼职教师队伍建设,但是兼职教师队伍无论从数量还是质量看都是我国职教教师建设的短板。

从数量上看,我国职业院校兼职教师严重不足。2005—2008年,聘请的校外兼职教师从8.23万增至10.29万人。但随后兼职教师数量逐年下降,2013年为9.66万人;2014年以来,中职学校每年聘请的校外兼职教师不到10万人。目前,我国兼职教师比重一直在10%左右,这和世界上职业教育发达国家兼职教师的比重相差甚远。英国兼职教师的比重一直在60%左右。美国社区学院的教师以兼职教师为主,以华盛顿州为例,2009年该州2年制学院兼职教师的比重达到69.8%。① 以我国上海为例,兼职教师的数量分别为2009年1776人、2010年1767人、2011年1861人,占教师总数的18%。② 应该说,兼职教师数量不足在我国已是普遍现象,如表7-2所示。高职院校"双师型"比重很高,从数据采集平台和质量年报中相关院校公布的数据看,大部分院校"双师型"比重都在70%以上,有些甚至达到90%。但是,高比重"双师型"队伍中没有几个是直接来自行业企业的教师。大部分"双师型"教师并没有能真正完成和实施项目的能力,只是获得了某种能力的表征符号"证书"而已。

表7-2 2011—2014年中等职业学校(机构)专/兼职教师情况

	专职教师 (万人)	专职教师占 教师队伍比重(%)	兼职教师 (万人)	兼职教师占 教师队伍比重(%)
2010年	87.15	71.65	10.17	9.61
2011年	88.20	72.81	10.23	9.77
2012年	88.10	74.07	10.65	10.37
2013年	86.79	75.25	9.66	9.85
2014年	—	—	9.97	10.41

从质量上看,我国职业院校兼职教师也存在诸多问题:一是兼职教师来源复杂,资格和经验不足;二是兼职教师缺乏教学技能和训练;三是出现大量的公共文化课兼职教师现象。以上海为例,兼职教师主要来自退休人员、行业和企业,年龄主要在50岁以上,60岁以上的比重达到30%。从持有证书情况看,

---

① 彭跃刚.美国社区学院发展与变革研究[D].上海:华东师范大学,2017:87.
② 胡秀锦.中职兼职教师资助机制与政策研究:基于上海的调查和探索[J].职业技术教育,2012,33(19):60.

持有本专业高级证书者为 33.3%,没有证书者为 17.1%。① 调研发现,虽然有些地方和院校聘请了兼职教师,但这些来自企业的兼职教师普遍缺乏专业的教学理论,对课堂教学实践更是缺乏经验和智慧。如何让这些来自企业的、拥有行业或企业丰富经验的能工巧匠成为课堂上的合格教师?显然,我们还没有充分意识到这个问题的严重性。这可能是"职教 20 条"颁布后需要重点解决和关注的问题。

那么,我们到底需要怎样的兼职教师?根据世界各国的经验,兼职教师的身份一般都是专业课或实习指导教师。以 2011 年中等职业学校的 102321 名兼职教师为例,专业课教师为 64444 人,实习指导教师为 11055 人,公共文化课教师为 26822 人。再以 2013 年 96619 名兼职教师的岗位分类为例,专业课教师为 63926 人,实习指导教师为 9678 人,公共文化课教师为 23015 人。② 从以上数据看,职业学校大量聘请公共文化课教师做兼职教师令人费解。兼职教师应该来自哪里?兼职教师的准入门槛是什么?如何针对岗位设置兼职教师?兼职教师如何加强继续教育和培训?这些问题都亟待我们去反思和改进。

(二) 现有教师普遍缺乏企业经验,职后企业实践违背技能成长规律

2004 年,英国有专家指出,持较高文凭的人并不能解决职业教育教学的问题,因为在大学里上述问题很少作为一个研究领域以高大的形象出现。③ 这一观点再次证明职业院校教师应该更强调企业的经验和资格。但我国职业教育教师大部分来自大学,缺乏企业经验是一种普遍现象。

下面以全国和江苏、四川、青海三省为例。先就全国而言,虽然教育部等七部门于 2016 年 6 月颁布《职业学校教师企业实践规定》,但是教师企业实践情况不容乐观,基本可以总结为"教师企业实践的积极性不高,形式化严重,质量难以得到保证"。④ 从江苏省来看,在对全省范围内 13 个地级市的教师、企

---

① 胡秀锦.中职兼职教师资助机制与政策研究:基于上海的调查和探索[J].职业技术教育,2012,33(19):61.

② 涂三广.教育政策文本视角下我国职业院校兼职教师建设及其思考[J].中国职业技术教育,2016(6):86.

③ Bill Lucas, Ellen Spencer, Guy Claxton. How to Teach Vocational Education: A Theory of Vocational Pedagogy[R]. London: City and Guilds Centre for Skills Development, 2012: 25.

④ 涂三广.职业院校教师到企业实践:问题与对策[J].职教论坛,2014(27):23-27.

业、学校发放800余份问卷后发现:近三年内,参与企业实践1—3个月的占18.9%,3—6个月的占23.8%,6个月以上的占36.4%。① 从四川省来看,2017年《职业学校教师企业实践规定》在30所高职和11所中职的执行情况是"目前省内职业院校对教师企业实践的考核基本流于形式,一般只要求教师提供一份有企业证明的企业实践总结材料。至于教师是否真的去企业参与实践以及企业实践的效果怎样,并没有进行认证和考核。所有参与调查的学校中,还没有任何一所学校将需要具有企业实践经历作为教师从业资格认证的基本条件"。② 2016年8月,在对青海省70名职教骨干教师进行调研后发现,59名教师认为目前的教师企业实践制度是无效的,应该放在职前解决。职业学校教师企业实践在我国的实施现状可见一斑。

有学者认为,我国目前的教师企业实践可以描述为"三难""三弱""三无"状态。"三难"是指学校难以为教师找到实践的企业,教师难以到企业真正地实践,企业难以为教师安排相应的岗位。"三弱"是指学校没有建立教师企业实践的激励机制(没有与职称评定、评优和出国进修挂钩),有政策却未落实到位;校企合作制度保障薄弱;教师选派措施缺乏系统性和针对性。"三无"是指教师到企业实践无基础,难以胜任岗位;到企业实践无资质,难以顶岗实习;到企业实践无待遇和收入,时间短也没有成效。③ 关于教师企业实践问题,笔者认为仅仅强调企业实践的形式化、效果差没有任何意义,关键在于教师职后企业实践本身是否应该作为一种制度存在。如果职教教师缺乏企业经验,又怎么成为合格的专业教师呢?试问一个自己都不知道怎么做的人又怎么能够教他人如何做?可见制度化的教师职后企业实践不仅不符合教师作为一种专业自主存在的价值逻辑,也违背了世界职教教师教育的逻辑。④

二、怎么办:学习英国经验,大力引进企业能工巧匠和技术技能人才

针对当前我国出现的上述问题,英国的经验显然是值得我们借鉴的。具

---

① 张宏,方健华.职业院校专业教师企业实践动机、行为与效果研究:以江苏省为例[J].职业技术教育,2016,37(17):55-57.
② 谭宏,袁晓文,李守林.《职业学校教师企业实践规定》在职业院校的执行情况及对策研究[J].四川民族学院学报,2017,26(2):81-82.
③ 曹晔.中等职业学校教师政策实践与反思[J].职教论坛,2015(28):16-21.
④ 说明:教育部委托项目"职业学校教师企业实践规定"研制报告《教师企业实践的国际比较研究》发现在美、德、澳、英等主要国家中,没有一个实施教师职后企业实践制度,都是在职前解决,职后企业实践一般都是教师自主专业发展行为。

体地说,我们需要明确职教教师"双师型"定位,制定国家职业资格标准和教师专业资格标准,在招聘教师的过程中,优先行业和企业资格,并对教师进行入职教育培训,确保教师的"双专业"和"双师型"。

(一) 制定双标准:国家职业资格标准和教师专业资格标准

英国"双专业"职教师资队伍的目标定位告诉我们,"双专业"是指在成为学科或职业专家的同时成为教学专家。因此,职业院校的教师首先需要在某个职业领域或学科领域获得相应的文凭或资格;其次,需要掌握作为一名学科教师应该具备的教育学理论与实践知识,成为教学专家。为了确保职业院校教师实现"双专业"目标,英国制定了两个标准:一是国家职业资格(NVQ),二是教师学习技能合格证书(QTLS)。他们就是通过这两个标准严格准入机制,确保教师质量。

我国《国家中长期教育改革与发展规划纲要(2010—2020年)》(以下简称《纲要》)明确提出:"完善符合职业教育特点的教师资格标准和专业技术职务。"近年来,围绕《纲要》的目标要求,人力资源和社会保障部颁布了新修订的国家职业资格目录,共计140项职业资格,包括59项专业技术人员资格(含准入类36项和水平评价类23项)、81项技能人员职业资格(含准入类5项和水平评价类76项)。以教师职业资格为例,教师职业资格制度涵盖各级各类教师,普通教师可通过国家的统一考试获取资格证书;但职教师资格证书涉及十九大专业类别,对服务类、制造类、艺术类专业教师而言,这些证书对其教学能力的要求和普通教师资格证书完全不同。"十二五"期间,教育部、财政部专门拿出1.5亿实施100个职教师资本科培养课程和方案、资格研究。在政策实践过程中,由于职教教师专业门类和职业资格证书考核操作过于复杂,教育部考试中心在相关省份进行试点后,不得不放弃职教教师资格制度的单列。[①]

笔者认为,鉴于职教教师资格的特殊性和复杂性,我们需要借鉴英国的职业资格制度,让职教教师先去获得相关的企业与行业资格,但这并不意味着拥

---

① 说明:2013—2014年,教育部在浙江、湖北等六省市试点了职教教师资格考试,发现教师类型复杂,报名者参差不齐,面试代价太高,因此职教教师专业资格制度始终无法推动,目前基本依照普通学校教师资格制度执行。

有职业资格者就能胜任教学岗位,他们还必须通过教师入职教育培训获取相关专业的教师资格。

(二) 完善相关人事政策,优先行业或区域资格

优先行业(企业)资格,即让具有行业和企业经验相应资格的人能够进来,避免职业院校想要的人进不来,不想要的人却招进来。2013年10月,在教育部举办的一次专题活动中,针对职教师资队伍问题,有校长明确提出:"现在最大的问题是,我想要的老师进不来,不想要的教育局倒招过来了……"这提醒我们,职业院校需要的教师往往不是普通教育系统招聘的教师,不能按照传统的学科思维进行招聘和录用,否则会出现职业教育普教化。关于优先行业资格的实践,我国部分发达地区早已开展起来。比如2012年,山东省就已经把具有3年行业或企业经验作为职教教师资格准入制度在文件中明确提出,如表7-3所示。从某种意义上来说,职教教师的特殊性决定了其必须有专门的准入制度。

另外,山东省还出台了《中等职业学校机构编制标准》,将20%编制用于聘请专业兼职教师。① 笔者调研发现,全国各地推行该制度的还有青岛、成都、山西、江西等地,这些地方都在不同程度上增加自主性编制或财政经费,用于招聘来自企业的职教教师。一些地方省市通过人民代表大会立法程序在省级部门中推行职教教师新的兼职教师编制改革,实际上就是在践行英国"优先企业资格"的理念,不过从制度设计看,与其他国家相比仍有较大差距。比如山东省给予兼职教师聘用名额的标准依据是"在校生为3000人及以下不超过6名,在校生为3000至6000人不超过7名,在校生为6000人以上不超过9人"。② 显然,这种苛刻的制度设计对职业院校兼职教师队伍和"双师型"建设意义不大。2019年,国务院印发"职教20条",其中对教师具有企业经验提出明确要求,这是对地方开展的教师实践的进一步强化,也是地方政策上升为国家意志的体现。

---

① 杨进.中国职业教育发展报告:2015[M].北京:高等教育出版社,2016:103.
② 同上.

表 7-3 相关省份有关职业院校教师资格准入制度

省市	相关政策	政策内容
山东	《山东省人民政府关于加快建设适应经济社会发展的现代职业教育体系的意见》(鲁政发〔2012〕49号)	改进职业院校教师准入制度,中等职业学校新进专业教师一般应具有3年以上所需专业工作经历、三级以上职业资格或助理以上非教师所需系列专业技术职务;高等学校(高职)半数以上新进专业教师一般应具有3年以上所需专业工作经历、非教师所需系列中级以上专业技术职务或二级以上职业资格(执业资格)。
重庆	《重庆市教育委员会、市人力资源和社会保障局关于加强职业技术学校师资队伍建设的通知》(渝教发〔2012〕4号)	职业技术学校新任专业课教师需具备相应教师资格,无2年及以上行业企业或生产服务一线实践经历的,试用期内还须到相关行业企业进行不少于6个月的实践,实践考核结果作为转正定级的重要依据。
安徽	《安徽省人民政府关于加强师资队伍建设的意见》(皖政〔2013〕67号)	严格教师资格准入制度。全面实施教师资格考试和定期注册制度,提高教师任职品行、学历标准和教育教学能力要求。完善职业学校教师资格认定标准,增加生产实践工作经历和职业能力要求,将"双师型"教师素质基本要求纳入教师资格认定和评价体系。

虽然国家已经明确了职业院校教师企业经验优先的准入要求,但在实践操作层面如何落地仍需要科学深入的研究。笔者认为,应该在上述开展政策试点的省市的基础上继续完善和推进相关制度建设。一方面,国家应该对相关省市的实践进行调研和分析,深入了解通过这种措施引进的教师在实践中的价值和存在的政策困境,并从国家层面进一步完善相关职教教师编制标准,确保政策的制度化和统一性;另一方面,各省市应该按照"职教20条"精神扩大试点,深入推进基于"优先行业(企业)资格"的"双师型"队伍建设。

第三节 严格教师入职教育:强制新入职教师教学见习

优先行业(企业)资格只是职业院校教师的必要条件,而不是充分条件。因为拥有行业(企业)资格者并不一定能成为一名好教师。历史上,关于教师如何培养的问题早有定论。1972年,英国《詹姆斯报告》提出教师教育"三段论",这已成为世界教师教育的基本范式。

一、为什么:我国职教教师教育面临"去师范性"困境

我国职教教师培养大致分为三个阶段、三种模式:第一种是20世纪80年代中期国家单独设立职业技术师范院校和普通高校建立技术师范学院的培养模式,第二种是20世纪90年代的国家级职教师资基地培训模式,第三种是21世纪后的职业院校国家素质提高计划(尤其是其中的教师企业实践制度)。上述培养培训制度的效果怎样?与我国政府所倡导的"双师型"目标是否吻合?现在看来,上述实践距离"双师型"目标已越来越远。

(一)职教教师教育面临"去师范性"现实

从教师来源看,越来越多的新入职教师来自综合大学或企业,他们没有教育教学经历和实践。更为严重的是,一直被我们视作职教师资培养"母鸡"的职业技术师范学院也正在慢慢地告别师范性。20世纪80年代,为解决中等职业学校师资严重短缺问题,我国建立了专门培养职教师资的职业技术师范学院。这些院校曾经为我国职教师资培养作出了重要贡献,形成了一系列独特的"双师型"职教师资培养模式,如表7-4所示。

表7-4 职业技术师范学院的"双师型"培养模式[①]

学院名称	典型模式	备注
天津职业技术师范大学	双证书一体化	学历证和职业资格证,招生直接招技校优秀生源,聘兼职教师强化实践教学
	本科+技师职教师资	特征:"双试"学生,"双高"师资,"双基地"培养
江西科技师范大学	"三位一体"分流培养	综合素质、专业能力和职业方向
广东技术师范大学	"3+2"职教师资模式	高职3年+广东技术师范大学本科2年
河南科技学院	四"双"工程职教师资模式	双师素质、双技能训练、双证制度、双基地保障
河北科技师范学院	双"三三四"职教师资模式	两个334:人才培养模式+实践教学模式
江苏理工学院	"双能"一体化模式	"双能":理论与实践;"三性融合":技术性、师范性和学术性

但近年来,一些学校转型升级,传统的老八所职业技术师范学院正在走向消亡。更尴尬的是,技术师范专业的毕业生大部分没有走向职业教育岗位,而是选择了其他工作。调查显示,2014年,26所职教师资培养单位共有职业教育师范

---

① 庄西真.职业教育教师培养培训模式研究[M].南京:江苏凤凰教育出版社,2016:40-44.

毕业生 17911 人,其中 8 所独立设置的职业技术师范院校毕业生 11587 人,占所有职业教育师范毕业生的 64.69%。本科职业教育师范毕业生 1484 人应聘获得中等职业学校教师岗位,占职业教育师范毕业生的 8.29%(2013 年为 9.04%)。① 由此可见,我国一直强调的技术性、师范性并没有彰显其应有的价值。

(二) 职教教师专业实践教学能力不足

"职教 20 条"明确提出实践教学课时要占总课时的 50% 以上。许多院校的教学负责人认为这只是实践课时的增减问题,而没有看见这一问题的本质。② 在笔者看来,实践课时是对教师专业实践教学能力的考验,教师的专业实践教学能力若没有根本性的提升,安排再多的实践课时也是徒劳。然而,专业实践教学能力弱是我国职教教师的通病,许多学者对这一点早有论述。这一方面与教师自身缺乏相关行业(企业)经验有关,另一方面与当前我国教师教育课程理论性太强、基于教师教学能力提升的课程不足有关。从目前我国职教师资培养机构的课程来看,教师教育实践课程比重过低是直接的原因。

天津职业技术师范大学教师教育学院曾对全国的职教师资培养机构进行调查,发现无论是职业技术师范学院还是高等院校都存在重理论课、轻实践课的现象。我国职教教师教育理论课程与实践课程设置比重明显失衡,职业技术师范院校的理论课程学分占总学分的 72.7%,实践课程只占 27.3%。而在一些开设职教师资教育的普通高校,理论课程的学分比重甚至达到 75.1%,实践课程的学分只占 24.9%。这种课程设置不仅反映了学校教学实践严重不足,更说明了学校缺乏对职教教师专业能力培养的理念。可以想象,我国职教教师实践性能力培养问题有多严重。从培训维度看,虽然"十一五"期间国家通过实施职业院校素质提高计划,为我国职教教师基本能力的提升提供了机会,但这一计划并没有提出严格的标准与要求,也没有与教师职业资格证书体系建立衔接关系,其培训效果的考核制度亟待完善。

上述现象在现实的教师教学实践中尤为明显。2018 年 4 月至 5 月,笔者在对 3 所职业院校 5 位教师的课堂教学进行听课时发现了一些问题。

以计算机英语课程为例,教学缺乏情境性的设计和安排。教师没有考虑

---

① 李新发.全国中等职业学校教师培养培训调查报告[J].职教论坛,2016(31):32.
② 叔本华.作为意志和表象的世界[M].景天,译.北京:中国华侨出版社,2017:24.

到学生已有的计算机专业知识基础,完全按照学科主义教学逻辑实施教学,学生不仅参与度低,学习效果也很差。笔者特意询问一名学生是否学习过这方面的内容,学生明确表示学过。由此可见,教师根本没有调研学生的情况,也没有尝试先让学生用中文介绍计算机的相关操作程序,再让英语基础好的学生动手演示,从而引导其他学生积极参与。

在另一节机电一体化的专业实践课上,来自企业的兼职教师缺乏"做中学"的教学经验。这门课程是在实训工厂车间实施的,教师一开始先以任务清单的形式布置任务,后面则几乎放任学生自己实践。"杜威早就提醒我们,做不必然产生学,学生只有在遇到问题时,通过教师指导和与同学的交流,学习才可能发生。"为了培养学生的问题意识和产品质量意识,专业实践课教师在类似于生产的实践教学中,有必要基于专业教学核心环节设计几个关键问题与情境,让学生在做的过程中交流,或者通过对学生制作的产品进行比较,说明为什么某学生的产品好、某学生的产品不好等,从而让学生们自我反思和提升。中国大地上这样的课堂还有多少?作为职业教育研究者,我们深感忧虑,因为这会使学生成长受阻,让社会对职业教育失去信心,到底怎么做才有可能改变现状呢?

二、怎么办:学习英国的 ITE 模式,强化教师入职教育

基于上述问题,我们有必要借鉴英国在 21 世纪后的实践经验,对缺乏师范性的职教教师强化入职教育,通过师傅带徒弟的方式,让这些来自行业(企业)或综合性大学的新教师在课堂教学实践的过程中学会如何做教师,最终实现"职业性+师范性"与"学术性+师范性"的融合。

(一) 借鉴英国 ITE 的实践逻辑

首先,新入职教师须参加教学实习。职业院校应该对所有新入职教师统一进行入职培训,制定新教师专业发展规划,安排科学的入职学习课程和考核要求,让新入职教师明确目标,系统地开展学习,最终成为合格的职教教师。

其次,加强导师的实践指导。应建立职业学院的导师队伍和专业实践共同体,对新教师在学院的教学实践实行"一对一"的影子伴随式服务,确保新教师的专业成长规范化且有保障。至于新教师的企业实践教学,则应积极聘请行业和企业的技术能手进行专业性指导,或派遣教师去企业进行系统的学习。

再次,强化对教师教学的指导、诊断评估和检查反馈。除了对在职教师教育的质量进行督察和评估,还可借鉴英国的做法,在开展入职教育的同时建立外部评估机制,确保在过程中不断发现问题,完善实践过程,达到预期效果。

最后,搭建服务职教教师的发展平台,为不合格的教师提供专业的指导。比如建立类似英国学习与技能服务中心(LSIS)的专业服务机构,让职教教师能够找到自己的成长家园。从国家层面而言,可以通过类似英国职业学院联盟的方式,与相关行业和大型企业合作,联合附近高校,发挥综合优势,形成职教师资合作培养联盟或政校企职教教师协同中心。从职业院校层面而言,应该定期开展教师专业研讨活动,聘请行业和企业专家共同交流和研讨,与附近大学或学院建立合作伙伴关系,跨学院、跨院系、跨队伍交流,形成不断学习的学习型组织。从教师自身层面而言,应该积极参与学习并开展跨部门的合作,争取形成专业实践共同体,加强交流合作,反思专业实践,使自己的专业知识和实践不断更新和提升。

(二) 深入推进基于 ITE 的教师成长实践

不同背景下 ITE 教师的实践形态也各不一样,有职业院校的教师实践、企业开展的教师实践等。

一是院校的实践。如何补充企业经验? 2015 年 10 月,嘉兴职业技术学院针对新入职教师设置的"以项目和工作任务为载体的教师企业实践任职资格考核指标"采纳新型"师徒制"模式,旨在培养胜任职业院校专业教学的队伍。院校和企业调研发现,新教师普遍缺乏企业实践操作能力,导致培养的机电类专业学生根本无法上岗。为此,企业和院校投资 100 多万签订"教师学徒制"实践项目。该项目分为三个阶段:第一阶段,新入职教师进入企业的 8 个分厂熟悉情况(表 7-5);第二阶段,导师分配课题,教师开始参与企业的科研项目和技术研发,在实践中和企业导师一起指导学生并完成自己的课题(表 7-6);第三阶段,教师形成实践的项目成果,并基于工作任务目标的固化行为展示产品。①

---

① 说明:笔者作为职业教育指导教师,参与了其中的学生成长指导和点评,发现"教师学徒制"的新教师培养模式非常适合中国教师。需要说明的是,学院已经安排了针对师范类教师的入职培训,但是这些教师缺乏企业经验和实践知识,最终学院领导决定安排 5 位新教师下企业进行为期 6 个月的系统专职学习,并接受基于结果的考核。

表7-5 第一阶段教师企业实践工作流程和内容要点

8个分厂	实习时间	实习内容	备注
模组分厂	3天	1. 认识模组分厂常加工的产品 2. 了解上述产品的流水线作业流程与管理	
GPS天线分厂	3天	略	
EOC分厂	3天	略	
LTCC分厂	7天	略	
SMT分厂	5天	略	
介质天线分厂	3天	略	
介质分厂	5天	略	
智能分厂	3天	略	

表7-6 教师企业实践对接的研究课题主题设计

教师	导师	课题	入职分厂	备注
许老师	何利松(公司副总经理) 胡元云(正原研究院副院长)	1. 5G滤波器光刻参数优化 2. 介质波导滤波器	介质分厂(李进、李红梅指导)	何利松:指导5G滤波器的参数刻蚀、生产管理、生产过程控制 胡元云:指导介质滤波器项目及项目申报、论文撰写
李老师	金飞(模组事业部总经理助理) 梁春和(模组事业部研发总工程师)	1. 跟踪中导产品 2. 按摩椅项目	模组分厂	金飞:指导生产工艺、产线管理、作业撰写 梁春和:指导按摩椅项目及项目申报、论文撰写,指导制订维修车间的建设方案
王老师	唐新鹏(天线事业部副总经理) 任术刚(天线研发负责人)	北斗电动车防盗系统	GPS天线分厂	唐新鹏:指导产线生产工艺、生产管理 任术刚:指导北斗防盗系统研发及项目申报
其他				

二是公共课教师转行专业课教师的实践。以美容美发专业为例,浙江花都美容美发有限公司(培训学校)作为美容美发行业引领者,不仅为社会培养了大量拥有一技之长的技术技能人才,同时为职业院校公共课教师改行成为美容美发专业课教师提供了转型发展的方案。其基本做法总结如下:

对象:职业院校公共课教师或拥有大学文凭而没有企业经验的教师。

模式:2周的基本技能通识课培训,3个月的企业技能顶岗实践(吃、住均在培训学校),2周的驻店服务,以及顾客的检阅(接受顾客反馈)。

需要特别指出的是,花都美容美发有限公司为教师企业实践落地提供了一种有价值的方案,即为了促成政府或学校购买服务,教师必须达到基于结果导向的学习目标要求。为此,花都美容美发有限公司专门提供免费的运营店(针对18岁以下学生和60岁以上老年人)让新手试水,让他们在岗位实践中接受顾客的检阅。教师在这里完成培训并为顾客服务,内心的责任感落实在具体的行动中,能力也在这一过程中得以展示和提升。最终,花都美容美发有限公司培养了大量在国家技能大赛和世界技能大赛中获得金牌的教师。

第四节 重视教师在职实践学习:升级职业与教学资格

教师要给别人一滴水,自己得有一桶水,而且这水不能是死水,得是活水。但活水从哪里来?欧盟最新的报告提出,职教教师要保持与经济和社会发展相适应的能力,必须不断更新自己的知识和技能,在专业技术知识上要不断推进"职业更新",在教学方法上要实现"教学理念更新"。[①] 我国职教教师如何使自己始终处于产业和市场需求的最前端,实现专业与产业对接、课程内容与工作岗位对接?毫无疑问,教师需要不断地在工作岗位上提升自我,保持学习力。显然,英国的工作本位学习制度值得借鉴。

一、为什么:我国职教师资编制短缺严重,教师整体能力不足

教师需要不断学习,但是如何有效开展学习以及实践学习平台的打造与设计成为我国职教教师当前面临的突出问题,主要表现在:教师自主学习意识缺乏,合作性学习不足,深入学习不够,培训学习过于形式化、针对性差和缺乏设计等。

(一) 职教教师编制严重不足,生师比过高,教师学习机会少

在教师编制政策方面,我国职教教师编制标准一直缺乏科学合理的规划。2001年,教育部和中央机构编制委员会办公室联合颁发《关于制定中小学教

---

① Pia Cort, Auli Härkönen, Kristiina Volmari. PROFF — Professionalisation of VET Teachers for the Future[R]. Luxembourg: Office for Official Publications of the European Communities, 2004: 5.

职工编制标准意见的通知》(国办发〔2001〕74号),对我国中小学各类教职工比例结构、编制员额、师生比等做出规定,但对中等职业学校教师编制并没有做出单独的规定,只是指出"职业中学参照普通中学教职工编制标准"。随后,一些省市参照上述标准制定了地方编制标准。不过从整体上看,职教教师编制仍处于严重短缺的困境,专任教师不足和"双师型"教师结构不合理始终是职业教育发展的难题(虽然"双师型"比重近年来明显提高)。2010年,教育部颁布《中等职业学校设置标准》,提出"专任教师一般不少于60人,师生比达到1∶20,专业教师数应不低于本校专任教师数的50%,双师型教师不低于30%,聘请有经验的兼职教师应占本校专任教师总数的20%左右"。

然而事实是目前我国职业学校生师比过高,"双师型"教师质量不高。生师比过高的直接后果是教师的工作量和工作压力过大,学习和成长机会挤占严重。2016年12月,教育部职业技术教育中心研究所对全国八省市专项调研后发现,我国职业教育师资存在结构性短缺,缺乏基本的条件保障,①具体体现在:专业课教师数量不足,文化课教师数量偏多。教师负担过重体现在有的教师一周要上38节课,一般教师也都在20节课左右。而在西部地区根本就没有专业课教师。比如山西某县职业学校只有6名计算机专业教师,其他30位都是公共文化课教师。再如新疆和田地区,生师比达到54∶1,有的学校甚至达到76∶1,外聘教师也大多是文化课教师,而不是专业课教师。上述情况在职业教育体系中非常普遍,有些职业学校所涉及的甚至已不再是职业教育,而是二流、三流的普通教育。2013年3月,笔者在甘肃调研发现,西部有些职业中学几乎是打着职业学校的幌子办普通教育。造成这种结果的原因当然是非常复杂的,比如西部地区产业支撑能力不足、学校设备不全等,但从调研和对话中不难发现,职教教师整体素质不高是根本的问题。如何在现有条件下提升职教教师整体素质,促进其专业成长?必须对传统的方式进行修正和改革。

(二)职教教师专业实践能力弱,学习动力不足

针对我国职教教师的现状,笔者围绕2013年我国颁布的《中等职业学校教师专业标准(试行)》,对9个省市的1000多位教师开展了专业实践能力现

---

① 教育部职业技术教育中心研究所专项调研组.职业教育面临的机遇、挑战与对策建议:山西、辽宁、浙江、安徽、山东、广西、四川和甘肃等八省(区)职业教育专项调研报告[R].北京:教育部职业技术教育中心研究所,2016.

状调研,发现我国中等职业学校教师整体专业能力不足,专业素质与《中等职业学校教师专业标准(试行)》差距很大,职业学校教师质量和专业化水平堪忧。[①]

比如:不到四分之一的教师认为能够完全掌握职业教育的有关知识,对于能否有效地"把职业教育规律、技术技能知识运用到教育实践中",仅有22.5%的教师认为"非常符合";约四分之一的教师认为能够系统掌握所任教课程的专业实践内容,在"系统地掌握所教课程的专业实践内容和技能"方面,有23.4%的教师认为"非常符合",专业课教师中只有21.16%认为自己完全掌握了相关实践教学内容;近七成教师认为"缺乏专业能力提升的平台与机制"是工作中的主要困难,67.4%的教师认为"缺乏专业能力提升的平台与机制",有40.3%的教师感到"缺乏专业发展的动力"。具体内容如图7-2所示。

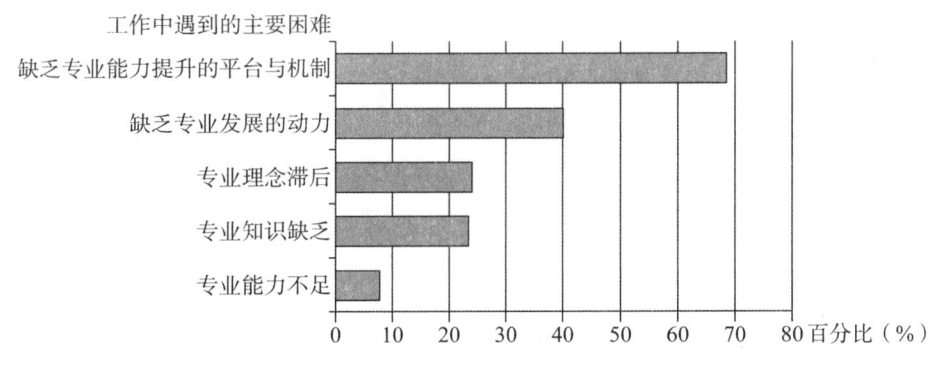

图7-2 教师在工作中遇到的主要困难

二、怎么办:借鉴英国工作本位学习模式,构建基于团队学习的实践共同体

工作本位学习是基于工作、在工作中、为了工作的一种学习实践,其基本假设是学习与工作呈相互融合、相互促进的关系。工作本位学习强调在情境化的工作场所,强调实践导向,强调跨界协作共享,强调反思性实践。在数字化时代,这已被证明是最有效的学习方式。因此,这种学习非常符合我国职教师资现状,符合职教"三教"改革精神,符合复合型技术技能人才培养的本质。

---

① 涂三广,何美.基于标准的中职教师专业素质调查:问题与建议[J].职教论坛,2016(30):21-29.

(一) 基于"做更高的自我"形成工作本位学习意识

目前,职教教师学习主动性和自我发展认识不足是比较普遍的现象。调研发现,40.3%的教师感到"缺乏专业发展的动力",80%以上的教师认为教学效果不佳和学生、学科有关,却从来没有考虑自身的因素。彼得·圣吉(Peter Senge)在《第五项修炼》中直接指出:"学习无法产生成效有七大障碍,其中,第一障碍是'我就是我的岗位'的功利主义认识。"①

为什么会没有动力?其中的因素非常复杂,包括职业教育内部学生的学情、职业教育外部社会的认同等。根据经验,我们认为这与绩效工资制度和职业院校学生整体情况有一定关系,但教师自我学习认识才是关键。实际上,职教战线不乏优秀的教育工作者和教学团队。此外,调研发现,67.4%的教师认为"缺乏专业能力提升的平台与机制",许多教师认为学习平台应该是外部制度化的平台或机会。这也恰恰说明,职教教师缺乏寻找自我学习机会的意识,这是值得我们关注的问题。在职教教师总体师资短缺、教师工作压力较大的情况下,自主学习意识的形成和激发将是教师成长的主要途径。

如何激发教师开展自主性学习?自主是教师发自内心的学习动力和追求,是可以激发和培育的。作为教师个体,最重要的是要构建自我基于职业教育事业的价值观,要"做更高的自我"而不是现实的自我。② 当前,职业院校最重要的任务是要搭建可能引发自主学习的载体和平台。英国教师的工作本位学习机制不仅是一种学习模式,更是一种自主发展的有效模式,比如构建基于职业院校发展的专业共同体或校企合作协同中心,结合实际工作定期开展基于工作成果的学习、研讨与交流,结合实践中的专业问题进行反思和批判,开展开放式同行教学与教研活动等,目的是让教师基于工作的学习成为常态,让学校成为学习型组织,让学习成为职业院校教师发展的文化。

(二) 建立职教教师专业发展共同体等平台

实践共同体相当于一种软机制和平台,学校和二级学院等机构应积极开展相关专业共同体的建设。实践共同体的开展要基于不同文化沟通和对话的可能性,而不能"拉郎配"。也就是说,职教教师实践共同体必须是职教教师根

---

① 彼得·圣吉.第五项修炼:学术型组织的艺术与实践[M].张成林,译.北京:中信出版社,2017:6.
② 尼采.作为教育家的叔本华[M].周国平,译.南京:译林出版社,2012:33.

据一定的学科、专业和培养目标的要求,基于教学、实训、科研等实践活动和问题解决的共同需求而聚集起来,通过对话、学习、讨论、借鉴、模仿等方式,相互促进并不断提升专业水平。[①] 因此,积极开展相关活动是实践共同体建立和存在的基础。基于我国职教教师的现状,可从以下三方面来开展具体的活动。

首先,建立三类教师内部交流学习机制。职教教师分为专业课教师、实习指导课教师和公共文化课教师,应发挥这三类教师各自的优势,在他们之间建立定期交流机制。比如:实践课教师通过展示实践过程和操作,让理论课教师和专业课教师能够获得更具有情境性的道德感知和情境性知识;理论课教师通过现代信息技术对相关理论和意义建构进行解释分析,让实践课教师能够更深刻地理解实践的内在意义。

其次,建立新手教师和专家共同交流机制。与富有经验的专家教师定期沟通,对新手教师的成长和学校的发展都具有重要价值。可以按照职业教育实践教学逻辑先设计好主题,明确具体任务、交流主题、汇报人,然后专家教师负责询问,新手教师负责汇报,这样做有助于新手教师快速成长,最终成为专家型教师,用莱夫的话说,也就是从边缘性参与者转变为合法的中心参与者。

最后,建立名师工作室与技能大师工作室。目前,国家已经通过不同政策建立了一批技能大师工作室,各地基于本地文化和工艺传承也建立了一些技能大师工作室,发达地区还建立了一些促进教师专业发展的名师工作室,这种传承技能和工艺的模式值得职业教育大力推广。职业院校应该积极参与,规划完善相关机制,让学校大师走出去,让企业大师走进来,形成校企大师互动交流的常态。

(三) 完善教师学习成果累计与保障制度

目前,国家已经明确提出要求教师五年内完成多少学时的继续教育制度,职业院校应该结合国家相关制度,制定出人性化的职教教师学习制度。

从笔者走访的一些高职院校来看,目前职业院校教师的学习主要局限于参与校外的相关学习培训,校内建立教师共同体的非常少。有些高职院校教务处虽然定期召开专业研讨会,但进行交流汇报的更多是重点专业和学科的二级院长和带头人,即使聘请外面的专家作报告,新教师发言和深入参与的机

---

① 李兴洲,王丽.职业教育教师实践共同体建设研究[J].教师教育研究,2016,28(1):17-18.

会也非常少。有些高职院校建立了教师发展中心,甚至购买了大量有关教师专业发展的书籍,但它们更多充当一种摆设,因为大部分教师没有问题意识和研究意识,不读书成为一种常态,对自己的发展方向也不太清楚。职业院校制度性评比过多是造成这种现象的重要原因之一,这种评比导致了"写手科研"的出现,即学校里有专门负责申报课题的专业写手,一旦有重要项目,一般都会找到他。这种现象有一定的危害性,无形中破坏了职业院校教师的科研和实践文化。

因此从国家层面而言,应该借鉴英国的国家资格框架和学分累计、互认和转换制度,积极探索建立国家职业资格制度,确保不同类型学习者的学习在一个平台上得到认可,这是当前最为迫切的问题。从学校层面而言,必须建立专业工作者定期学习、交流与实践的机制,形成基于专业成长的合作学习文化,同时要建立学习激励和保障机制,保障学习者在不同场所、不同时间的学习成果,激发和调动他们的积极性,使他们避免被单一、限制、封闭、制度化的学习方式所控制,让那些学有成果者和积极参与者感受到学习的价值和意义。

第五节 彰显教师能力:推行结果导向评价

何谓教师能力?以什么方式评判教师能力?职教教师应如何展示这种能力?现有制度下职业院校管理者(校长)又该如何设计科学的绩效制度,以推动教师有所作为和学校高质量发展?这些都是当前我国职业院校所面临的制度性难题,英国的结果导向教师评价制度为我们提供了可借鉴的教师发展评价方案。

一、为什么:现行教师评价制度下我国职教教师工作动力不足

2008年,国务院通过了《关于义务教育学校实施绩效工资的指导意见》,明确提出两点:一是在资金保障上,要按照管理以县为主、经费省级统筹、中央适当支持的原则,确保实施绩效工资所需资金落实到位;二是在分配原则上,核心是多劳多得、优绩优酬,重点向一线教师、骨干教师和作出突出贡献的工作人员倾斜。应该说国务院关于绩效工资的意见初衷是好的,目的也是清晰

的,但在原本"大锅饭吃惯了,习惯了大家差不多就好"的文化体制下,绩效工资实施的结果与初衷完全相反,对学校工作造成了较大影响。

上海财经大学的赵宏斌教授在对 25 个省 77 个县的教育局领导和 279 所学校的校长进行访谈后得出结论:一些区县尚未完全实行绩效工资制度;教育局局长和校长都愿意实施绩效工资制度,但他们更多地将其视作涨工资;在绩效工资的来源方面,教师反对从现有工资中拿出一部分作为绩效工资;评价教师绩效的指标目前还没有严格统一的标准。① 反对绩效工资制度的声音不仅经常出现在网络上和相关文章中,也成为教师现实生活中频频谈起的话题。

(一) 绩效工资制度:职业院校难以逾越的制度鸿沟

2009 年,《中等职业教育学校实施绩效工资的指导意见》和《教育部关于做好中等职业教育学校教师绩效考核工作的指导意见》等文件发布,标志着绩效工资制度在职业学校的启动和实践。与普通教育相比,职业学校教师实施绩效工资制度相对更难,反对声也更大。

2015 年,教育部开展落实《国务院关于加快发展现代职业教育的决定》大检查。作为参与者之一,笔者发现在上海和浙江等发达省市的职业院校提起绩效工资情况,校长们普遍持消极态度。他们认为绩效工资制度严重影响了职业学校的正常办学,职业教育是"5+2""白加黑"的事业,实施绩效工资制度后学校的收入统一上缴财政,不能用于支出劳务等任何额外工作付出,支出则是固定盘子,这导致工作之外的其他工作量无法通过绩效得到合理的支撑。一位全国知名校长在介绍学校工作时,甚至主动向专家组组长发问为何要在职业教育领域实施绩效工资制度。

目前,发达地区的职业院校大都有自己的实习工厂和实训中心,某些与产业对接深入的实训中心还对外开放运营,这是职业教育办学的一种需要,可有效提升学生的实践能力,使他们更快地适应工作场所。但近几年来,这些原本运行良好的实训中心纷纷关门撤牌,究其原因,是绩效工资制度在作祟。一些校长反映:一方面,由于现在财政上是收支两条线,因此实训中心的运营收入一分不能留,必须全部上缴;另一方面,现在教师多做少做几乎一个样,虽然他

---

① 赵宏斌,惠祥凤,傅乘波.我国义务教育教师绩效工资实施的现状调查研究:基于 25 个省 77 个县市 279 所学校的调查[J].教育理论与实践,2011,31(10):24-28.

们带着学生负责运营实训中心,但学校不仅不能多发一分钱,反而可能需要拿出原本用于本级绩效的钱来开展相关的运营工作。鉴于以上原因,学校只能关闭这些机构。

为了深入了解绩效工资的问题,笔者专门采访了发达地区的几位老师,大家一致认为"一碗水端平,没办法多劳多得"。有一位老师表示:"绩效工资只适合我国欠发达地区,在发达地区实施绩效工资制度只会让教师丧失积极性。……在杭州地区,义务教育绩效工资已经导致许多公办学校的优秀教师跳槽至民办学校,因为课时费和补贴都算在绩效之内,名校赞助费不能当作绩效发放,这使优秀教师和普通教师几乎没什么差别。"一位分管教学的校长说:"绩效工资制度的实施造成教师不愿意上课,因为多上课钱多不了多少,少上课钱少不了多少,绩效工资基本上就是大锅饭,拉不开差距,差距大了,矛盾就大,甚至容易被激化。职业院校教师本身工作量就大,而且绩效偏向技能大赛奖和创新大赛奖,所以专业课教师收入高一些,文化课教师低一些。一些课时比重低的学科,如音乐、体育、美术等的绩效和行政教师一样。学校有教师出公差要调课都很难,加课更难。教师的意愿是取消绩效工资。但是,学校目前只能继续维持下去。"在一次师资科长交流会上,甚至有学员反映真正干活的教师不到30%,大部分高职教师处于"差不多就好"的状态。

绩效工资制度为什么会造成这么大的问题,引来这么多的反对呢?笔者分析发现,其根本原因是绩效工资制度试图把一切(职业道德、工作表现、工作业绩等)都量化到绩效中,全面覆盖是导致难以实践的根本。

(二)现有的教师评价:内容"丰满"而结果"骨感"

为了更清晰地反映当前职业院校的教师考核制度,笔者选取一所北京市高职学院作为案例来进行分析。该学院的教师绩效考核分为课堂教学评价标准和教师考核内容两大模块。

一是课堂教学评价标准。这是学院对所有教师教学效果和听课、开课、评课的一个参考标准。由于职教教师在学院做的工作复杂多样,课堂教学只是其重要工作之一,且对所有教师都具有同等的价值,因此学院专门制定了统一的基于打分评级的标准,具体包括五个维度的内容:教学准备(15%)、专业能力(20%)、教学能力(40%)、课堂教学效果(25%)和特色创新(10%),如表7-7

所示。从分值看,组织实施和课堂教学效果被放到最高的位置,用学院主管教学的教师的话来说,也就是结果好不好,实施情况才是根本。

表 7-7 北京某高职学院教师课堂教学考核评价表

指标		内涵说明	评价	
			分值	得分
教学准备(15)	教师(5)	略		
	学生(5)	略		
	环境(5)	略		
专业能力(20)	教学目标(10)	略		
	教学内容(10)	略		
教学能力(40)	组织实施(30)	体现行动导向,体现"做中学、做中教",激发学生学习兴趣	10	
		围绕目标选择灵活多样的教学手段	5	
		教师授课清晰,教学环节衔接流畅	5	
		合理运用信息技术解决重点难点问题,完成特定教学任务	5	
		教学组织方式有利于学生主动学习,强调协作与交流,培养学生解决问题的能力	5	
	教师素养(10)	教师语言准确、生动、有吸引力,声音能让后排学生听清楚	3	
		教师板书字迹工整、大小适当、用字规范,版面有设计、有布局,能体现讲课重点	3	
		师生关系融洽、和谐;课堂民主协商,教学相长;教师既是导师又是学长	4	
课堂教学效果(25)		略		
特色创新(+10)		略		

二是教师考核内容。由于职教教师还要承担一系列其他工作,因此学院另外制定了包括师德考核、教学工作考核、科研工作考核、社会服务记录表四个方面的教师考核办法,如表 7-8 所示。

表 7-8　北京某高职学院教师整体评价考核模块

教师考核内容			具体内容
师德考核	期中（学生、同行和领导）		
	期末（学生、同行和领导）		
教学工作考核	教学常规检查（40）	期初（20）	编制计划、写教案、说课、说专业
		期中（40）	执行计划、写教案、科研活动、完成听课、布置作业和批改、记分册与课堂表现记录、实施学业评价、调停课
		期末（40）	同上
	评教（50）	学生评价	
		同行评价	
		项目负责人评价	
		系室主任评价	
教学工作考核	教学工作量（10）		
科研工作考核	调研		
	编写专业建设发展规划		
	制定修订专业人才培养方案		
	课程标准、实训大纲和课程考核大纲		
	课程建设（专业核心课与精品课建设）		
	教学资源建设		
社会服务记录表（各院系不同）	工作量		科研课题、指导技能大赛
	工作能力		加强专业培训基地工作、对口交流与支援、指导学生技能大赛、专利与科技研发
	工作效果		社会培训效果、技能大赛、课题研究与专刊

上述评价方案全面系统地展示了教师的工作和能力，充分考虑到职业院校各方面工作的重点内容、先后次序、轻重比例和教师工作特点、院系实际情况等。笔者在对不同学院的评价方案进行比较分析后发现，该学院的评价方案比较典型地反映了当前我国职业院校教师评价的实践情况，大部分职业院校都是类似操作。根据学院负责教师考核评价的院长的反馈，与基于教师真

实能力的考核制度相比,目前的考核制度仍需进行制度创新和改革。

二、怎么办:实施结果导向评价,构建教师能力发展新机制

什么是能力？高质量地完成一件事情就是一种能力。学习要想有成效,必须让参与学习的教师拿出有价值的成果,看到参与学习与不参与学习所展示出来的结果是不一样的。这要求基于教师专业学习设计出有效的评价策略和机制。目前我国大部分职业院校并没有开展基于结果的教师考核评价,教师专业发展完全在传统的模式下机械化地开展,教师普遍积极性不高且效果较差。无论教师来自哪里,在哪个平台开展培训学习,基于结果的评价被证明是最有效的教师发展激励机制。上海市教育委员会教育技术装备中心(负责上海市职业院校教师培训工作)、南京信息职业技术学院、顺德职业技术学院、北京市丰台区职业教育中心学校等的实践充分证明了这一点。

(一) 结果导向的地方创新:上海市教育委员会严格实施教师成果考核

在推进职教师资队伍建设方面,上海率先作为,为职教教师高质量发展提供了样板方案。

首先,对标国家政策标准,完善政策机制。上海市政府根据教育部 2014 年 5 月发布的《关于加快发展现代职业教育的决定》,要求"落实教师企业实践制度,推进高水平学校和大中型企业共建'双师型'教师培养培训制度"。2015 年 3 月,上海市发布《关于加快发展现代职业教育的决定》,要求"依托行业企业高技能人才培养基地,建立职业院校和培训机构教师实践基地。进入'双师型'系列的教师,每 5 年必须在企业实践 1 年以上"。在政策的引领下,2013 年,上海市教育委员会创建了 14 个具有代表性的"上海市中等职业教育企业实践基地",教育局与人力资源和社会保障局联合创建了 16 个具有代表性的"上海市职业教育和职业培训教师企业实践基地"。就这样,上海市共明确了 30 个教师企业实践基地,主要承担了 48 个培训项目的中职教师企业实践市级培训工作。①

其次,聚焦现实问题,规范培训程序。为了满足参训学员的个性化需求,切实解决教师面临的现实问题,加强培训过程的管理,上海市形成了"三上三

---

① 上海市教育委员会教育技术装备中心.实践出真师[M].上海:华东师范大学出版社,2017:4.

下"培训项目实施流程管理,以确保每个区域实践基地的培训方案贴近参训教师的专业发展,满足院校教师队伍建设的需求。"一上一下",即企业实践基地通过调研申报项目,市教育委员会联合市人力资源和社会保障局组织专家进行评审,确定并公布年度教师企业实践市级项目。"二上二下",即市教育委员会教育技术装备中心发放需求意向表,全面调研全市中职学校教师的企业实践需求,对学校拟派出的教师情况、参训实践项目、培训需求进行全面梳理,然后反馈至企业实践基地,进一步细化方案。"三上三下",即承担培训任务的企业实践基地通过征询参训学员的意见了解他们的个性化需求,同时向市专业中心组征求意见,进一步了解岗位实践培训内容,充实并调整培训设计,制作企业实践培训教学进程表。① 这种基于学员个性化需求的培训过程设计能够解决当前培训形式化、针对性差等问题,确保学员开展高质量的学习。

最后,强化成果考核,实现"三赢"共育。为了确保培训实践质量高、有成果,上海市教育委员会教育技术装备中心(以下简称"中心")在培训前制订培训计划,明确培训目标,落实企业、院校和学员三方责任,并签订协议。培训期间,中心组织专家组和学校负责人进入企业实践现场,走访了解学员的岗位实践情况、基地的培训组织实施情况,并提供专业的咨询和指导。培训结束后,中心组织由基地、专家和学校联合组成的专家组对学员进行考核,并积极推动学员对基于企业实践的经验进行反思和总结,形成系列成果,为学员成长、企业技术攻关和学校发展提供理论借鉴,实现企业、院校和学员三方共赢。②

调研发现,上海市在推进专业教师企业实践的过程中已经形成了一系列高质量的典型成果案例:理论引领、企业跟进(26篇),学校推进(22篇),教师成长(30篇),教学改进(23篇)。有诗云:"一沙一世界。"我国职教师资队伍建设就是要在实践中,在政府、企业和院校的积极作为下,不断积累职教教师改革发展的精彩故事,最终推动我国职业教育事业高质量发展。

(二)结果导向的高职行动:能力本位成为院校教师评价改革的方向

如何让有能力的教师实现自我价值,促进职业教育事业发展?顺德职业技术学院(以下简称"顺德职院")、南京信息职业技术学院(以下简称"南京信息职院")等成为高职院校中基于教师能力发展的一批代表。

---

① 上海市教育委员会教育技术装备中心.实践出真师[M].上海:华东师范大学出版社,2017:6-7。
② 同①:7。

先以顺德职院为例。为了提升教师的能力,促进学生高质量发展,顺德职院专门建立师生成果展示中心,即每年毕业前夕,让毕业生在该中心与招聘单位直接对话并展示成果,以证明其在学习中取得的成就和所具备的能力。招聘单位通过成果质量和创意来评价毕业生的能力并决定是否录用。这种结果导向的做法,不仅确保职业院校的人才培养具有针对性和高质量,更确保学生在学习中的目标和任务导向,有助于职业院校办学形成良性的、可持续发展的文化生态。那么,如何使学生具有这种能力?这和顺德职院教师的能力水平有关。在培养学生的过程中,教师必须具备相应的能力,也就是超越证书的更具体的能力。比如,很多教师自身就具有很强的服务和对接能力,承接过大量政府和企业的设计规划等项目,包括农业类专业教师培植的品牌花卉植物、设计类专业教师规划的亚运会场馆项目、技术类专业教师设计的专利产品等,这些都能在成果展示中心找到。

再以南京信息职院为例。为了高质量落实专业教师企业实践,让教师有成果、有发展,南京信息职院专门研究制定了《关于南京信息职业技术学院专业教师进企业实践锻炼管理办法(试行)》,从企业实践要求、实践形式、实践管理(过程、审批、考核等)、待遇等七个方面做出具体明确的要求,并专门设计了《专业教师进企业实践锻炼申请表》《专业教师进企业实践锻炼工作日志》《专业教师进企业实践锻炼考核表》三个附件,把教师企业实践落到实处。据南京信息职院副院长介绍,学院的电子专业与深圳电子公司合作建立研发中心,专业教师与企业联合研发项目,以实际研发成果服务企业市场需求,把教学与实践深度融合(企业遇到难题时通过教学研究分析解决,教学遇到问题时直接在企业中落地),引领学生专业成长。

另外还有在现行绩效工资制度下成功改革的典型案例——北京市丰台区职业教育中心学校(以下简称"丰台职教中心")打破平均主义分配机制,推进基于贡献的绩效改革。面对当前的绩效工资制度,丰台职教中心校领导积极采纳差额绩效的实施方案,做了其他学校不敢做的事情。据悉,这种做法一开始引起了大家的强烈反响,某些绩效表现不佳的教师甚至直接打电话表达不满,但校领导坚决执行,并以对事不对人的态度积极开拓绩效来源,增加绩效总额,最终差额绩效成为引领和推动所有教师积极作为、服务社会、献身职业教育事业的有效工具。职业教育改革要"做正确的事情,而不是正确地做事"。笔者以为,教师专业发展评价的改革就是校长治理理念的展示,作为一把手就应该如此。

(三) 结果导向的职教教师考核建议

首先,研制基于成果的考核标准。本研究认为,可以在既有的体制下设计一种理想的模式,即由全体教师提出建议,统一归类,再以各二级学院为单位归类其内部的教师产品成果,由学校聘请校外同行和专家对相关成果进行认证和打分,形成职业院校内部的教师成果档案库。当然,我们也需要提前考虑相关问题,比如二级学院之间的成果有无可比性。建议以二级学院为单位统一评定10—20件成果,由外部相关专家对这些成果确定标准和等级,所有二级学院在统一的标准下竞争和发展,学院再按照人头对二级学院拨款,如图7-3所示。比如10人的机电学院每年的绩效是30万,20人的财会学院就是60万,依次类推,最终形成以结果为导向的目标发展机制。

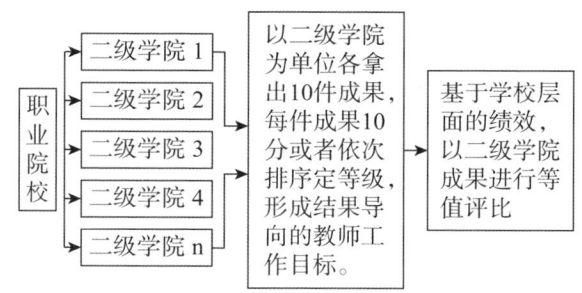

图7-3 职业院校结果导向的评价激励机制

其次,实施基于院校的结果导向评价。由学院成立相关专家委员会,建立学院年度绩效奖励制度,先列出国家级、省级、校级等不同奖项的单独绩效奖励,然后在此基础上进行学校层面的绩效评价:以二级学院总成果为单位,统一计算并除以二级学院的人头数,按照原来规定的积分进行等值评比,对最后的积分排序并给予奖励。当然,在目前的情况下,对大部分职业院校而言,真正意义上的结果导向的教师考核依旧是一种理想模式;此外,这是针对教师缺乏积极性所提出的一种策略,重在为学院积累优秀成果,激励有想法有追求的教师,营造奋发向上的氛围,服务学校的整体发展。英国的结果导向评价并不是完善的评价制度,一直在实践中发展。因此,职业院校在开展结果导向评价的过程中,重在构建发展机制,形成发展文化,毕竟评价的本质不是为了证明,而是为了改进与发展。教师可通过结果性的产品表征反思自身成长过程中哪个环节出了问题,是职前教育不够还是职后自我技术知识更新缓慢等。

第六节 建立跨部门协同合作机制,破解职教教师制度性壁垒

职业教育作为一种跨界的教育类型,与普通教育和高等教育在管理机制和体制上有较大区别,却同样占据重要的地位。我国职教教师管理机制一直存在以下几个问题:一是从纵向看,国家与地方管理机制之间不协调、不同步;二是从横向看,教育部与人力资源和社会保障部等管理机构存在管理职能不清晰等问题;三是政府、行企和职业院校协同合作力度不够。

一、为什么:我国职教教师管理机制过于依赖教育部统一管理

(一) 自上而下的单一化职业教育管理体制必须改变

1996年,《中华人民共和国职业教育法》第十一条明确提出"国务院教育行政部门负责职业教育工作的统筹规划、综合协调与管理"以及"国务院教育行政部门、劳动行政部门和其他有关部门在国务院规定的职责范围内,分别负责有关的职业教育工作"。[①] 根据这一原则,目前我国建立了国务院领导下的分级管理体制,职业教育主要以教育部统一管理、地方各省市政府分级管理为主,如图7-4所示。[②] 其中,教育部和人力资源和社会保障部作为教育和就业的两大主管部门在职业教育中承担直接主体责任,财政部、国家发展和改革委员会、农业农村部、扶贫开发领导小组办公室和中央机构编制委员会办公室等部门协同参与,构成职业教育发展的关键力量。仔细研究,不难发现我国职业教育管理体制被淹没在国家大一统的管理制度之下,职业院校习惯于盯着教育部和国家怎么做,地方政府也一直盯着教育部的政策。但是,职业教育的管理主体在地方,职业教育的发展因地方产业发展基础不同而相差甚远,是否需

---

① 中华人民共和国职业教育法[EB/OL].(1996-05-15)[2021-06-28]. http://www.moe.gov.cn/s78/A02/zfs-left/s5911/moe-619/tnull-1312.html.

② 中华人民共和国教育部,中国联合国教科文组织全国委员会.构建中国特色的现代职业教育体系:新经验、新起点与新战略[J].中国职业技术教育,2012(16):9.

要政策和政策能否在本地见效,很大程度上要靠地方政府来推动和落实,而且需要跨部门协同推进。

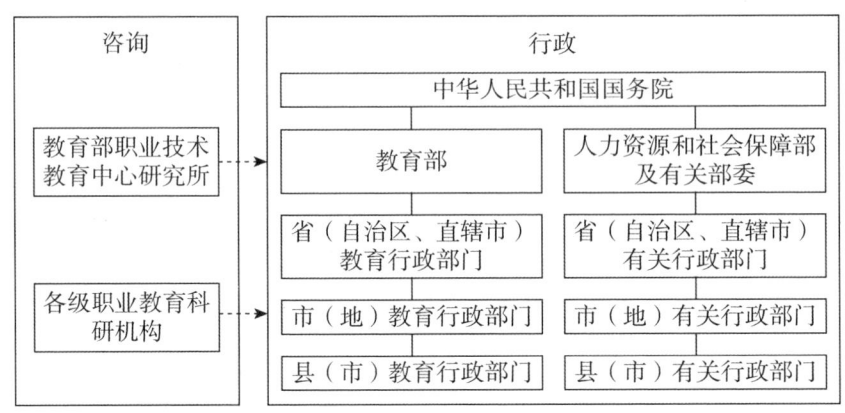

图 7-4　我国职业教育管理体制

近年来,职业教育自上而下的管理方式正在发生变化。从纵向看,《国家教育事业发展"十三五"规划》中"加快发展现代职业教育"一节就地方政府在职业教育方面的职责明确指出:"强化地市级人民政府对中等职业教育的统筹规划,根据城镇化和产业布局调整完善职业学校布局,根据产业发展对技术技能人才的需求优化职业教育体系结构。"①地市级政府对职业教育的统筹规划非常重要,这不仅是产业集群化发展对地方政府的要求,也是世界各国职业教育科学发展的共识。就地方而言,因受到产业转型升级对高素质技术技能人才需求的倒逼,一些发达省市政府早已采取相关政策来解决企业教师进不来的问题。比如,福建省、青岛市、成都市都专门出台相关政策,允许职业院校拿出 20%—30% 的人头费用于聘请有企业经验的教师。国际职教发达国家的职业教育管理主体都在地方,而目前我国职业教育更多受中央重视,地方政府对职业教育的职责和管理亟待强化。

从横向看,协同的跨部门合作机制有待落实到行动上。21 世纪以来,职业教育部门协同机制不断完善。2004 年 5 月,在国务院的领导下,我国建立了由教育部、人力资源和社会保障部、国家发展和改革委员会、财政部、农业农村部、扶贫开发领导小组办公室等相关部门参与的职业教育工作部际联席会议

---

① 国务院关于印发国家教育事业发展"十三五"规划的通知[EB/OL].(2017-01-10)[2021-06-28]. http://www.gov.cn/zhengce/content/2017-01/19/content_5161341.htm.

制度,旨在研究解决职业教育工作中的重大问题。2018年11月20日,国务院正式批复教育部申报的《关于提请调整完善职业教育工作部际联席会议制度的请示》,同意建立国务院职业教育工作部际联席会议制度。职业教育工作部际联席会议制度得到进一步强化,由国务院领导直接负责,国务院副总理担任召集人,各相关部门副部长为具体成员。有学者指出,由国务院直接领导的联席会议制度将对后期职业教育相关政策的落实起到重要的推动作用,减少过去部门之间互相扯皮和不买账的情况。尽管我国职业教育治理机制在不断完善,但其中依旧存在不少问题。比如从职业教育发展和管理职责范畴来看,我国更多是依靠教育部来推动职教教师与教学的管理,国外(德国、美国、澳大利亚、英国等)则由地方政府和专业的第三方组织负责实施和执行。后者这种由地方政府管理和第三方专业机构参与的治理模式,可以避免政府的硬性治理和"一刀切"的管理困境,转而以服务的方式推进政府因地制宜地制定政策,如表7-9所示。

表7-9 中国教育部所管理的职教教师发展与教学

教育部关于职教教师的政策(2010—2017年)	权力	英国相关机构	性质
2012年《国务院关于加强教师队伍建设的意见》(国发〔2012〕41号)、《职业学校兼职教师管理办法》(教师〔2012〕14号)	教育部牵头起草并颁布实施,目前地方配套落实得不多	LSC—LSIS—IFL 由技能部等机构委托第三方专业组织实施	学习与技能委员会、学习与技能服务中心以及学习研究所都是教师专业的服务机构
2013年《中等职业学校教师专业标准》	教育部委托研制和发布,教育部召开新闻发布会介绍情况,但大部分职业学校教师并不了解	FENTO—LLUK—教育与培训基金会	FENTO于1999年成立,LLUK于2007年成立,教育与培训基金会是2013年成立的负责英国职教教师发展的专业组织
2016年《职业学校教师企业实践规定》	教育部牵头七部委研制和发布,几乎没有行业机构参与	SSC是负责英国行业机构发展的组织,下有25家国家级行业组织	英国有25个国家行业技能委员会和几百家地方行业组织
……		教育标准办公室(Ofsted)	独立负责对质量进行审核和评估的机构

此外，从图 7-4 不难看出，教育部与人力资源和社会保障部形成的两个垂直的管理体系为地方和职业教育发展带来许多问题。除了教育部和人力资源和社会保障部在具体的管理权归属上一直存在权力清单不清晰之外，地方教育与行业办学之间的不规范竞争也影响了职业教育的发展。这种自上而下、相互分离的管理体制在一定意义上影响了效率，浪费了资源，甚至导致扯皮和政策无法执行，从而让民众对政府产生不信任感。虽然国务院最新成立了由其领导的职业教育工作部际联席会议制度，但也有学者对该制度的运作效能表示怀疑：为什么不能把人力资源和社会保障部与教育部交由一个总理管理？再看英国政府，在推进职业教育有效治理的过程中，从20世纪80年代至今，为避免出现相关利益部门扯皮和管辖不畅通的问题，教育部不断调整机构设置，已经更名9次。

上述情况不仅出现在国家层面，还延伸到了地方管理。相关学者在盘点了我国某省职业教育领域的权力清单后发现，该省教育行政部门在职业教育管理方面的权力十分庞杂、集中而强大，甚至与《职业教育法》中关于学校办学自主权的相关规定相抵触。① 应该说，这比较客观地描述了我国职业教育管理的现状。

二、怎么办：借鉴英国职教治理模式，构建服务型、专业化的协同治理体系

2001年布莱尔上台后，政府从"掌权者"转变为"划桨者"，打造善治的服务型政府成为英国公共治理的重要理念。布莱尔政府出台了一系列教育白皮书和政策，具体运作和实施者主要是专业性组织，政府则扮演服务者的角色。2010年，卡梅伦的联合政府强调"小政府和大社会"的理念，强调不仅要发挥学校和教师的主体性，还要吸纳各方参与到职业教育治理和教师发展建设中。可以说，英国已经建立了多元主体参与的服务型职业教育师资发展治理机制。

（一）英国多元协作共治的专业化职教教师治理机制

多元共治就是指多元主体共同治理。在这一治理框架中，发挥重要作用的是行业组织、专业机构，而不是政府。以英国职业教育与培训的治理体系为

---

① 石伟平,藏志军.职业教育国家制度与国家政策比较研究[M].上海：华东师范大学出版社，2016：238-239.

例,政府最大的责任是拨款和根据雇主的需要制定相关政策,其他则全由相关行业组织和专业机构来实施,如图7-5所示。

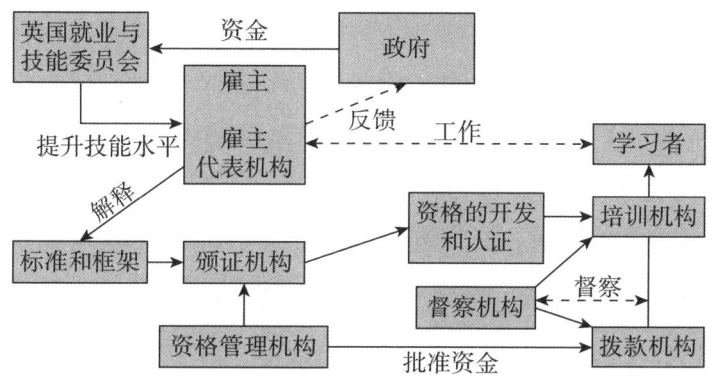

图7-5 英国职业教育与培训的治理体系

作为学习者,职教教师处于图7-5的"培训机构"(FE College)中,涉及政府拨款、获取颁证机构的证书文凭、接受ITE认证机构的培训、接受质量的督察评估等。从纵向看,有商业、创新与技能部(类似我国教育部)和地方教育委员会、职业学院人力资源部门等。从横向看,有专门的拨款机构(SFA)、专门的质量评估机构(Ofsted)、专门的颁证机构(AO)、专门的服务机构(SET)等。以Ofsted为例,这是自2003年英国职教教师外部督察以来一直负责对英国职教教师进行质量评估的第三方机构,根据英国相关法律,它具有独立向女王和议会反映情况的资质。

(二)在管办评分离理念背景下,构建服务型、专业化的协同治理机制

如何构建服务型、专业化的协同治理机制?主要包括三个方面:第一,转变政府职能,由管理型政府转变为服务型政府;第二,严格落实中央关于管办评分离的办学理念,政府不能做"裁判员"和"运动员";第三,加快构建专业的第三方组织(NGO),高质量承接政府所赋予的使命。

首先,管理型政府向服务型政府转型,确保从政治正确到技术落地。服务型政府是1989年由张康之提出的一种提升政府服务效能的治理理念,这意味着政府要做民主政府、有限政府、责任政府、法治政府和绩效政府。① 基于服务型政府的构建,教育部和地方教育行政部门将由管理者转变为服务者,为公众

---

① 谢庆奎.服务型政府建设的基本途径:政府创新[J].北京大学学报(哲学社会科学版),2005(1):126.

和社会提供更好的产品、更佳的服务。教育行政部门必须改变"一切包办,什么都管"的传统,提倡通过多元方法、多种手段,以专业化、透明化、法治化、高效化方式提供可能的服务。就职业教育发展而言,服务型政府需要明确自身的三种职责:一是通过公平、绩效的拨款方式提供办学经费,激励优质,淘汰劣质;二是建立畅通的信息反馈与投诉渠道机制,确保政府的评估和决策是科学的;三是委托或成立专业组织和机构对政府出台政策的效果进行评估和督察。可见,教育行政部门原则上不应该指手画脚,而应该明确方向,提供政策和咨询服务;至于具体的实践和政策落实,则是办学机构和专业第三方组织的任务。

其次,建立政府管理、校企双主体办学、第三方专业组织评估的管办评机制。2010年,《国家中长期教育改革和发展规划纲要(2010—2020年)》明确提出:"推进中央向地方放权、政府向学校放权,明确各级政府责任,规范学校办学行为,促进管办评分离,形成政事分开、权责明确、统筹协调、规范有序的教育管理体制。"[①]可见,在管办评分离的实践中,政府首先需要放权并限制自身的权力。就职业教育办学和队伍建设而言,教育部和地方省厅是否应该从专业建设和队伍建设的具体事务中退出,把这些专业性的事情交给专业组织?当然,前提是教育部和地方教育行政主管部门积极引导、建立科学治理职业教育的专业第三方组织,并在其中扮演推动和政策扶助的角色。以教师企业实践为例,政府应该积极推动建立行业和大型企业参与职业教育师资队伍建设的平台,通过政策和资金等手段助推教师企业实践共同体(如遴选和打造一批产教融合型企业)。在评价方面,职业教育专业教师的实践能力评估应该由企业和行业组织来实施,教育行政部门负责出台准入标准和考核要求,专业的行业组织负责组织教师实践能力考核和评估。关于教育教学能力的评价,则可以建立专门的教学评估委员会等,定期对职教教师的教学进行听课和检查,确保教师的教学质量和专业能力达到标准化水平。

我国政府在推进职业教育改革发展的过程中已认识到了上述问题,目前正在不断地完善相关政策。

---

① 刘利民.新形势下我国基础教育管办评分离的思考[J].中国教育学刊,2015(3):1.

第七节 吸取政策朝令夕改之教训,持续推进教师专业化

如果说好的经验是一种正面激励,相关不足就是一种反面警示。英国人作风务实,做任何事都看效果,如不满意,马上对政策进行调整,这一点在其对政府机构和职教教师标准的调整上体现得淋漓尽致。

一、为什么:英国政策朝令夕改,机构与政策频繁调整

英国政府频繁调整管理机构,变更教师专业标准政策,具体表现为以下几方面。

首先,职业教育最高领导机构不断更名。20世纪90年代以来,英国教育和科学部经历了6次调整和变化,如表7-10所示。这种变化不仅涉及机构的变动,还涉及相应机构功能和政策的调整。许多中外学者对英国政府频繁调整机构与政策评价不一。比如冯大鸣认为这是政府对社会反应灵敏、政策快速回应的表现,①也有学者认为这是英国两党政治斗争的必然。我们很难评价这种变化到底会带来多大政策后果和多少资源浪费,但相关政策的取消和变更确实对职教教师的工作产生了很大影响。

表7-10 20世纪90年代以来英国主管职业教育最高部门的调整

时间	名称	职责和功能	政策理念
1992年前	教育和科学部	教育和科学为国家竞争力的基础。	强调教育的学术性和科学功能。
1992年	教育与就业部	20世纪80年代,居高不下的失业率困扰着政府。教育部与劳动部合一,高技能人才的培养培训统一,推行NVQ和GNVQ,就业成为教育目标。	1994年YTS(青年培训计划)、1999年《学会成功:关于16岁后学习的新框架》白皮书强调就业能力的培养和提升。

---

① 冯大鸣.从英国教育部的最新更名看英国教育视焦的调整[J].全球教育展望,2002(1):60-61.

(续表)

时间	名称	职责和功能	政策理念
2001年6月	教育与技能部	就业的关键是技能,技能是教育与经济的纽带。技能不仅管理知识的生产,还管理知识和技术的运用。	2003年的《21世纪技能:实现我们的潜能》强调建立21世纪技能;2005年的《14—19岁教育和技能》重新强调技能战略以解决技能需求问题。
2007年6月	儿童、学校与家庭部(教育部)	19岁以下的青年和儿童教育工作归教育部统一管理,包括职业和继续教育。	2009年的《你的孩子,你的学校,我们的未来:建立21世纪的学校体系》主张权力下放、绩效责任和持续改进,以确保孩子成功。
2009年6月	商业、创新与技能部	主管商业、企业和管理改革部,负责继续教育、高等教育和公司治理等部门。	2010年的《教学的重要性》和2011年的"培养下一代卓越教师"决定职业学校领导ITE。

其次,职教教师失去自主的教师专业身份。英国职教教师的专业化发展经历了复杂而剧烈的变革。在这一过程中,英国职教教师的身份和角色也面临着调整和转变,作为专业者的教师身份处于争议之中。比如,就学院课程经理而言,职教教师必须体现以下不同的角色:为服务社会人群需要开设兼职成人课程(part-tine adult courses),为满足国家和地区产业需求开设职业课程(vocatinal education),此外还要负责学术和学科专业课程。这些身份将根据商业发展需要随时发生变革。因此,英国学者把职教教师的专业化归纳为"立体化的专业化"(自我—经理—学院—国家)。① 教师从构建自主的专业认同、形成学院的专业定位到满足国家的专业要求,最终的专业化必须超越个体的专业身份,如图7-6所示。联想英国职教教师的历史身份,不难看出其专业化身份与历史赋予的社会身份在本质上具有一致性,都深深地印刻着国家主义和职业教育文化的痕迹。

最后,教师专业标准频繁变革。1999—2013年,英国职教教师的专业化发展经历了标准化推出(1999)—强制性的标准化(2001)—标准化的外审(2003)—标准的取消与重建(2004)—标准的全面推进(2007)—标准的撤销

---

① Briggs, Ann R. J. Professionalism in Further Education: A Changing Concept[J]. Management in Education, 2005(3):19-22.

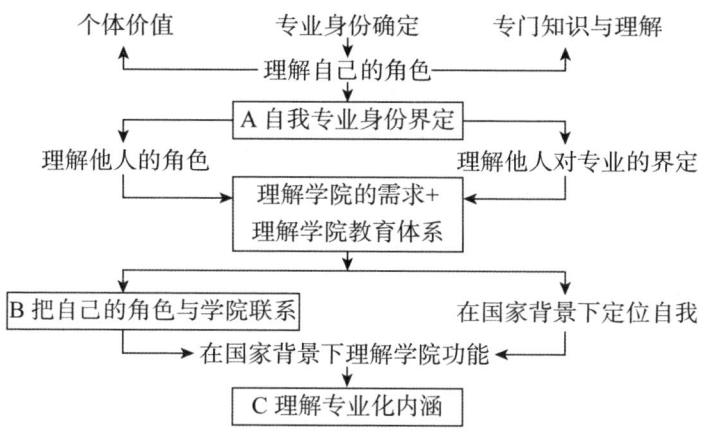

图 7-6　英国继续教育教师"立体化的专业化"内涵

(2012)。政府的这种变化影响了职业学院和职教教师对"双专业"目标的一致性认识。2013 年,在英国撤销对职教教师专业资格证书的强制性要求后,英国各职业学院感到不知所措。英国学院联盟主席曾说:"政府 2013 年撤销教师标准,让我们很惊讶,并对继续教育学院是否要推进教师标准产生怀疑,因为不知道到底以什么样的标准来推进工作,最后大部分继续教育学院坚持采取 2007 年的资格标准。"[①] 显然,大家都认为推进教师的专业化应该是政府一以贯之的政策,因此对政府撤销标准的做法大惑不解,这也对教师的专业化实践造成了干扰。

了解英国文化的学者都认为,英国频繁调整政策和其深刻的政治传统有关。在两党制的政党制度下,工党和保守党代表不同的利益阶层,一旦新的政党上台执政,相关政策的调整和变化是必然的。从这层意义上讲,我们不能简单地把英国职教教师政策的变化与调整理解为是针对教师专业化本身,而应该在更广阔的视野中思考职教教师教育的政策设计和安排。

二、怎么办:坚持政策的一贯性和灵活性原则,持续推进职教教师专业化

教育是一项育人的事业,教育政策也要有继承性和延续性,其变革需要综合考虑各方面的条件和因素。英国职教教师政策在历史和现实中经历了如过

[①] 2015 年 9 月,中英政策对话现场,笔者采访英国学院联盟主席约翰·温德森(John Windeson),并与他进行了深入的交流和探讨。

山车一样的过程,让人难以适应,教师身份的调整和转换亦然,英国许多学者对此表示不满和批评。对职教教师的发展而言,我国政府应该吸取其中的教训,坚持科学的、务实的、具有一贯性和可持续性的教师专业发展政策。

首先,坚持"双师型"教师目标定位不变。按照"职教20条"要求,坚持把"双师型"作为我国职教教师的培养方向,进一步明确"双师型"的具体内涵,积极探索和试点实施路径。目前,我国对"双师型"的认识,以及对专业课教师与公共课教师的理解存在误区,导致在实际工作中无法实践和推进。在明确目标定位的情况下,国家应召集相关部门成立专业组织,对"双师型"重新进行界定。

其次,发达地区和西部落后地区应区别对待。职业教育发展与地方产业和经济密切关联,没有经济和产业做支撑,不仅职业教育难以发展,职教教师发展也如无源之水、无本之木。因此,对于发达地区,应制定更高的教师标准,国家标准只是参考框架。同理,对于落后地区,应因地制宜地开展标准化建设,避免职教教师专业化发展流于形式。总之,职教教师发展是一项长期的系统化工程,国家政策具有重要的导向作用,政府不仅要科学专业地研制、出台相关政策,更要慎重对待政策的调整和变更。

本 章 小 结

本章针对调查中发现的我国职教教师现存的突出问题,结合英国职教教师教育与管理中的经验与教训,提出了完善我国职教教师教育的六方面建议,具体包括:(1)科学认识"双师型"教师内涵,明确构建原则;(2)把好教师入口,优先行业资格的准入;(3)严格教师入职,推行教师入职教育;(4)重视教师在职学习,建立职教教师实践共同体;(5)激励教师发展,推行结果导向评价;(6)建立服务型、专业化的协同治理机制;(7)吸取英国政策朝令夕改的经验教训,持续一贯地推进教师专业化发展。

笔者认为,科学的职教教师教育体系应该从科学认识"双师型"本质入手,基于"职教20条"精神,构建基于教师准入、入职和职后的职业生涯来系统规划,优先企业资格,强化入职教育,加强在职学习,实施成果评价制度,最终确保教师专业发展可持续;应该学习和借鉴英国职业教育多元主体共同治理的理念和机制,构建服务型政府,推动管办评分离,以专业化的服务推动职教教师发展。借鉴过程中要吸取英国的教训,不宜频繁调整政策;政策应该坚持一贯性和可持续性原则;同时要从政治等更广阔的视野来思考政策的实践和安排,避免英国两党制的政党制度对职教教师教育政策产生影响。

结语

本研究的基本结论包括以下三方面:一是关于职教教师身份的形成与构建,二是关于职教教师教育的范式,三是关于职教教师的现实挑战和问题应对。

一、认识论:科学定位职教教师身份与目标

笔者认为,职教教师身份的形成不是自我成长的结果,而是社会变迁和文化、政治、经济因素的产物。通过分析英国职业技术教育和教师的历史发展可发现,职教教师身份是一种技术的、历史的和文化的多因素影响的存在。同时,英国职教教师的历史发展告诉我们,教师是一种文化性存在,是嵌入社会组织的一个功能性角色,教师能否扮演好角色,受到整个组织、社会和文化的影响。

首先,职教教师身份是在技术、文化、政府、市场等博弈中构建的。不管时代如何变化,技术始终是职教教师存在的基础,没有技术变革和工业革命的产生,没有职业分工和人才大规模需求的出现,教师就没有存在的可能,所谓的现代职业技术教育就缺乏存在的基础,职教教师的"双师型"身份也将失去社会学想象力。从这层意义上说,技术的存在与发展是职教教师存在与发展的逻辑前提。如何理解技术的内涵和文化,决定着职教教师存在的形态及其身份的形成。从英国的情况看,受传统科学主义思想和绅士文化的影响,所谓的科学教育一直高高在上,职业技术则往往与技能培训处于同一位置,这种基于工作的技能培训往往被认为是由企业和雇主来负责和主导的。这也直接导致在整个20世纪英国职教教师处于边缘化地位,政府和市场对职教教师的发展毫不在意。而在20世纪80年代后,随着英国高等教育大众化、全球化竞争加剧和高端技能人才需求短缺,传统技能与现代技术成功整合,加上英国工党政府提出传统平民主义治理理念,职业技术教育在社会和教育中逐渐找到了应

有的位置和价值实现的方式,从而成功转型。英国的职业教育发展历史告诫我们,职教教师的发展如同职业教育的发展,既离不开政府政策的关注,也离不开市场的需求和人力资源的重视。离开了政府的关注和投资,职教教师的发展就如同失去父母的孩子寸步难行;离开了市场的需求和竞争的推动,职教教师的发展也难以提升到应有的高度。

其次,职教教师的目标定位应为"双专业"或"双师型"。"双专业"作为职教教师专业发展的目标,已成为引领职教教师发展的基本方向,无论是以德国为代表的莱茵模式,还是以英国为代表的盎格鲁-萨克逊模式,对"双专业"或"双师型"都持有共识。比如在理念上,英国为我们提供了清晰的"双专业"概念框架;在实践上,英国提供了"双专业"实践策略和具体方案。但是,我们必须清醒地认识到"双专业"作为一种理念性目标,与实践中的"双专业"存在一定冲突。从英国的实践可以发现,导致这种冲突的原因并不是其目标定位错误,也不是其实施策略不科学,而和具体实践中职教教师的身份有关。中国当前的"双师型"队伍建设同样存在类似的问题,即理念层面的"双师型"目标与实践层面的"兼职教师进不来、专任教师企业实践下不去"之间存在冲突。这个问题的根本在于大多数从大学毕业的职教教师普遍缺乏企业经验,而产教融合机制又尚未完全规范建构,最终导致我国"双师型"出现形式主义和"假双师"。比较而言,英国的"双专业"目标通过优先行业和专业资格在理论层面具有科学性,通过国家资格框架在实践层面具有可操作性。考虑到职教教师实践环境的复杂性和产业转型的不确定性,"双专业"目标的存在只能是其自我存在与自我否定的统一。因此,英国"双专业"目标与实践之间的矛盾恰恰为教师发展提供了足够的张力和可能性。笔者认为,这种矛盾是健康的、积极的和发展的。

二、方法论:务实推进职教教师教育的实践

笔者认为,务实的职教教师教育模式是优先企业资格,强化入职教育,加强在职学习,开展结果导向评价。关于如何培养高质量的专业化职教教师,各国一直存在较大争议。但是,争议中的共识是职教教师必须围绕"双专业"或"双结构双师型"目标定位,形成一套具有可操作性的方法论体系。显然,方法具有多元性。英国就形成了一套区别于德国、奥地利、瑞士等欧洲国家的实践

模式,其基本特征是:优先行业和专业准入,强制新入职教师教育,推行能力本位在职学习课程,实施结果导向评价。英国的模式具有鲜明的经验主义哲学和实证主义传统。

首先,职教教师准入必须"优先行业(企业)资格"。自职业技术教育产生起,行业和职业就是其逻辑前提和基础,也就是说技术的存在是职教教师存在的根源,试图越过技术谈技术教育在逻辑上就是一种历史虚无主义。因此,作为技术或职业知识和技能的传承者,职教教师理应先具有职业和行业资格。也就是说,职教教师应该来自职业或行业系统,而不是"搞高大上学问"的大学科研机构。这一点英国人做得很好,不仅始终秉持职教教师行业身份和企业雇员的特色,还把行业和职业资格置于优先的地位。这是一种科学主义精神的反映,也是一种务实精神的体现。因为如果不优先行业和职业资格而照搬普通教育师资的做法,不但无法培养合格的"双师型"或"双专业"职教教师,而且违背了技术的本源和技术产生的逻辑,最终必将失败。我国的"职教20条"已经明确了这一原则。

其次,职教教师必须强化 ITE 教育。教学作为一种实践导向的艺术和智慧早已得到了认证,这也不断地告诫我们,获取和掌握教学的智慧与艺术离不开工作场所中的训练,也不能脱离具体的情境和对象。1972年,英国《詹姆斯报告》提出的教师教育"三段论"已成为世界各国教师教育的基本范式。依据这一范式,英国在21世纪后对职教教师实施 ITE 的证书培训,这不仅符合世界教师专业化发展潮流,更彰显了职教教师追求"双专业"目标改革的勇气。为了有效开展职教教师 ITE,英国专门设计了国家职业资格和教师专业资格、能力本位和模块化的课程、实践性反思和工作本位学习方式等富有鲜明特色的实践机制和模式。它们符合职教教师的身份特点,具有可操作性和便捷性,但也存在完成效率不高、导师指导不到位、教师学习时间难安排等现实问题。这一方面反映了职教教师身份的复杂性,另一方面反映了工作场所学习的个性化、情境性和反思性特点。如何设计高效的、适合职教教师特点的课程和学习模式?这一切有待制度的完善和优化,但有一点是毋庸置疑的,那就是职教教师的入职教育势在必行。

再次,职教教师应当保持在职能力发展和提升。教师在职学习与发展是技术升级发展和教学论持续改进的必然要求。一方面,在互联网时代,知识的获取日益便捷,学习者需要不断提升掌握、更新新知识的速度,否则将无法胜任当前的教学岗位,这对教师来说无疑是一个巨大的挑战。另一方面,在全球化时代,竞争与创新并存,不断加快的产业转型和技术更新迫使技术服务人员对自我知识和技术进行升级与更新,否则他们将难以应对和适应现实的岗位要求。

最后,职教教师的职业生涯应始终处于循环可持续发展状态。如何保证职教教师在准入、入职与在职期间能够良性地发展?笔者发现,英国采用了结果导向的职教教师评价机制。结果导向评价秉承了英国务实的经验主义传统,注重过程和数据的收集,通过行动导向的参与性互动来尽可能地获取信息,从而对教师进行评价。在实践中,英国建立了第三方 Ofsted,除了不断调整衡量结果的标准,一直强化主体教师的参与之外,还在一开始就设计了对话和协商的环节。应该说,在导向结果的过程中,英国充分吸纳了第四代评估中关于建构主义的科学原则和方法。当然,评价因涉及直接的利益满足和平衡也引起了不少争议,但从评价的本义看,争议的存在凸显了评价的价值,说明了深化改革和实践的意义。现实中,我国的绩效工资制度争议更大,问题也更多,这需要我们不断地改进和发展,而不是把它当作停滞不前和实行"大锅饭"的借口。

三、实践论:应对职教教师教育的现实挑战

实践论的本质是在具体的环境和问题情境下思考如何找到解决的办法。与方法论的普适性不同,实践论更具有个体性和情境性,是在认识论和方法论基础上的模式。当前,我国职教教师的管理和教育存在一系列亟待完善和解决的现实问题。除了认识论和方法论层面的问题,管理制度和实践模式方面的问题更为严峻。

第一,关于正确、客观的实践认识。笔者认为,必须深化对"双师型"目标的认识,不能简单地用过去的"双师型"理念来主导当前职教教师的培养和队伍的建设,否则将导致形式化和无效化。"双师型"既是一种认识论范畴,也是一种方法论策略;缺乏科学理论依据的"双师型"难以真正引领职教教师科学发展,没有科学方法支撑的"双师型"只能是假的"双师型"。从我国的实践现状看,在理念认识层面,一些专家对公共文化课教师和专业课教师之间的"双

师型"存在片面的理解,甚至认为公共文化课教师也应该去企业实践,这是导致地方政府无法科学有效地推进"双师型"的重要原因,必须制止并纠正。在实施策略层面,过去我国职教教师在准入上没有优先行业和职业资格,而是先招聘大学生再进行职后教师企业实践,这种本末倒置的做法违背了技术产业的本源和技术教育存在与实践的逻辑,其结果只能是形式化和低效。因此,必须严格落实《国家职业教育改革方案》,形成和建立科学的"双师型"实践理念,构建符合技术教育规律的、可操作的实践策略。

第二,关于职教教师的管理制度与实践模式。笔者认为,必须建立政府、市场、行业企业、第三方专业机构等真正有效参与的职教教师管理机制。在这一机制中,政府等相关机构的定位是服务而不是管理,政府必须抽离过去的角色,建立第三方专业机构并充分赋权,这样我国职教教师的"双专业"目标才有可能实现。至于具体的教师教育实践模式,笔者认为,在"去师范性"和"去技术性"背景下,我国职教教师入职教育不仅是必然的,更是必需的。虽然我国发达地区和相关高职院校已开始开展职教教师入职教育,但是系统性、规范性和科学性依旧有待完善。国家理应在顶层设计上进行统一的规划,在职教教师入职教育的课程设计、培养模式、实践形式和考核评价制度等方面提出原则性的要求。

本研究虽然到此已基本告一段落,但由于笔者自身能力和相关条件的限制,研究中仍存在一些问题,有待进一步思考和完善。首先,教师作为一种社会角色,身份的形成涉及不同的理论视角和前提假设,本研究更多是从技术和职业教育的维度来思考,结合社会学、政治和经济等角度进行剖析,而其实任何个体身份的形成和构建都涉及复杂的因素分析,因此笔者还将对此进行深入研究。其次,英国的职教教师情况比较复杂,本研究只是从一个大的视角阐述总体概况,并未比较不同专业学科教师之间成长环境的异同,这是一大遗憾,如果能够基于制造业、服务业或具体专业与产业类别的案例进行比较,或许会有更多发现。

本研究促使笔者从更深刻的角度去思考和审视职业教育的发展和问题:在历史与发展中看教师的形态,在现实的模式中发现问题,从别国的实践看我国的问题……最重要的是多因素、多维度、多角度地看职教教师专业身份的形成与构建。

参考文献

一、中文部分

(一) 著作类

[1] 陈向阳.走向澄明之境:技术教育的哲学视域[M].北京:高等教育出版社,2015.

[2] 顾明远.民族文化传统与教育现代化[M].北京:北京师范大学出版社,1998.

[3] 顾明远.教育大辞典[M].上海:上海教育出版社,1990.

[4] 顾明远,梁忠义.世界教育大系:教师教育[M].长春:吉林教育出版社,1998.

[5] 胡昌宇.英国新工党政府经济与社会政策研究[M].合肥:中国科学技术出版社,2008.

[6] 黄葳.教师教育体制[M].广州:广东高等教育出版社,2003.

[7] 何伟强.英国教育战略研究[M].杭州:浙江教育出版社,2014.

[8] 何杨勇.英国高等教育中的工作本位学习研究[M].杭州:浙江大学出版社,2015.

[9] 教育部师范教育司.教师专业化的理论与实践[M].北京:人民教育出版社,2003.

[10] 李培林,李强,孙立平,等.中国社会分层[M].北京:社会科学文献出版社,2004.

[11] 刘捷.专业化:挑战21世纪的教师[M].北京:教育科学出版社,2002.

[12] 刘育锋.中高职课程衔接的理论与实践:英国的经验与我国的借鉴[M].北京:北京理工大学出版社,2012.

[13] 吕小柏,吴友军.绩效评价与管理[M].北京:北京大学出版社,2013.

[14] 毛锐.撒切尔政府私有化政策研究[M].北京:中国社会科学出版社,2005.

[15] 马克思.1844年经济学—哲学手稿[M].刘丕坤,译.北京:人民出版社,1979.

[16] 瞿葆奎.教育学文集:第22卷(英国教育改革)[M].北京:人民教育出版社,1993.

[17] 单中惠.教师专业发展的国际比较[M].北京:教育科学出版社,2010.

[18] 单中惠,王晓宇,王凤玉,等.西方师范教育机构转型:以美国、英国、日本为例[M].济南:山东教育出版社,2012.

[19] 生兆欣.二十世纪中国比较教育学史[M].北京:高等教育出版社,2011.

[20] 石伟平.比较职业技术教育[M].上海:华东师范大学出版社,2000.

[21] 石伟平,藏志军.职业教育国家制度与国家政策比较研究[M].上海:华东师范大学出版

社,2016.

[22] 吴必康.权力与知识:英美科技政策史[M].福州:福建人民出版社,1998.

[23] 王斌华.教师评价:绩效管理与专业发展[M].上海:上海教育出版社,2005.

[24] 王承绪,徐辉.战后英国教育研究[M].南昌:江西教育出版社,1992.

[25] 王承绪.比较教育学史[M].北京:人民教育出版社,2002.

[26] 王雁林.政府与市场的博弈:英国技能短缺问题研究[M].杭州:浙江大学出版社,2013.

[27] 王星.技能形成的社会建构:中国工厂师徒制变迁历程的社会学分析[M].北京:社会科学文献出版社,2014.

[28] 吴易风,王健.凯恩斯学派[M].武汉:武汉出版社,1996.

[29] 吴全全.中等职业学校教师专业标准解读[M].北京:北京师范大学出版社,2015.

[30] 徐国庆.职业教育课程、教学与教师[M].上海:上海教育出版社,2016.

[31] 徐国庆.职业教育项目课程开发指南[M].上海:华东师范大学出版社,2009.

[32] 许明.教师教育伙伴合作模式国际比较[M].北京:人民教育出版社,2012.

[33] 荀渊,唐玉光.教师专业发展制度[M].北京:教育科学出版社,2011.

[34] 徐辉,郑继伟.英国教育史[M].长春:吉林人民出版社,1993.

[35] 许良.技术哲学[M].上海:复旦大学出版社,2004.

[36] 杨进.中国职业教育发展报告:2015[M].北京:高等教育出版社,2016.

[37] 吴文侃,杨汉清.比较教育学[M].北京:人民教育出版社,1989.

[38] 易红郡.从冲突到融合:20世纪英国中等教育政策研究[M].长沙:湖南教育出版社,2005.

[39] 翟海魂.英国中等职业教育发展研究[M].北京:高等教育出版社,2005.

[40] 中国大百科全书出版社编辑部.中国大百科全书·教育[M].北京:中国大百科全书出版社,1985.

[41] 庄西真.职业教育教师培养培训模式研究[M].南京:江苏凤凰教育出版社,2016.

(二) 译著类

[1] 埃德蒙·金.别国的学校和我们的学校:今日比较教育[M].王承绪,邵珊,李克兴,等译.北京:人民教育出版社,1989.

[2] 埃贡·G.古贝,伊冯娜·S.林肯.第四代评估[M].秦霖,蒋燕玲,等译.北京:中国人民大学出版社,2008.

[3] 奥尔德里奇.简明英国教育史[M].诸惠芳,李洪绪,尹斌苗,译.北京:人民教育出版社,1987.

[4] 安迪·格林.教育与国家的形成:英、法、美教育体系起源之比较[M].王春华,王爱义,刘

翠航,译.北京:教育科学出版社,2004.

[5] 安迪·哈格里夫斯.知识社会中的教学[M].熊建辉,陈德云,赵立芹,译.上海:华东师范大学出版社,2007.

[6] 安东尼·吉登斯.资本主义与现代化理论:对马克思、涂尔干和韦伯著作的分析[M].郭忠华,潘华凌,译.上海:上海译文出版社,2013.

[7] 伯克·约翰逊,拉里·克里斯滕森.教育研究:定量、定性和混合方法[M].马健生,译.4版.重庆:重庆大学出版社,2015.

[8] 彼得·德鲁克.新社会:对工业秩序的剖析[M].沈国华,译.上海:上海人民出版社,2002.

[9] 巴兹尔·伯恩斯坦.教育、符号控制与认同[M].王小凤,王聪聪,李京,等译.北京:中国人民大学出版社,2016.

[10] 菲利普·葛洛曼,菲利克斯·劳耐尔.国际视野下的职业教育师资培养[M].石伟平,译.北京:外语教学与研究出版社,2011.

[11] 弗洛里安·兹纳涅茨基.知识人的社会角色[M].郏斌祥,译.南京:译林出版社,2012.

[12] 莱夫,温格.情景学习:合法的边缘性参与[M].王文静,译.上海:华东师范大学出版社,2004.

[13] 海伦·瑞恩博德,艾莉森·富勒,安妮·蒙罗.情境中的工作场所学习[M].匡瑛,译.北京:外语教学与研究出版社,2015.

[14] 凯瑟琳·西伦.制度是如何演化的:德国、英国、美国和日本的技能政治经济学[M].王星,译.上海:上海人民出版社,2010.

[15] 技能促进增长:英国国家技能战略[M].鲁昕,主译.北京:高等教育出版社,2010.

[16] 罗博·麦克布莱德.教师教育政策:来自研究和实践的反思[M].洪成文,等译.北京:北京师范大学出版社,2009.

[17] 洛克.人类理解论[M].关文远,译.北京:商务印书馆,1959.

[18] 玛格丽特·雅各布.科学文化与西方工业化[M].李红林,赵立新,李军平,译.上海:上海交通大学出版社,2017.

[19] 迈克尔·波兰尼.科学、信仰与社会[M].王靖华,译.南京:南京大学出版社,2004.

[20] 尼格尔·塔布斯.教师的哲学[M].王红艳,杨帆,沈文钦,等译.济南:山东教育出版社,2014.

[21] 培根.新工具[M].许宝骙,译.北京:商务印书馆,1997.

[22] 舒尔曼.实践智慧:论教学、学习与学会教学[M].王艳玲,王凯,毛齐明,等译.上海:华东师范大学出版社,2014.

[23] 托尼·布莱尔.新英国:我对一个年轻国家的展望[M].曹振寰,译.北京:世界知识出版社,1998.

[24] 托马斯·贝利,凯瑟琳·休斯,戴维·桑顿·穆尔.工作实践出真知:业本学习与教育改革[M].许竞,项贤明,译.北京:中国人民大学出版社,2011.

[25] 唐纳德·A.舍恩.反映的实践者:专业工作者如何在行动中思考[M].夏林清,译.北京:教育科学出版社,2007.

[26] 唐纳德·A.舍恩.培养反映的实践者:专业领域中关于教与学的一项全新设计[M].郝彩虹,张玉荣,雷月梅,等译.北京:教育科学出版社,2008.

[27] 威廉.R.索利.英国哲学史[M].段德智,译.北京:商务印书馆,2017.

[28] 沃夫冈·布雷钦卡.教育目的、教育手段和教育成功:教育科学体系引论[M].彭正梅,译.上海:华东师范大学出版社,2008.

[29] 细谷俊夫.技术教育概论[M].肇永和,王立精,译.北京:清华大学出版社,1984.

[30] 约翰·杜威.我们如何思维[M].伍中友,译.北京:新华出版社,2010.

[31] 约翰·富隆,伦·巴顿,等.重塑教师专业化[M].牛志奎,马忠虎,等译.北京:北京师范大学出版社,2010.

[32] 佐藤学.课程与教师[M].钟启泉,译.北京:教育科学出版社,2003.

(三) 论文类

[1] 白玲.从QCF到RQF:英国资格框架改革的新取向及其启示[J].外国教育研究,2016,43(11).

[2] 白益民.教师的自我更新:背景、机制和建议[J].华东师范大学学报(教育科学版),2002,20(4).

[3] 陈德云.美国NBPTS职业技术教育优秀教师专业标准的新发展[J].全球教育展望,2016,45(3).

[4] 陈醒,赵彦彬.库伯经验学习理论及其对承认教师专业发展的启示[J].河北大学成人教育学院学报,2014,16(3).

[5] 陈秋怡.情境学习理论文献综述[J].基础教育研究,2016(19).

[6] 曹晔,中等职业学校教师政策实践与反思[J].职教论坛,2015(28).

[7] 车伟艳.英国绩效管理教师评价制度:内容、特点与启示[J].外国中小学教育,2010(10).

[8] 邓波,贺凯.试论科学知识、技术知识与工程知识[J].自然辩证法研究,2007,23(10).

[9] 丹尼斯·劳顿.1988年以来的英国"国家课程"[J].石伟平,译.华东师范大学学报(教育科学版),1994(4).

[10] 冯大鸣.从英国教育部的最新更名看英国教育视焦的调整[J].全球教育展望,2002

(1).

[11] 宫雪.论基于国际经验的职业教育教师标准构建[J].中国职业技术教育,2012(30).

[12] 韩玲玲,张康风.对情境学习理论的几点认知[J].吉林粮食高等专科学校学报,2004,19(3).

[13] 侯龙真,秦发盈.英国继续教育学院的发展阶段及走向[J].中国职业技术教育,2015(27).

[14] 贺文瑾."双师型"职教教师的概念解读[J].职教通讯,2008(7).

[15] 黄萍,孟庆国.中等职业学校教师专业标准与职教教师培养培训[J].职教论坛,2014(2).

[16] 洪光磊.能力本位的职业教育与培训[J].外国教育资料,1995(2).

[17] 黄福涛.能力本位教育的历史与比较研究:理念、制度与课程[J].中国高教研究,2012(1).

[18] 黄日强.核心技能:英国职业教育的新热点[J].比较教育研究,2004(2).

[19] 黄日强,邓志军.英国的NVQ制度[J].现代技能开发,2003(9).

[20] 胡秀锦.中职兼职教师资助机制与政策研究:基于上海的调查和探索[J].职业技术教育,2012,33(19).

[21] 姜大源.现代职业教育与国家资格框架构建[J].中国职业技术教育,2014(21).

[22] 匡瑛.英国近十年的继续教育概述[J].外国教育研究,2002(6).

[23] 匡瑛.英国"为了每个人的成功"述评[J].外国教育研究,2003(10).

[24] 李玉静.英国发布《打造未来:通过大学与雇主间的合作培养高层次技能》政策报告[J].职业技术教育,2014(30).

[25] 李晓阳.职业标准建设:发达国家的经验与我国的路径选择[J].教育理论与实践,2011(7).

[26] 刘利民.新形势下我国基础教育管办评分离的思考[J].中国教育学刊,2015(3).

[27] 李作章,乞佳.新世纪以来英国继续教育学院改革动向及其启示[J].职业技术教育,2013,34(4).

[28] 李新发.全国中等职业学校教师培养培训调查报告[J].职教论坛,2016(31).

[29] 李兴洲,王丽.职业教育教师实践共同体建设研究[J].教师教育研究,2016,28(1).

[30] 马忠虎."第三条道路"对当前英国教育改革的影响[J].比较教育研究,2001(7).

[31] 孟春青.高等职业教育如何应对"工业4.0"人才需求[J].教育探索,2015(8).

[32] 苗曼.经验:杜威的教育坐标[J].徐州师范大学学报(哲学社会科学版),2004,30(3).

[33] 樊大跃.英国职业资格证书教育教师新标准解读[J].职业技术教育,2005,26(4).

[34] 潘壮杰.斯蒂芬·比利特"做中学"理论研究成果译解[J].青岛职业技术学院学报,2015,28(5).

[35] 孙凤敏,沈亚强.英国现代学徒制的变革动因与最新举措[J].职业技术教育,2017,38(4).

[36] 石伟平.英国能力本位的职业教育与培训[J].外国教育资料,1997(2).

[37] 邵元君,匡瑛.全纳的创新资格框架:英国的QCF[J].外国教育研究,2011,38(10).

[38] 宋雁,秦发盈.论英国继续教育职业技能政策演变及其启示[J].中国职业技术教育,2014(20).

[39] 宋雁,秦发盈.技能短缺背景下英国继续教育学院的功能[J].河北大学成人教育学院学报,2015,17(1).

[40] 宋洪霞.英国职教师教育与培训体系的特点及启示[J].职教通讯,2006(11).

[41] 孙健.从美国职教教师专业标准学什么?[J].职教论坛,2014(19).

[42] 桑宝才.维果茨基社会文化理论述评[J].武汉船舶职业技术学院学报,2015,14(6).

[43] 涂三广.英国继续教育学院的师资队伍建设:经验与启示[J].中国职业技术教育,2013(21).

[44] 涂三广.英格兰2014年职教教师专业标准的框架、内容与特征[J].比较教育研究,2015(12).

[45] 涂三广,何美.基于标准的中职教师专业素质调查:问题与建议[J].职教论坛,2016(30).

[46] 涂三广.教育政策文本视角下我国职业院校兼职教师建设及其思考[J].中国职业技术教育,2016(6).

[47] 涂三广.职业院校教师到企业实践:问题与对策[J].职教论坛,2014(27).

[48] 谭宏,袁晓文,李守林.《职业学校教师企业实践规定》在职业院校的执行情况及对策研究[J].四川民族学院学报,2017,26(2).

[49] 王立,涂三广.对话与分享:中英职业教育"影子校长"项目[J].中国职业技术教育,2013(13).

[50] 王文强.国际金融危机背景下的英国继续教育变革[J].职业教育研究,2010(5).

[51] 王雁琳.论英国职业教育与普通教育关系[J].比较教育研究,2004(2).

[52] 王光荣.发展心理学研究的两种范式:皮亚杰与维果茨基认知发展理论比较研究[J].华中师范大学学报(人文社会科学版),2014,53(5).

[53] 吴雪萍,项晓勤.英国继续教育改革探析[J].比较教育研究,2008(5).

[54] 徐国庆.工作本位学习初探[J].教育科学,2005,21(4).

[55] 徐艺乙.手工艺的传统:对传统手工艺相关的知识体系的再认识[J].2011(8).

[56] 谢莉花.德国职教教师教育的"职业性专业"探析[J].比较教育研究,2016,38(3).

[57] 谢庆奎.服务型政府建设的基本途径:政府创新[J].北京大学学报(哲学社会科学版),2005(1).

[58] 易红郡,赵红亚."撒切尔主义"对英国教育改革的影响[J].外国教育研究,2003(2).

[59] 郁振华.波兰尼的默会认知论[J].自然辩证法研究,2001,17(8).

[60] 张亚兰.英国《职业教育教师培训》的内容、特征及其启示[J].职业教育研究,2016(2).

[61] 周奕珺.中英职业教育教师专业标准比较分析[J].新教育时代电子杂志(教师版),2014(20).

[62] 周险峰.教师作为知识分子:走向批判的教师教育[J].外国教育研究,2009,36(7).

[63] 曾荣光.教师专业组织、国家权力与科层权威:香港教师专业化路向分析[J].香港中文大学教育学报,1990,18(2).

[64] 张宏,方健华.职业院校专业教师企业实践动机、行为与效果研究:以江苏省为例[J].职业技术教育,2016(17).

[65] 张群.美国职前技术教育教师专业标准述评[J].世界教育信息,2012(Z1).

[66] 查英,庞学光.功能分析法开发高职院校教育质量标准探讨[J].中国职业技术教育,2015(12).

[67] 赵康.透析西方能力本位主义教师教育再流行:回溯、趋势和反思[J].外国中小学教育,2016(3).

[68] 张民选.模块课程:现代课程中的新概念、新形态[J].比较教育研究,1993(6).

[69] 赵宏斌,惠祥凤,傅乘波.我国义务教育教师绩效工资实施的现状调查研究:基于25个省77个县市279所学校的调查[J].教育理论与实践,2011,31(10).

[70] 陈玲玲.旨在质量保证的教师教育认证制度:以美国和英国为例[D].上海:华东师范大学,2011.

[71] 杜静.英国教师在职教育发展研究[D].重庆:西南大学,2007.

[72] 关晶.西方学徒制研究:兼论对我国职业教育的借鉴[D].上海:华东师范大学,2010.

[73] 贺晔.英国职前教师教育课程研究:以剑桥大学BEd课程和PGCE课程为例[D].上海:华东师范大学,2010.

[74] 洪志忠.教师绩效评价研究:从宏观视角到微观行动[D].上海:华东师范大学,2011.

[75] 洪希.教师职前教育课程设置的中英比较[D].兰州:西北师范大学,2009.

[76] 侯得娟.英国职前教师培养中的教育实践课程研究[D].重庆:西南大学,2011.

[77] 韩琳琳.英国教师教育者专业发展研究:以中小学实习导教师为中心[D].长春:东北师范大学,2014.

[78] 金铁洙.中韩两国教师教育比较研究[D].长春:东北师范大学,2006.

[79] 刘慧贤.教育实习:英国的经验及启示[D].成都:四川师范大学,2014.

[80] 李青霞.高职教师发展研究:中挪比较视角[D].厦门:厦门大学,2009.

[81] 李晓刚.英国教师专业化发展现状探析[D].武汉:华中师范大学,2006.

[82] 吕耀中.英国学校多元文化教育研究[D].上海:华东师范大学,2008.

[83] 骆阳.英国基础教育教师队伍质量保证机制的初步研究[D].福州:福建师范大学,2004.

[84] 彭跃刚.美国社区学院发展与变革研究[D].上海:华东师范大学,2017.

[85] 邱芳.英国师范教育向教师教育的转型研究[D].成都:四川师范大学,2012.

[86] 任学印.教师入职教育理论与实践比较研究[D].长春:东北师范大学,2004.

[87] 汤霓.英、美、德三国职业教育师资培养的比较研究[D].上海:华东师范大学,2016.

[88] 王晓鹏.伙伴合作:英国职前教师教育实践模式研究[D].成都:四川师范大学,2016.

[89] 王艺霖.21世纪初期英国教师教育发展研究:基于学校变革的视角[D].开封:河南大学,2013.

[90] 吴一凡.中英教师教育者信念对比研究[D].上海:上海外国语大学,2014.

[91] 吴迪.英国教育实习中院校"伙伴关系"研究[D].成都:四川师范大学,2013.

[92] 吴珠丽.洛克的教育思想及其当代意义[D].武汉:武汉理工大学,2008.

[93] 徐继宁.英国传统大学与工业关系发展研究[D].苏州:苏州大学,2011.

[94] 熊建辉.教师专业标准研究:基于国际案例的视角[D].上海:华东师范大学,2008.

[95] 肖艳芳.英国教师教育实习中的大学与中小学校伙伴关系研究[D].长春:东北师范大学,2012.

[96] 相岚.保守党政府执政时期(1979—1997)英国教师政策研究[D].上海:华东师范大学,2013.

[97] 姚文峰.英国教师教育大学化的政策研究[D].福州:福建师范大学,2007.

[98] 于佳雪.实践取向的英国职前教师研究[D].开封:河南大学,2012.

[99] 张丽玉.美国能力本位教师教育运动研究[D].福州:福建师范大学,2007.

[100] 周雁秋.英国中学教师职前教育课程研究:以伦敦大学教育学院研究生教育证书(PGCE)中等英语课程为例[D].重庆:西南大学,2015.

[101] 朱盈盈.多元文化背景下英国教师教育研究及启示[D].兰州:兰州大学,2016.

二、外文部分

(一) 著作类

[1] Alan Felstead, Lorna Unwin. Learning Outside the Formal System: What Learning Happens

in the Workplace, and How Is It Recognized? [M]. London: Government Office for Science, 2017.

[2] Andy Armitage, Robin Bryant, Richard Dunnill. Teaching and Training in Post-Compulsory Education[M]. Maidenhead: Open University Press, 2007.

[3] Dennis Hayes, Toby Marshall, Alec Turner. A Lecturer's Guide to Further Education [M]. Maidenhead: Open University Press, 2007.

[4] Denis Lawton. Education and Politics in the 1990s: Conflict or Consensus[M]. London: The Falmer Press, 1992.

[5] Department for Education. Training Our Next Generation of Outstanding Teachers: An Improvement Strategy for Discussion[M]. London: Department for Education, 2011.

[6] Gilbert Jessup. Outcomes: NVQs and the Emerging Model of Education and Training [M]. London: The Falmer Press, 1991.

[7] Ian Hardy. The Politics of Teacher Professional Development: Policy, Research and Practice [M]. London: Routledge, 2012.

[8] Initial Teacher Education Inspection Handbook: For use from June 2014[M]. Manchester: Ofsted, 2014.

[9] Joachim Wentzel. An Imperative to Adjust? Skill Formation in England and Germany [M]. Wiesbaden: Springer Fachmedien Wiesbaden GmbH, 2011.

[10] J. Thomas, A. Marshall, G. Page. International Dictionary of Education[M]. New York: Nichols Publishing Co., 1977.

[11] John Lawson, Harold Silver. A Social History of Education in England[M]. London: Methuen & Co Ltd, 1973.

[12] L. B. Curzon. Teaching in Further Education: An Outline of Principals and Practice [M]. London and New York: Continuum, 2004.

[13] Lyn Brennan. Integrating Work-Based Learning into Higher Education: A Guide to Good Practice[M]. Bolton: University Vocational Awards Council, 2005.

[14] Michael Sanderson. Education, Ecomomic Change and Society in England 1780—1870 [M]. Cambridge: Cambridge University Press, 1995.

[15] Margaret Gregson, Yvonne Hillier. Reflective Teaching in Further, Adult and Vocational Education[M]. 4th Edition. London: Bloomsbury Publishing, 2015.

[16] Michael Sanderson. The Universities and British Industry 1850—1970[M]. London: Routledge & Kegan Paul, 1972.

[17] Olwen McNamara, Jean Murray, Marion Jones. Workplace Learning in Teacher Education: International Practice and Policy[M]. New York, Heidelberg, Dordrecht and London: Springer Press,2013.

[18] Richard Goodings, Michael Byram, Michael McPartland. Changing Priorities in Teacher Education[M]. London: Croom Helm Ltd,1982.

[19] S. Bolhuis. Learning in the Workplace: New Theory and Practice in Teacher Education [M]// Jan N. Streumer. Work-Related Learning. London: Springer Press,2006.

[20] Sir William Osler. Science and War[M]. Oxford:Oxford Press,1915.

[21] Terry Hyland, Barbara Merrill. The Changing Face of Further Education: Lifelong Learning, Inclusion and Community Values in Further Education [M]. London: Routledge Falmer,2003.

[22] Wendy Robinson. Teachers and Their Professional Development in England and Wales 1920—2000[M]. Rotterdam: Sense Publishers,2014.

(二) 论文类

[1] Alison Jackson, James Burch. School Direct, a Policy for Initial Teacher Training in England: Plotting a Principled Pedagogical Path Through a Changing Landscape[J]. Professional Development in Education,2015,42(4).

[2] Ann Dykman. Who Will Teach the Teachers?[J]. Vocational Education Journal,1993,68 (6).

[3] Ann-Marie Bathmaker, James Avis. Becoming a Lecturer in Further Education in England: The Construction of Professional Identity and the Role of Communities of Practice[J]. Journal of Education for Teaching,2005,31(1).

[4] Bill Bailey. The Establishment of Centres for the Training of Teacher in Technical and Further Education in England, 1933—1950[J]. Journal of Vocational Education and Training, 2007,59(3).

[5] Brian Fidler. Staff Appraisal and the Statutory Scheme in England[J]. School Organization, 1995(2).

[6] Colin N. Power. Technical and Vocational Education for the 21 Century[J]. Prospects,1999, 29(1).

[7] David Ebbutt. Universities, Work-Based Learning and Issues about Knowledge[J]. Research in Post-Compulsory Education,1996,1(3).

[8] Farzana Shain, Denis Gleeson. Under New Management: Changing Conceptions of Teacher

Professionalism and Policy in the Further Education Sector[J]. Journal of Education Policy, 1999,14(4).

[9] Iona Burnell. Teaching and Learning in Further Education: The Ofsted Factor[J]. Journal of Further and Higher Education,2017(2).

[10] Jocelyn Robson. A Profession in Crisis: Status, Culture and Identity in the Further Education College[J]. Journal of Vocational Education and Training,1998,50(4).

[11] James Avis, Roy Canning, Roy Fisher, et al. Vocational Education Teacher Training in Scotland and England: Policy and Practice[J]. Journal of Vocational Education and Training,2011,63(2).

[12] John Seely Brown, Allan Collins, Paul Duguid. Situated Cognition and the Culture of Learning[J]. Educational Researcher,1989,18(1).

[13] Keith Randle, Norman Brady. Managerialism and Professionalism in the "Cinderella Service"[J]. Journal of Vocational Education and Training,1997,49(1).

[14] K. Gomoluch, B. Bailey. Training Teacher for Further and Technical Education: Staff Perceptions of Changing Demands and Policies at Bolton from 1950 to 1988[J]. Journal of Vocational Education and Training,2010(2).

[15] Kevin Burden, Peter Aubusson, Sue Brindley, et al. Changing Knowledge, Changing Technology: Implications for Teacher Education Futures[J]. Journal of Education for Teaching,2016,42(1).

[16] Kevin Orr, Robin Simmons. Dual Identities: The In-Service Teacher Trainee Experience in the English Further Education Sector[J]. Journal of Vocational Education and Training, 2010(1).

[17] Lauren Weiner, Marilee J. Bresciani. Can Institutions Have Quality Programming Without Utilizing a Systematic Outcomes-Based Assessment Progress?[J]. Research and Practical Assessment,2011,6a.

[18] Marilee J. Bresciani. Identifying Barriers in Implementing Outcomes-Based Assessment Program Review: A Grounded Theory Analysis[J]. Research and Practical Assessment, 2011,6.

[19] Mary Ryan, Terri Bourke. The Teacher as Reflexive Professional: Making Visible the Excluded Discourse in Teacher Standards[J]. Discourse Studies in the Cultural Politics of Education,2013,34(3).

[20] Neil Thompson, Jan Pascal. Developing Critically Reflective Practice[J]. Reflective

Practice,2012,13(2).

[21] Norman Lucas, Tony Nasta, Lynne Rogers. From Fragmentation to Chaos? The Regulation of Initial Teacher Training in Further Education[J]. British Educational Research Journal,2012,38(4).

[22] Norman Lucas. The "FENTO Fandango": National Standards, Compulsory Teaching Qualifications and the Growing Regulation of FE College Teachers[J]. Journal of Further and Higher Education,2004,28(1).

[23] Norman Lucas, Lorna Unwin. Developing Teacher Expertise at Work: In-Service Trainee Teachers in Colleges of Further Education in England[J]. Journal of Further and Higher Education,2009(4).

[24] Pradeep Kumar Misra. VET Teachers in Europe: Policies, Practices and Challenges [J]. Journal of Vocational Education and Training,2011,63(1).

[25] Ros Clow. Further Education Teachers' Construction of Professionalism[J]. Journal of Vocational Education and Training,2001,53(3).

[26] Roy Canning. Reflecting on the Reflective Practitioner: Vocational Initial Teacher Education in Scotland[J]. Journal of Vocational Education and Training,2011(4).

[27] Sue Brindley. Teacher Education Futures: Compliance, Critique, or Compromise? A UK Perspective[J]. Teacher Development,2013,17(3).

[28] Stephen J. Ball. The Teacher's Soul and the Terrors of Performativity[J]. Journal of Educational Policy,2003,18(2).

[29] Tony Nasta. Translating National Standards into Practice for Initial Training of Further Education Teachers in England[J]. Research in Post-Compulsory Education,2007(1).

[30] Vincent Carpentier. Public Expenditure on Education and Economic Growth in the UK, 1833—2000[J]. History of Education,2003(1).

(三) 其他

[1] Bill Lucas, Ellen Spencer, Guy Claxton. How to Teach Vocational Education: A Theory of Vocational Pedagogy[R]. London: City and Guilds Centre for Skills Development,2012.

[2] DfES. Delivering Results:A strategy to 2006[R]. London: DfES Publications,2002.

[3] Diana Laurillard, Jay Derrick, Martin Doel. Building Digital Skills in the Further Education Sector[R]. London: Government Office for Science,2016.

[4] English Apprenticeships:Our 2020 Vision(Executive Summary)[EB/OL].(2015-12-

07)[2021-06-24]. https://www.gov.uk/government/publications/apprenticeships-in-england-vision-for-2020.

[5] Initial Teacher Education: Inspections and Outcomes as at 30 June 2016[EB/OL].(2016-11-24)[2021-06-25]. https://www.gov.uk/government/publications/initial-teacher-education-inspections-and-outcomes-as-at-30-june-2016/initial-teacher-education-inspections-and-outcomes-as-at-30-june-2016-main-messages.

[6] Initial Teacher Education Provision in Further Education: Third Year Report[R]. London: The Education and Training Foundation, 2017.

[7] Leitch Review of Skills: Final Report[EB/OL].(2011-04-21)[2021-06-11]. http://www.delni.gov.uk/leitch_finalreport051206[1]-2.pdf.

[8] Michael Axmann, Amy Rhoades, Lee Nordstrum, et al. Vocational Teachers and Trainers in a Changing World: The Imperative of High-Quality Teacher Training Systems[R]. Geneva: International Labour Organization, 2015.

[9] Mike Cambell. The UK's Skills Mix: Current Trends and Future Needs[R]. London: Government Office for Science, 2016.

[10] Lifelong Learning UK. New Overarching Professional Standards for Teachers, Tutors and Trainers in the Lifelong Learning Sector[EB/OL].[2021-06-09]. https://www.lifelonglearning uk.org.

[11] Ofsted Raising Standards. The Initial Training of Further Education and Skills Teachers [EB/OL].(2012-11-01)[2021-06-12]. https://www.ofsted.gov.uk/resources/120297.

[12] Pia Cort, Auli Härkönen, Kristiina Volmari. PROFF—Professionalisation of VET Teachers for the Future[R]. Luxembourg: Office for Official Publications of the European Communities, 2004.

[13] The Initial Training of Further Education Teachers: A Survey[R]. London: Ofsted, 2003.

[14] Lifelong Learning UK. The Workforce Strategy for the Further Education Sector in England, 2007—2012[R/OL].(2011-03-31)[2021-06-12]. https://www.gov.uk/government/publications/further-education-workforce-strategy.

[15] The Common Inspection Framework: Education, Skills and Early Years[EB/OL].(2015-08-28)[2021-06-25]. https://www.gov.uk/government/publications/common-inspection-framework-education-skills-and-early-years-from-september-2015.

附录

附录1　英国主要职业教育组织机构名称中英文对照表

AO	颁证机构
ATI	技术教育协会
AOC	学院联盟
BETC	商业与技能教育委员会
BIS	商业、创新与技能部
CATE	教师教育认证委员会
City & Guilds	伦敦城市行业协会
CNAA	全国学位授予委员会
DOE	教育部
DfEE	教育与就业部
DfES	教育与技能部
FEFC	继续教育拨款委员会
FENTO	国家继续教育培训组织
GTC	普通教学委员会
HMI	皇家督导团
HEI	高等教育机构
IFL	学习研究所
LLUK	英国终身学习部门
LSC	学习与技能委员会
LSIS	学习与技能服务中心

(续表)

MSC	人力服务委员会
NCVQ	国家职业资格委员会
NCTL	国家教学和领导学院
Ofqual	资格与考试办公室
Ofsted	教育标准办公室
SET	教育与培训基金会
SFA	技能拨款机构
TTA	教师培训署
UKCES	就业和技能委员会

附录2 相关术语缩写中英文对照表

AET	教育与培训认证
BOS	蓝海战略
CAT	学分累计与转换
Cert Ed	教育学证书
CET	教育与培训证书
CPD	持续专业发展
CTLLS	终身学习部门教学证书
DET	教育与培训文凭
DTLLS	终身学习部门教师文凭
ETS	战后应急培训行动计划
FE	继续教育
GNVQ	普通国家职业资格
ITE	新入职教师教育
ITT	新入职教师培训
KS	关键技能
LAR	学分登记簿
NRVA	国家职业成绩档案
NVQ	国家职业资格
OTL	听课
OSBA	银证协议
QCF	资格学分框架
QTLS	教师学习技能合格证书
PGCE	研究生教育证书
PPP	公共部门与私人部门合作
ROC	组合规则
RPL	先前学习认证
RQF	规范资格框架
TC	教师专业准则

(续表)

WBL	工作本位学习
YOP	青年机会项目
YTS	青年培训计划